GOLDMANN
RATGEBER

Buch

Transformierend ist der Weg, auf den uns die erfahrenen Seminarleiter führen. Es ist der Weg zu den Kraftquellen in uns. So erschließt sich uns die sinnliche Welt der Düfte, der Klänge, der Berührungen und lustvollen Rituale. Diese Reise bringt uns in Kontakt mit dem Lachen unseres inneren Kindes und läßt uns kreativ jenen Dämonen begegnen, die uns daran hindern zu genießen, lustvoll und sinnlich – ekstatisch – zu sein. Im Tantra, das hier beschrieben wird, ist der Orgasmus ein Energiegeschehen. Ein energetisches Phänomen, das uns in neue Räume von Liebe, innerer Stille, Präsenz und Selbsterkenntnis trägt. Der Weg selbst führt uns in eine erweiterte Dimension von Offenheit, Entfaltung und Kreativität. Und so wird die Fähigkeit zur Begegnung, Genuß und Intimität überraschend und vielfältig neu inspiriert und belebt.

Autoren

Gabrielle St. Clair und Michael Plesse sind ausgebildete Pädagogen, Seminarleiter und Therapeuten. Sie studierten u. a. bei den Pionieren der neoreichianischen Richtung (Gerda Boyesen, Jay Stattman, David Boadella u. a.). Spirituelle Inspiration erhielten sie vor allem durch den Weg des Zen (Hugo Enomiya-Lasalle u. a.) und durch den Weg von Osho Rajneesh. Seit 1978 leiten sie Seminare und Ausbildungen europaweit und in den USA. Sie entwickelten aus den Juwelen östlicher Weisheitslehren und westlicher Psychologie ihr einzigartiges System der *Orgodynamik* – ein transformierender und respektvoller Weg zu unserem inneren Kern. 1986 gründeten sie das *Orgodynamik*-Institut in Seattle (USA) und 1990 das *Orgoville*-Netzwerk für Europa (siehe Nachwort).

Michael Plesse & Gabrielle St. Clair

FEUER DER SINNLICHKEIT

LICHT DES HERZENS

Tantrische Selbsterfahrung für einzelne und Paare

GOLDMANN VERLAG

Der Goldmann Verlag
ist ein Unternehmen der Verlagsgruppe Bertelsmann

Made in Germany · 1. Auflage · 12/92
Genehmigte Taschenbuchausgabe

Umschlaggestaltung: Design Team München
Umschlagfoto: Mauritius/Hööck
DTP-Satz und Herstellung: Barbara Rabus
Druck: Presse-Druck Augsburg
Redaktion: Karin Petersen
Lektorat: Diane von Weltzien
Verlagsnummer: 13670
ISBN 3-442-13670-9

Inhalt

Danksagung

Wir möchten an dieser Stelle unseren vielen Freunden für die liebevolle Unterstützung bei der Entstehung des Buches danken. Vor allem unserem Freund Gerd, ohne dessen persönliches Engagement, liebevolle Kritik und Wärme dieses Buch in dieser Form nicht entstanden wäre. Die tantrische Atmosphäre von »San Giorgio« im sonnigen Herzen der Toscana und die praktische Begleitung des San-Giorgio-Teams auch in schwierigen Phasen waren eine liebevolle und wertvolle Unterstützung. Panthos redaktionelle Hilfe war eine unentbehrliche Hilfe.

Unser Dank gilt auch unserer guten Fee Chanchal, die in vielen Stunden am Computer unermüdlich und voller Ideen Texte eintippte, und Divy, die sich um viele praktische Details sorgte. Unserer Freundin Margo Anand Naslednikov danken wir für die tiefe Inspiration und Begleitung auf dem Weg mit Tantra. Nicht zuletzt gilt dieser Dank den Teilnehmern unserer Seminare, die uns durch ihre Erfahrungen und Fragen dazu inspirierten, dieses Buch zu schreiben.

Vorwort zur Taschenbuchausgabe

Einige Jahre ist es nun her, seit dieses Buch entstand. Die Zeit hat sich verändert, unsere Arbeit hat sich verändert, wir haben uns verändert.

Für uns geht es auf dem Weg, dessen Ziel die Vereinigung von Sinnlichkeit, Liebe und Meditation ist, nicht um das Erlernen komplizierter Liebestechniken, sondern um einen Weg der Wandlung. Wandlung ist für uns die Bereitschaft, sich in der Tiefe vom Leben berühren und verändern zu lassen. Die Voraussetzung dafür ist die Fähigkeit innezuhalten, das heißt:

- auszusteigen aus der unmittelbaren Identifikation mit dem, was geschieht,
- Räume von äußerer und innerer Stille zu kreieren,
- dem inneren Beobachter Raum zu geben.

In unserem persönlichen Leben und in unserer Arbeit ist uns die Qualität von Stille und Einfachheit immer wichtiger geworden. Wir erleben, wie die Grundmusik von Präsenz – das Gewahrsein des Moments hier und jetzt – unsere Sexualität, Sinnlichkeit und Liebe radikal verändert. Die Bereitschaft, aus dem Tun, aus der blinden Hektik und der gewohnten Routine auszusteigen, sei es nur für einige Momente, und dann innezuhalten, schafft die Basis für *Entspannung* und *Natürlichkeit.* Sie sind der fruchtbarste Boden für Sinnlichkeit, Sexualität und Liebe. Es geht auf diesem Weg weniger um die Suche nach dem Außergewöhnlichen, um das Streben nach Intensität und kurzlebiger Ekstase.

Initiativ können wir in jedem Lebenszusammenhang einen Raum für Wachheit, Natürlichkeit und Entspannung erschaffen. Vielleicht sind es einige bewußte Atemzüge inmitten des Kindertrubels oder einige Minuten für dich selbst nach dem Aufstehen. Vielleicht der reservierte Abend für eine Massage oder die tägliche halbe Stunde Nichtstun.

Die Atmosphäre von Entspannung, Natürlichkeit und Präsenz bringt Eingestimmtheit, Spontaneität und Mitgefühl in unsere Sexualität und Sinnlichkeit. Ziele und Erwartungen, wie die wundersame Erfüllung zu zweit, die vollkommene Begegnung mit meinem/r Liebsten, die ekstatische Verschmelzung in unbenennbaren Räumen, hindern uns, den Augenblick jetzt zu leben. Wir brauchen sowohl die Bereitschaft, etwas Neues auszuprobieren, als auch die Bereitschaft, unsere Erwartungen und Ziele loszulassen.

Vor einigen Jahren hatten wir ein Erlebnis: Wir hatten uns zwei Wochen nicht gesehen. Anstatt sofort zu erzählen, was alles gewesen war, setzten wir uns einfach hin, schauten uns an und schwiegen. Es geschah ohne vorherige Planung. Ich zündete eine Kerze an, wir hielten uns bei den Händen und waren still. Nur der Atem war hörbar und die Geräusche von außen. In diesem Moment saßen wir einfach dort, und unmerklich entstand eine Verbindung. Etwas wurde leichter, die vergangenen zwei Wochen rückten ab, die zukünftigen weiter fort. Das Jetzt, der Moment, füllte sich mit unserem gemeinsamen Nichtstun. Die Zeit wurde weit. Irgendwann stand ich auf und ließ Badewasser ein; Duftessenzen und Kerzen verwandelten das Badezimmer – es war so festlich. Ich führte Mischka ins Bad, geleitete ihn in das warme Wasser. Immer noch keine Worte. Dann sagte Mischka: »Meine Augen schließen sich, das duftende Wasser umhüllt mich, sie ist da, einfach da – ich bin da, einfach da. Alles wird weit – offen – das Plätschern des Wassers, ihr Atem, mein Atem, ich bin zu Hause ... und zarte Freude schwingt in den Moment. Die Resonanz der Stille verbindet die zwei Welten, aus denen wir kommen!«

Diese Stille war der Boden, auf dem sich das Feuer der Sinnlichkeit entfachte, das Licht des Herzens entzündete.

Die Übungen und Rituale in unserem Buch sind eine wunderbare Möglichkeit, die Gewohnheit des Alltags zu verlassen und im Gewöhnlichen das Außergewöhnliche zu entdecken. Inmitten der profanen Dinge des Alltags kann in jedem Moment der Raum für das Besondere, Außergewöhnliche entstehen. So wird der Mittwochabend zum wirklichen Feierabend, die Begrüßung zu einer Meditation, das heiße Bad zu einem tantrischen Ritual.

Gelebte Paradoxie: Das Zusammenkommen von Sexualität und Meditation, von natürlicher Bewegung und Entspannung, des Profanen und des Heiligen ist das, was wir unter tantrischer Lebenskunst verstehen. Und wie wäre es, wenn wir als globale Familie die Fähigkeit, Paradoxie in unserem Bewußtsein zu halten, leben würden, Tag für Tag ja sagen würden zu Schwarz und Weiß, zu Liebe und Meditation, zu Alleinsein und Zusammensein, zu Körper und Geist, zu Gefühl und Seele? Die Qualität, Paradoxien auszuhalten, läßt die Kraft der Verbindung erblühen. Gegensätze in uns vereinen bedeutet, Frieden zu leben!

Gabrielle St. Clair und Michael Plesse
August 1992

Einleitung

Über die Sinnlichkeit hinaus

Vom leistungsorientierten, technischen Verständnis unserer Sexualität können wir zu einem sexuellen Erleben finden, das Körper, Herz und Seele umfaßt. Dafür brauchen wir die Kraft unseres inneren Feuers ebenso wie unsere feinen Sinneswahrnehmungen, die uns zu einer »höheren« Sinnlichkeit, zum Licht des Herzens, leiten können.

Sexuelle Energie hat viele verschiedene Ausdrucksformen, von feuriger Wildheit zur meditativen Stille. Wenn diese Vielfalt für uns möglich wird, verwandeln sich die oft beklagten »Einschränkungen« des »sicheren Sexes« (Kondome benutzen, kein Oral- und Analverkehr usw.) zu einem positiven Augenblick des Innehaltens und Bewußtwerdens: Will ich jetzt wirklich mit meinem Partner schlafen, oder suche ich eigentlich Nähe und Geborgenheit, will gehalten und gestreichelt werden? Neben der genitalen Vereinigung gibt es viele Möglichkeiten, die in uns ruhende Lebensenergie zu empfinden und mit unserem Partner »intim« zu sein.

Auf dem Weg zu einer Sexualität mit Herz und Seele geht es nicht um neue sexuelle Techniken, sondern um neue Erlebniswelten für unsere Sinnlichkeit. Dieses Buch kann zu einer aufregenden Entdeckungsreise werden, auf der wir alle unsere Sinne öffnen und unseren orgasmischen Energien zu einem lebendigen Fluß verhelfen. Orgasmische Energie ist ein anderer Ausdruck für spontane Lebensfreude, die sich in Tanzen, Lachen, Feiern, Liebe äußert und zu weiteren Räumen der Ekstase führen kann. Wir alle können dieses ursprüngliche Ja zum Leben, mit dem wir geboren wurden, wiederfinden.

Ob wir die Reise mit einem Partner zusammen machen oder sie allein beginnen, ist dabei nicht von Wichtigkeit. Wir können unser ganzes Leben orgasmischer erfahren. Wird das innere Feuer entfacht, beginnt der Tanz der Sinne und führt uns zum Licht des Herzens, das in sich neue Räume des Bewußt-Seins birgt.

Dieser Weg ist von tantrischen Einflüssen geprägt, für die wir neue zeitgemäße Formen finden mußten. Tantra ist eine esoterische Lehre des Fernen Ostens. Das taoische Yoga, mit den Wurzeln in China, ist Tantra verwandt. All diesen »tantrischen« Schulen ist gemeinsam, daß ihnen der bewußte Umgang mit sexueller Energie als Weg zur göttlichen Erkenntnis, zur Erleuchtung galt.

Tantra bedeutet »verweben«. In ähnlichem Sinne sollten wir heute die alten östlichen Weisheiten des Tantra genauso wie das Wissen anderer Kulturen – beispielsweise der indianischen – sowie neue Erkenntnisse westlicher, körperorientierter Psychologie vergegenwärtigen und in neue, zeitgemäße Formen umsetzen. Damit steht der Weg zur Entfaltung unserer sexuellen Lebenskraft, zu einer Sinnlichkeit des Herzens und der Seele, für jeden von uns offen.

In diesem Buch teilen wir Erfahrungen und Wissen mit, das uns auf unserem Weg von verschiedenen Lehrern im Osten und Westen übermittelt wurde. Das wesentliche Grundverständnis basiert auf dem Modell des Energierades, in der indianischen Kultur auch »Medizinrad« genannt. Dieses uralte Wissen findet sich in verschiedensten Traditionen, Religionen und Kulturen wieder.

Das Energierad benennt die vier Grundkräfte, die vier Elementenergien, die im Menschen und in der Natur zusammenwirken. Getragen von der großen Kraft der Mitte gruppieren sich Körper, Geist, Gefühle und Seele den Himmelsrichtungen gleich um die Urkraft. Körper, Geist, Gefühle und Seele – der innere Westen, der innere Norden, der innere Süden und der innere Osten – wirken organisch zusammen. Sie bedingen, verstärken und beeinflussen sich.

Auch unsere Sexualität und Sinnlichkeit sind von dem Zusammenspiel der vier Grundkräfte geprägt. Jede Begegnung mit einem

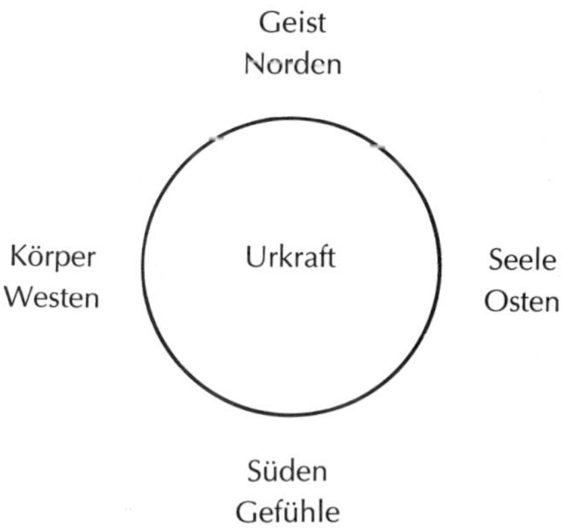

Partner, einer Partnerin ist ein Tanz von Körper, Geist, Gefühl und Seele. Wir erleben unsere Sexualität körperlich: Wärme, Hitze, Bewegung und Atem, der sich verändert. In dieses Geschehen schwingt die Welt der Gefühle hinein: Traurigkeit, Freude, Lachen, Tränen der Berührtheit. Ist unser Geist aktiv, ist er unüberhörbar: Gedanken tauchen auf, Einsichten, Bilder, Farben und Formen prägen den Moment. Die Seelenkraft unserer Intuition, die innere Stimme, läßt uns neue Räume erforschen und vielleicht inmitten des Geschehens innehalten, in Stille und Gegenwärtigkeit eintauchen, in das, was jetzt ist.

Jede dieser Kräfte kann ein Tor zur Mitte des Energierades sein, zum Platz der Rückverbindung mit dem großen *Ganzen*. Das harmonische und bewußte Zusammenspiel der vier Elementenergien, der Tanz von Körper, Geist, Gefühle und Seele, läßt uns den Geschmack des Daseins kosten. Da sein – wach sein im Moment. Die Resonanz der vier Grundkräfte in uns haucht unserer Sexualität die Seele ein.

Ein weiterer Schritt auf dem Weg ist die Auseinandersetzung mit unseren Dämonen, den Schattenkräften in uns selbst, deren Botschaften zu erkennen sind. Unsere Dämonen können Freunde und Wächter werden und uns befähigen, ohne Angst, Zweifel und Sorgen den Tempel der höheren sinnlichen Genüsse zu betreten.

Um sinnlich zu erleben, brauchen wir auch einen Körper, der gesund, entspannt, »wach« und lebendig ist. Nur wenn wir selbst Zugang zu unserem inneren Feuer, dem Potential unserer Lebensenergie haben, kann der magische Funken auch überspringen, wenn wir mit einem Partner zusammen sind. Wie können wir Lust geben und empfangen, wenn wir selbst unseren Körper und seine Fähigkeiten zum sinnlichen Genießen nicht kennen? Erfahren wir uns selbst lustvoll und wissen um die Bedürfnisse unseres Körpers, kann es auch zu tiefen, befriedigenden Begegnungen mit einem Partner kommen. Die Übungen und Anleitungen im Körper- und Orgasmuskapitel helfen uns zu erfahren, daß wir mit Körper und Seele orgasmisch sein können. Dann kann aus dem herkömmlichen Orgasmus, einem kurzfristigen explosiven Akt, etwas Neues werden: ein Zustand, den wir noch Orgasmus nennen können, in dem wir unseren Körper aber nicht mehr als Materie spüren, sondern als reine Energie. Vereinigung ist jetzt kein flüchtiger Augenblick mehr, sondern ein Zustand innerer Ausdehnung, der lange anhalten kann.

Im herkömmlichen Beziehungsmodell, das wir noch von unserer Elterngeneration übernommen haben, bringt der Mann der Frau Liebe und Lust – und kann sie ihr auch wieder nehmen. In der tantrischen Liebeskunst beginnt jeder Partner bei sich selbst mit der sinnlichen Forschungsreise. Im alten Beziehungsmodell begegnen sich die Partner wie Bettler, die glauben, selbst nichts zu haben und deshalb alles vom anderen erwarten. Die tantrischen Liebenden begegnen sich wie König und Königin, die ihre Schätze miteinander teilen. Aus der Liebe zu uns selbst heraus können wir ohne Bedingungen geben – und je mehr wir geben, desto mehr bekommen wir.

Ein Weg, uns diesen inneren Reichtum zu erschließen, liegt im »Tanz der Sinne«, der Öffnung all unserer Fähigkeiten, das Leben sinnlich zu erfahren. Wir tauchen ein in eine faszinierende Welt, die uns neue Dimensionen sinnlichen Erlebens zeigt. Wir werden eingeladen, die Pforten der sinnlichen Wahrnehmungen zu öffnen und wieder empfänglich zu werden für die vergessene Sprache von Schmecken, Riechen, Hören, Sehen, Tasten. Als Kinder nahmen wir die Welt spontan mit allen unseren Sinnen auf. Je sinnlicher wir sind, desto lebendiger erleben wir uns. Wir können diese ursprüngliche Sinnlichkeit neu erlernen.

Die Rituale, die wir in diesem Buch vorstellen, eröffnen uns einen magischen Raum der sinnlichen Freuden, des Feierns und Staunens. Sie wurden aus dem reichen Erfahrungsschatz des östlichen und westlichen tantrischen Wissens entwickelt und können vom Leser kreativ weiterentwickelt werden. Es geht in diesen Ritualen nicht darum, sich genau an komplizierte Abläufe zu halten; sondern sie laden uns ein, mit eigener Entdeckungsfreude, Neugierde und einer Offenheit, die nicht analysiert und wertet, unsere eigenen Räume von Liebe, Ekstase und Stille zu erfahren. Hierbei können wir unsere inneren Kinder mit einbeziehen, ihre positive Kraft, ihr Staunen und ihre unvergleichliche Lebendigkeit. Dann können wir Augenblicke erleben, wo die Einweihung in »tantrische« Mysterien, in Liebe und Meditation wie von selbst geschieht. Augenblicke, in denen wir aus den tiefsten Quellen unserer Lebensenergie schöpfen und aus denen wir an Seele, Körper, Geist und Herz erfrischt hervorgehen.

Dieses Buch ist eine Gratwanderung. Wir beschreiben darin viele Übungen und Rituale, die allein und/oder zu zweit ausgeführt werden können, und vielleicht erweckt das den Anschein, als ginge es uns um das Tun. Als seien die Dinge, die uns wirklich kostbar sind – wie Stille, Liebe, Ekstase –, machbar. Das sind sie nicht. Aber alles, was wir wirklich tun können, ist, den atmosphärischen Rahmen und die Bedingungen zu schaffen, damit bislang verschlossene Türen sich öffnen. Was dann passiert, liegt nicht mehr in unseren Händen und kann für jeden von uns einen anderen Geschmack, einen anderen Duft haben.

Dieses Buch will eine Ermutigung sein: Die Übungen und Reisen, die hier vorgestellt werden, sind vielfach erprobt worden; sie sind nicht als festgelegte Lernschritte gemeint, denen du strikt folgen müßtest. Sie sind ein Angebot, dir auszuwählen, was dich neugierig macht. Und nicht zuletzt das, woran du Spaß hast und was dein Herz berührt.

Es ist ein besonderes Anliegen dieses Buches, dem Leser im letzten Kapitel einen Geschmack davon zu geben, wie Liebende in sich still werden und dann gemeinsam diesen Raum der Stille betreten können. In diesem magischen Raum, der uns allen offensteht, geschieht Meditation ganz von selbst. Sie erschließt sich uns, wenn wir nichts mehr tun und zum entspannten Beobachter allen Geschehens werden. Konflikte, Gegensätze und Spannungen lösen sich auf. Im Zustand dieser stillen inneren Achtsamkeit können sich neue Türen der Liebe öffnen; die Liebenden verschmelzen zu einer höheren Einheit, um sich dann mit neuen Augen zu sehen.

Das Licht und die Weisheit unseres Herzens können uns auf dem Weg der Sinnlichkeit immer wieder an den Ort der Stille führen. Unser Herz kennt die Richtung. Es weiß, daß im Sinnlichen das Göttliche verborgen ist.

Kapitel 1

Das innere Kind

Bestimmt erinnerst du dich daran, wie du als Kind ausgesehen hast. Laß dieses Bild in dir entstehen und ganz deutlich werden. Wenn du ein altes Kinderfoto von dir hast, nimm dir Zeit, es genau zu betrachten. Wie sieht dieses Kind aus? Welchen Eindruck macht es auf dich? Wie alt ist es? In welcher Umgebung wächst es auf? Ist es glücklich oder unglücklich? Fühlt es sich geliebt? Und wie geht es dir mit diesem Kind? Ist es dir vertraut oder fremd? Dieses Kind lebt in jedem von uns weiter, selbst wenn wir ihm als Erwachsene kaum Beachtung schenken. Wir wurden »groß und stark«, lernten »vernünftig« und »selbständig« zu sein und bestimmte Dinge nicht mehr zu sagen und zu tun. Der Ernst des Lebens begann.

Mit dem Älterwerden rückte unsere Kindheit in eine weite, unbestimmte Ferne. Dieses kleine Wesen mit all seinen Sorgen und Gefühlen, seiner Lebendigkeit und Intelligenz wird zu einer – oft vagen – Erinnerung. Und doch kennen wir alle die Augenblicke, in denen wir als Erwachsene plötzlich »kindlich« oder – und in dieser Formulierung klingt Verurteilung mit – »kindisch« reagieren: Vielleicht bist du in einer Zwickmühle, etwas wächst dir über den Kopf und du fühlst dich der Situation nicht gewachsen – und plötzlich überrascht dich ein heftiger Gefühlsausbruch von Wut oder Trauer. Oder du fühlst dich auf einmal für immer verlassen, wenn dein Freund nur für kurze Zeit aus dem Haus geht. Fragst du dich in solchen Situationen auch manchmal, wie alt du dich fühlst? Spürst du, wie du innerlich ganz klein wirst? Vielleicht bist du zwei, drei Jahre alt oder nur etwas älter. Und eigentlich weinst du, weil deine

Mami weggegangen ist, weil sie nicht kommt, obwohl du sie dringend brauchst. Dieses Kind ist ein Teil von uns und lebt als die Kleine/der Kleine in jedem Erwachsenen weiter. Unsere »Kleinen« brauchen den Raum, angehört und verstanden zu werden. Sie brauchen den verständnisvollen Erwachsenen, der sagt: »Ich bin jetzt für dich da, du kannst mir alles erzählen.« Jemand also, der sie an die Hand nimmt und bei dem sie sich ausweinen können. Dieses Kind begleitet uns in unserem Erwachsenenleben ständig. Es ist immer da und alles, was wir als Erwachsene tun, ruft bestimmte Gefühle in ihm hervor.

Es kann gegen uns arbeiten, wenn wir es mißachten. Es kann aber auch unser Freund werden. Tief im Verborgenen trifft es oft wichtige Entscheidungen und führt uns zum Beispiel zu einem Partner, der unserem Vater ähnelt. Manchmal dringt es mit seinen plötzlichen Gefühlsausbrüchen an die Oberfläche und stiftet Verwirrung. Manchmal führt es den Erwachsenen ganz still und leise zur Erfüllung seiner Kinderträume.

In unserer verstandesorientierten Kultur lernen wir nicht, unserem inneren Kind zuzuhören, es neu kennenzulernen und zu verstehen. Es wird verlacht und beiseite geschoben, und damit drängen wir es tief in unser Unterbewußtsein ab. Unsere »Kleinen« in uns wahrzunehmen und ihnen Raum zu geben, kann ein ebenso einfacher wie wichtiger Schlüssel zur Lösung von Konflikten mit uns selbst und anderen Menschen sein.

Beispiel 1

Monika ist Rundfunkansagerin und in ihrem Beruf erfolgreich und beliebt. Sie ist eine schöne, lebendige Frau und sehnt sich seit Jahren nach einer festen Beziehung zu einem Mann. Sporadische Liebesaffären mit Männern, die auf sie zukommen, befriedigen sie nicht. Im Verlauf der »Reise zu sich selbst« entdeckt sie folgendes Verhalten: Verliebt sie sich in einen Mann, der ihr wirklich gefällt, fühlt sie sich plötzlich hoffnungslos, hilflos und verzweifelt. Sie spürt einen starken Druck in Brust und Bauch. Sätze wie »Es hat ja doch keinen Zweck«, »Ich bin nicht gut genug für ihn«, »Daraus wird ja doch nichts« gehen ihr durch den Kopf. Um ihre Gefühle zu verbergen, setzt sie eine Maske auf, die Kühle und Distanz signalisiert und damit jede Annäherung verhindert. Als sie in einer solchen Situation nach ihrem Alter fragt, kommt als klare Antwort: »vier Jahre«. In diesem Alter erlebte sie, wie der heißgeliebte Vater sich von ihr abwendete, weil der ersehnte Sohn geboren wurde. Die kleine Monika blieb hilflos und verzweifelt allein zurück. Diese alte Angst des kleinen Mädchens bestimmt noch heute das Leben der erwachsenen Monika. Die Gefühle des Kindes von damals verhindern, daß Monika heute einen Partner findet.

Und wie oft sind Paare in ihrer Beziehung festgefahren und in Mißverständnissen verhakt, aus denen es scheinbar keinen Ausweg gibt. Sie sagen sich: »Ich weiß nicht mehr weiter, es hat keinen Zweck mit uns. Ich verstehe dich einfach nicht mehr.« Beide fühlen, daß ihnen etwas fehlt, aber sie wissen nicht, wie sie sich darüber verständigen sollen. Sie trennen sich unter großen Schmerzen, und jeder der beiden bleibt oft mit dem Gefühl zurück, versagt zu haben.

Beispiel 2

Andreas und Alice berichten:

Andreas: »Wir steckten in einem tiefen Beziehungsloch. In den vier Jahren unseres Zusammenseins gab es immer wieder eine totale Krise, wenn Ich allein zu Seminaren fuhr, wo ich vielen attraktiven Frauen begegnete – was Alice wußte. Jedesmal bevor ich wegfuhr, gab es eine Szene, während des Seminars dramatische Telefonanrufe, und wenn ich dann nach Hause kam, fand ich eine verstörte Alice vor, weinend und mißtrauisch.«

Alice: »Ich konnte einfach nicht anders und mußte immer daran denken, wie andere Frauen Andreas jetzt anschauen, und ich war mir fast sicher, daß eine andere ihn mir wegschnappen würde.

Irgendwie wußte ich aber auch, daß daran etwas nicht stimmte. Er kam ja zurück zu mir. Aber auch wenn ich mir fest vorgenommen hatte, diesmal keine Szene zu machen, kam es trotzdem immer wieder zu Kurzschlußhandlungen.«

Andreas: »Ja, und ich verstand sie immer weniger. Ich fühlte mich wie im Gefängnis, wie früher, wenn ich nach Hause kam und meine Mutter besorgt auf mich wartete. Immer mußte ich ihr genau sagen, wo ich gewesen war und was ich getan hatte. Zwischen Alice und mir spitzte sich die Situation zu, wir begegneten uns mit Distanz. Ich fuhr auch immer öfter weg. Und dann kam der Durchbruch: Eines Abends fand ich Alice wieder völlig aufgelöst und weinend vor, voller Mißtrauen gegen mich. Ich sagte einfach nichts und ließ sie erzählen. Irgendwas in mir war anders als sonst, etwas mehr Abstand war da, und anstatt sofort zurückzudonnern, hörte ich ihr zu und fragte nach. Und ich sah ihr Gesicht. Es war das schmerzvolle, wütende Gesicht eines Kindes und nicht das von Alice heute. Ich fragte sie, ob sie diese Gefühle denn schon früher einmal erlebt habe. Und mit einem Mal brach ein ganz anderes Weinen aus ihr hervor. Schluchzend erzählte sie von ihrem Vater, ihrer Verzweiflung, als er zuerst an den Wochenenden und später für immer zu einer anderen Frau ging.

Als sie dann wieder ruhiger wurde und mich ansah, spürte ich, daß das Eis gebrochen war. Ich fühlte soviel Liebe für sie und für das kleine Mädchen, das damals so gelitten hatte. Sie sagte, ganz ruhig geworden: ›Ich glaube, ich verstehe jetzt, was mit mir ist. Die ganzen Gefühle von damals sind noch da, und ich reagiere auf dein Weggehen jedesmal als die siebenjährige Alice, obwohl doch die Situation heute ganz anders ist.‹

Sie erzählte mir noch mehr aus dieser Zeit ihres Lebens, vieles glaubte sie schon längst vergessen zu haben. Und wir machten es uns zur Angewohnheit, in jeder Krisensituation die Kinder in uns zu befragen und sich frei ausdrücken zu lassen – und dann erst sprachen wir als Erwachsene über unseren Konflikt.«

Viele moderne Therapien arbeiten mit dem inneren Kind. Dabei geht es im wesentlichen um das Aufspüren von alten »Programmen« (Einstellungen und Verhaltensmustern), die wir als Kind von unserer Umwelt übernommen haben, um in der übermächtigen Erwachsenenwelt überleben zu können. Diese alten »Programme« prägen noch heute unser Bild von der Welt und stehen oft den Wünschen, Empfindungen und Zielen unseres Erwachsenendaseins entgegen. »Das kannst du ja doch nicht«, »Benimm dich, sonst haben wir dich nicht mehr lieb«, »Übermut tut selten gut«, »Große Jungen weinen nicht« – endlose Reihen solcher Sätze haben wir von anderen übernommen und für uns gültig werden lassen. Denn als Kinder sind wir offen und formbar, und unsere Abhängigkeit von den Erwachsenen gibt diesen Macht über uns.

Nimm dir etwas Zeit und wandere in deiner Vorstellung zurück in deine Kindheit. Auch wenn zunächst nur vage Erinnerungen auftauchen, schau nach, ob dir irgendwelche Sätze deiner Eltern, anderer Verwandten oder Lehrer einfallen, die deine Wertmaßstäbe in Hinsicht auf Sexualität geprägt haben (z. B.: »Darüber spricht man nicht«, »Das verdirbt dich« oder »Nimm dich in acht, Männer wollen doch immer nur das Eine« usw.). Untersuche dann, was du mit diesen Glaubenssätzen angefangen hast. Hast du sie übernommen und läßt dich heute noch von ihnen leiten? Hast du dich gegen sie gewehrt und die gegenteiligen Normen für dich aufgestellt (auch das kann dich deinen eigenen Vorstellungen entfremden)? Oder bist du durch die Maschen dieses Netzes geschlüpft, in dem andere dich gefangenhalten wollten?

Viele unserer heutigen Verhaltensmuster sind in unserer Kindheit geprägt worden. Darunter fallen neben Verhaltensrichtlinien auch die Einschätzungen, die andere uns überstülpen und die wir dann als Selbsteinschätzung übernommen haben, wie »Das und das kann ich auf keinen Fall«, »Ich bin nicht intelligent«, »Für mich gibt es den richtigen Mann nicht«, »Ich bin nicht liebenswert«.

»Was immer du für dich wahr hältst, das wird wahr!« sagt John Lilly in seinem Buch »Das Zentrum des Zyklons«. Und das gilt auch für all die unbewußten Einstellungen, an denen unser inneres Kind festhält. Der weitaus größte Anteil unserer Energien schöpft sein Potential aus dem Unbewußten. Das Unbewußte wird daher zu Recht mit der unter Wasser schwimmenden Masse eines Eisberges verglichen. Dieser Teil des Eisberges bestimmt die Richtung, in die er langsam wandert. Nur ein kleines Stück der riesigen Eismasse ragt aus dem Wasser und stellt in unserem Vergleich den Anteil unseres Bewußtseins dar.

In der hawaiianischen Huna-Lehre steht das untere Selbst (oder: das Unterbewußte) für das innere Kind, das mittlere Selbst für den Erwachsenen und das höhere Selbst für den Weisen in uns. Die indianischen Schamanen unterscheiden zwischen dem »Kind-Schild« und dem »Erwachsenen-Schild«. Wie auch immer diese inneren Kräfte in den unterschiedlichsten Kulturen benannt werden mögen – überall findet sich das gleiche Bestreben: das Unbewußte bewußt werden lassen, damit seine untergründige und oft zerstörerische Macht auf unser Leben aufgelöst werden kann.

Unser inneres Kind stellt ganze Lebensprogramme für uns auf, die oft von Angst und Mißtrauen geprägt sind. Sein Bestreben ist Sicherheit – meistens auf Kosten von neuen, befriedigenden Erfahrungen. Erkennen wir diese Programme und setzen die damit verbundenen Gefühle frei, können wir unserem inneren Kind zeigen, daß wir die alten Muster nicht mehr brauchen. Als Erwachsene sind wir dann frei, unseren Zielen nachzugehen und weiter zu wachsen, indem wir kreativ und selbstbestimmt leben. Als Kinder waren wir hilflos auf die Zuwendung der Erwachsenen angewiesen und haben viele Überlebensstrategien entwickelt, um zu bekommen, was wir brauchten. Wir sind krank geworden, haben uns klein, stumm und »artig« verhalten, waren trotzig und verschlossen – und das alles, um geliebt zu werden. In diese oft machtvollen Strategien verfallen wir noch heute, vor allem in unseren Liebesbeziehungen – so lange, wie wir unserem inneren Kind nicht die Erfahrung vermitteln, daß es all diese Manöver heute nicht mehr braucht. Santosh, der Begründer der De-Hypnotherapie, einer systematischen Methode der sanften Entprogrammierung, der konsequent mit dem/der Vierjährigen in uns arbeitet, illustriert diesen Prozeß mit folgendem Beispiel: Ein Wachhund, dem in jahrelangem Training beigebracht wurde, das Haus zu bewachen und Fremde fernzuhalten, wird dieses Verhalten auch dann noch zeigen, wenn kein Anlaß mehr dafür besteht. Jetzt möchten die Bewohner vielleicht gern ein offenes Haus haben und viele Freunde einladen, doch ihr Wachhund wird das zu verhindern suchen. Er wird weiterhin die Zähne fletschen, bellen und unsere Freunde auf Abstand halten, wenn wir nichts unternehmen, damit er umlernen kann.

Fotodialog zum inneren Kind

Tim und Lisa machen diese Übung zusammen. Sie sitzen sich gegenüber und beide haben ein Kinderfoto von sich dabei. Lisa fängt an. Sie legt ihr Foto vor sich hin und betrachtet es in Ruhe. Nach ein paar Minuten beginnt Tim sie zu fragen: »Sag mir, wie alt das Kind ist? Wie heißt es? Wo befindet es sich gerade? Erzähle mir ganz ausführlich, wie es dieser Kleinen geht!« Lisa beschreibt die Gefühle des Kindes auf dem Foto. Dabei fällt ihr eine Situation aus ihrer Kindheit ein, die sie Tim mitteilt (ca. 5 Min.). Dann läßt sie ihre Erfahrungen einen Augenblick nachwirken. Sie atmet ein paarmal tief durch. Dann sagt Tim: »Jetzt stell dir vor, daß du das Kind von damals bist – wie fühlst du dich?« Lisa antwortet in der Ich- und in der Gegenwartsform, so als wäre sie die Kleine (ca. 5 Min.). Dann wechseln sie die Rollen und Tim beschreibt das Kind auf seinem Foto. Anschließend betrachten Tim und Lisa sich genau und schauen nach, ob sie im Erwachsenenkörper des Partners Züge seines inneren Kindes entdecken können. Einen Gesichtsausdruck vielleicht, die Schulterhaltung, das Spiel der Hände, den Blick. In der nächsten halben Stunde lassen sie ihre Kinder in sich lebendig werden und spielen und reden zusammen, wie die Kleinen es tun würden. In den folgenden Tagen wiederholen sie diese Übung mehrmals mit wechselnden Kinderfotos.

Übungsanleitung:

1. Anschauen der Kinderfotos
2. Über das Kind sprechen
3. Kurze stille Pause
4. Als Kind in Ichform von sich erzählen
5. Rollenwechsel
6. Als Kinder miteinander reden und spielen

Körperdialog zum inneren Kind

Der Körperdialog ist eine wichtige, einfache Methode, mit der du jederzeit zu deinem inneren Kind Verbindung aufnehmen kannst, um es z. B. in einer kritischen Situation oder zu einem Problem zu befragen. Der Körperdialog hilft dir dabei, dein inneres Kind »aufzuwecken« und lebendig werden zu lassen.
Du kannst die Übung allein oder im Beisein deines Partners machen. Der Partner gibt dir seine Unterstützung, indem er dir wach und aufmerksam zuhört.

1. Phase: Vorbereitung
Lege eine Matratze und ein Kissen auf den Boden. Halte Taschentücher bereit.

2. Phase: Den Erwachsenen spüren
Nimm dir Zeit, den Erwachsenen in dir zu spüren, den Teil deiner Persönlichkeit, der dein Leben bewältigt, Entscheidungen trifft, Geld verdient usw. Nimm deinen Körper ganz bewußt wahr. Wo spürst du diesen Erwachsenen am deutlichsten? Im Kopf, den Schultern, Armen oder Beinen? Oder ...? Lege jetzt deine Hände auf diesen Körperteil und atme ein bis zwei Minuten in diese Stille, um Verbindungen mit ihr aufzunehmen.

3. Phase: Das Kind spüren
Nun finde einen Körperteil, wo du ganz deutlich das Kind in dir spürst. Überlege nicht lange, sondern folge deinem ersten Impuls und laß deine Hände dorthin wandern. Atme dabei. Mit jedem Atemzug sinkst du tiefer in dich hinein, und vielleicht tauchen Bilder aus deiner Kindheit auf.

4. Phase: Das Kind mit Namen ansprechen und eine Frage stellen
Laß deine Hände weiter auf der Körperstelle ruhen, die sich mit deinem inneren Kind verbindet. Sprich den Namen des Kindes klar und deutlich aus (vielleicht ist es ein Spitz- oder Kosename). Dann stelle dem Kind eine Frage wie z. B.: »Sag mir, wie geht es dir?«

oder: »Erzähle mir, was dich bedrückt!« Dann lasse das Kind auf deine Frage antworten.

5. Phase: Die Körperhaltung des Kindes einnehmen
Finde nun eine Körperhaltung, die deinem inneren Kind entspricht. Vielleicht möchte es sich auch bewegen. Werde ganz zum Kind und laß es auf seine Weise reagieren.

6. Phase: Abschließen
Jetzt legst du deine Hände erneut auf den Teil deines Körpers, der für dein inneres Kind steht (vgl. Phase 3). Schließe einen Moment lang die Augen, atme tief durch und verabschiede dich von deinem Kind. Bedanke dich bei ihm dafür, daß es so offen mit dir gesprochen hat. Lasse deine Hände wieder zu der Körperstelle wandern, die dem Erwachsenen in dir entspricht, und beende den Körperdialog mit einem positiven Satz, den der Erwachsene dem Kind sagt.

Das Ritual für dein inneres Kind

Eröffne dieses Ritual mit einem OM für dein inneres Kind. Breite eine schöne Decke auf dem Boden aus. Zünde eine Kerze an. Du solltest ein Stofftier oder eine Puppe bei dir haben, die dir lieb sind und die dich an dein Kind erinnern. Nimm die Spielzeugfigur in die Arme und sieh sie dir an. Spüre dein Herz. Dann sagst du: »Ich nenne dich ...« (benutze deinen Kindernamen, einen Spitz- oder Kosenamen). Halte die Puppe in deinen Armen, wiege sie und sprich mit ihr. Sage ihr mit einfachen Worten all das, was du als Kind gerne von deinem Vater oder deiner Mutter gehört hättest. Dann wechselst du die Rollen. Du bist jetzt das Kind und sprichst zu dir als Erwachsenem. Sage ihm, wie du dich als Kind fühlst, was du willst und was du brauchst. Laß zu, daß deine Stimme sich verändert und kindlich wird. Nimm auch die Körperhaltung deines Kindes ein und bewege deine Arme, Hände, Kopf und Beine, spiele einfach! Jetzt atmest du ein paarmal tief durch und tauschst erneut die Rollen. Stelle dir vor, wie du die Puppe, die dein inneres Kind darstellt, mit hellem, heilendem Licht füllst. Dabei lasse ein Bild des Kindes in dir entstehen, das du gerne gewesen wärst, und stelle dir vor, wie deine Puppe sich in dieses Kind verwandelt, spüre, ob es noch positive Sätze gibt, die du als Erwachsener dem Kind sagen möchtest. Dann streichle die Puppe, wickle sie warm ein und lege sie vorsichtig neben die Kerze. Komm nun wieder zu dir selbst zurück. Beende das Ritual mit einem OM für die Freundschaft zwischen dem Erwachsenen und deinem inneren Kind.

Dieses Ritual hilft dir, dein inneres Kind aufzuwecken und die Verbindung mit ihm zu vertiefen. Es kann sehr hilfreich sein und die Erfahrungen mit deinem inneren Kind intensivieren, wenn du es einem Freund oder einer Freundin vorstellst.

Kapitel 2

Unser Körper – und das Erwecken des inneren Feuers

Anja betrachtet sich im Spiegel: »Das erste, worauf ich schauen muß, wenn ich so vorm Spiegel stehe und mich selbst betrachte, ist mein Bauch. Warum sticht er bloß so hervor – so rund und gewölbt? Warum ist er nicht so schön flach und fest wie bei vielen anderen Frauen? Ich schäme mich für meinen Bauch und möchte ihn am liebsten verstecken. Überhaupt finde ich meinen ganzen Unterkörper zu weiblich, zu rund und breit. Er paßt nicht mit dem Oberkörper zusammen, der viel schmaler ist. Ich wünsche mir auch die Hüften und Oberschenkel schmaler, der Busen könnte dafür ruhig etwas voller sein. Auch meine Beine sind mir zu stämmig, die Knie zu dick und die Füße zu lang. Es fällt mir schwer, mich anzunehmen, so wie ich mir da nackt aus dem Spiegel entgegenschaue.«

Ihr Freund Jörg betrachtet sie: »Mir gefällt dein Körper, alles ist so schön ausgewogen: Ober- und Unterkörper sind harmonisch, die Brüste gerade richtig. Die Hüften sind weich und rund, ganz weiblich, und auch die Formen deiner Schenkel mag ich sehr. Ich liebe die Farbe deiner Haut, die so zart und weich ist. Wenn ich dich so sehe, möchte ich mit meinen Händen deinen ganzen Körper streicheln. Dein Bauch wölbt sich ein wenig vor, auch er ist so angenehm weich, und ich ruhe gerne dort aus, indem ich meinen Kopf in deinen Schoß schmiege. Deine Beine und Füße zeigen mir, daß du ›mit beiden Füßen auf dem Boden stehst‹. Das gefällt mir so an dir – ich mag dich, wie du bist.«

Unsere Wahrnehmung ist so unterschiedlich und individuell, wie wir alle sind. Und gerade in Hinsicht auf unseren Körper geht

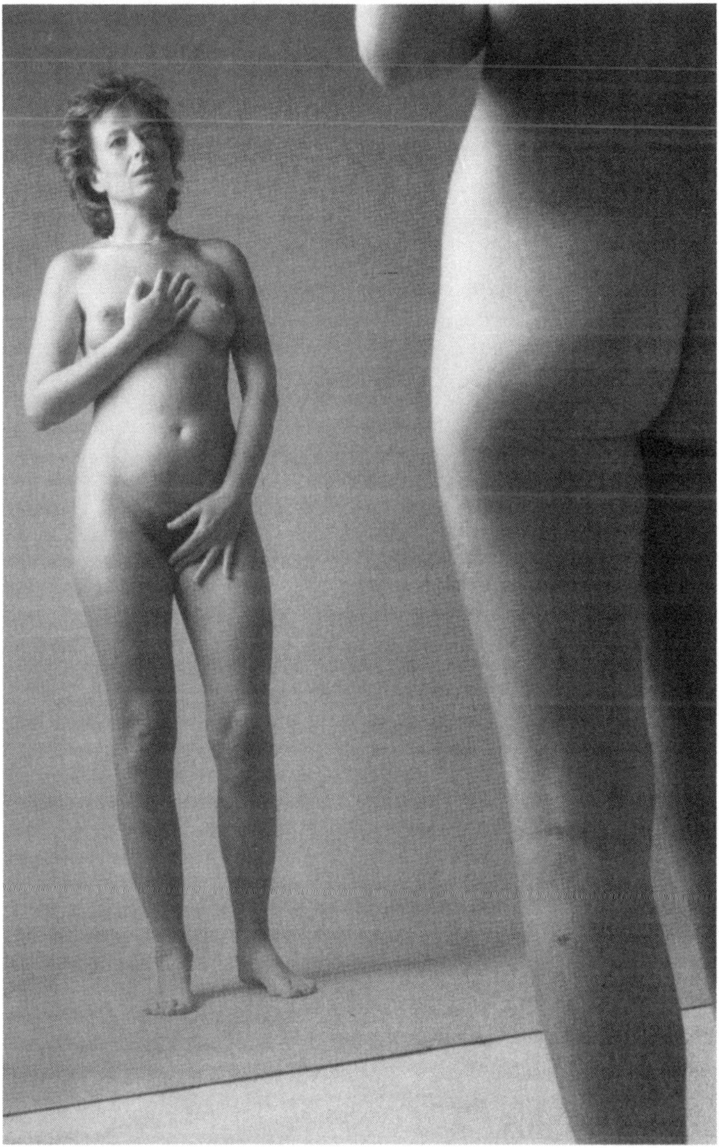

wohl niemand so kritisch und oft unerbittlich mit uns um wie wir selbst. Wie oft ertappen wir uns vor dem Spiegel mit Gedanken wie: »Oh, diese Falten!« »Wie alt ich aussehe.« »Entsetzlich, dieser Bauch. Der muß weg!« »Mein Haar ist viel zu dünn.« »Meine Lippen sind viel zu schmal.« Und endlos so weiter. Wir vergleichen uns mit den Schönheitsidealen der Titelmodelle, und unser Körper schneidet unter unserem eigenen erbarmungslosen Blick oft schlecht ab.

Die Körpersprache der Liebe lebt nicht von diesen Idealen. Hier geht es nicht um dick oder dünn, schmal oder breit, faltige oder glatte Haut. Hier geht es darum, daß wir uns mit diesem Körper bewegen, uns mitteilen und ausdrücken, daß andere Menschen auf unsere Körpersprache antworten. So wie in Jörgs Wahrnehmung Anjas Bauch weiblich und erotisch wirkt, so hat jeder Teil unseres Körpers seine eigene Schönheit, seine eigene Form des Ausdrucks. Wenn wir den Körper so wahrnehmen, dann werden die Falten in einem alternden Gesicht zu einer Landkarte, die wir mit behutsamer Einfühlung erforschen.

Jeder Körper ist einzigartig in seiner Form und seinem Duft, in seinen Bewegungen und der Beschaffenheit von Haut und Haaren. Auf der ganzen Welt gibt es den Körper eines Menschen, so wie er ist, nicht ein zweites Mal, und es ist unmöglich, ihn zu imitieren oder ein Duplikat herzustellen.

Das Geheimnis der Körpersprache der Liebe liegt darin, uns mit unserem Körper zu versöhnen und ihn sprechen zu lassen. Der gleiche »dicke« Bauch, vor dem wir im Spiegel erschrecken, kann sinnlichen Genuß hervorrufen, wenn eine Bauchtänzerin ihn mit weichen Bewegungen kreisen läßt und ihre fülligen Hüften schwenkt. Nicht versteckt und eingezogen, wird der Bauch in diesem Tanz lebendig, spricht die Sprache von Erotik und Verführung, wird zu einem Ausdruck der Liebe.

Unser Körper hat unendlich viele Möglichkeiten, zu uns und anderen zu sprechen, durch Mimik und Gestik, durch seine Haltung, durch Gesundheit oder Krankheit, den Rhythmus des Atems, die Farbe der Haut. Unsere Bewegungen können grazil, leicht, fließend, wild, eckig oder rund sein, je nachdem, wie wir uns gerade fühlen und wie weit wir den spontanen Ausdruck unseres Körpers erlauben und unterstützen. Wir können unseren Körper die Sprache der Liebe sprechen lassen. Und damit meinen wir nicht nur allein den körperlichen Ausdruck, während wir uns lieben, sondern viel mehr als das. Die Körpersprache der Liebe ist die Sprache des Körpers, den wir selbst lieben. Wenn wir in uns selbst und in das Leben verliebt sind, bewegen wir uns ganz anders. Der Schritt ist beschwingter, die Schultern entspannter, das Gesicht strahlt, und die ganze Umgebung antwortet mit Freundlichkeit und Zuneigung auf diese Sprache des Körpers. So wie Jörg Anjas Körper liebevoll betrachtet und seine Schönheit sieht, können wir selbst zum/zur Geliebten unseres eigenen Körpers werden. Probiere es aus. Stelle dich nackt vor einen großen Spiegel und betrachte dich liebevoll. Finde mindestens zehn Bereiche deines Körpers, die dir gefallen. Nenne sie laut und nimm dir Zeit, sie ausführlich zu beschreiben. Zum Beispiel: »Ich finde meine Schultern schön. Sie sind rund und haben eine klare Linie und passen gut zu meinem Körper, und die Haut an meinen Schultern ist glatt und faßt sich schön an...« Mit dem Ja zum eigenen Körper (siehe auch Kapitel »Selbstliebe«) beginnt die Reise zum Erwecken des inneren Feuers, zur Wiederentdeckung unserer Sinnlichkeit, unserer orgasmischen Lebensenergie und Lebensfreude.

Wir werden in eine physische, körperliche Welt geboren und nehmen vom ersten Atemzug über unseren Körper mit dieser Welt Kontakt auf. Unser Körper ist das Gefahrt, mit dem wir unsere physische Umwelt erleben und über das diese Umwelt uns prägt und ihre Spuren hinterläßt. Die Hände der Hebamme, der Bauch und die Brust der Mutter bestimmen die erste Begegnung mit dieser körperlichen Welt. Streicheln, Wärme, gehalten und genährt werden sind das liebevollste Willkommen für das neugeborene Kind. Es erlebt seine Umwelt direkt über den Körper. Wenn ein Baby voller Wonne lacht, lacht der ganze Körper mit – Arme, Beine, Bauch,

Gesicht und Hände. Die Wellen der Freude durchströmen den Körper. Kleine Kinder sind mit dem natürlichen Fluß der libidinösen (lustvollen) Energiewellen, auch orgasmische Energie genannt, noch direkt verbunden. Ihr Körper antwortet spontan auf innere Empfindungen und Impulse und auf äußere Umstände und drückt sie ungehemmt aus. Wir alle waren dieses neugeborene Kind, dessen Körper eine direkte, spontane Sprache spricht. Und mit dem Heranwachsen machten wir an jedem Tag unseres Lebens neue Erfahrungen. Wir lernten, uns aufzurichten, zu krabbeln, zu laufen, zu springen, zu toben und zu tanzen. Unsere Bewegungen waren intuitiv.

Wir sahen einen Apfel – das Wasser lief uns im Mund zusammen, der Arm streckt sich aus, und die Hand griff zu. Unser Körper war immer bereit, neues zu lernen und aufzunehmen, zu experimentieren und zu erforschen. Wir entfalteten unsere Sinne, lernten unterscheiden zwischen heiß und kalt, dunkel und hell, laut und leise, fest und weich und erfuhren so unsere Umwelt, lernten sie begreifen. Das intensive Erleben über Körper und Sinne erschloß uns unsere Umgebung als eine Welt des Reichtums und der Wunder, der Freude und des Staunens!

Mit unserer Bereitschaft zu staunen, zu lernen und Neues auszuprobieren, stießen wir auf die Begrenzung durch Normen der sozialen Welt, in die wir geboren wurden. Und diese Gebote und Verbote fingen an, ebenfalls Spuren in unserem Körper zu hinterlassen.

Alle Erfahrungen, die wir machen, prägen sich ein. Nahrung, Klima, Gefühle, Gedanken, Empfindungen – unser Körper ist wie weicher Ton, der durch alles, was uns im Leben begegnet, modelliert und gezeichnet wird. Die Muskeln verspannen sich, wenn wir Angst haben, und wenn die angstvollen Erfahrungen sich häufen, verfestigt sich der Ausdruck unserer körperlichen Abwehr: Die Schultern bleiben hochgezogen, der Atem geht flach. Wir lernen, unseren Körper zu verstecken, uns seiner zu schämen. Denn unsere westliche Kultur ist extrem körperfeindlich.

Lautes Lachen, Herumspringen, Toben, Weinen und Schreien werden gerade noch im Kinderzimmer akzeptiert, mit dem »Ernst des Lebens« aber aus unserem Alltag verbannt. Und unser Körper lernt auch diese Programme, selbst um den Preis des Unwohlseins und Krankheit. Er versucht, sich dem »Du bist zu wild«, »Sei leise«, »Faß dich nicht da unten an« zu beugen. Das Verbot, unseren Körper lustvoll zu erfahren, prägt sich ihm ein. Er baut innere Barrieren auf, um uns vor den oft ausweglosen Konflikten mit der Erwachsenenwelt zu schützen. Unser Wunsch nach Liebe und Anerkennung ist so groß, daß der Körper versucht, einen Kompromiß zu finden. Die spontane Lebensenergie zieht sich zurück, die Lust wird vergessen oder in »dunkle« Ecken verbannt und die natürliche Entfaltung gebremst. So rückte unsere kindliche Neugierde und spontane Offenheit mit dem Versuch, uns der Welt der Erwachsenen anzupassen, allmählich in den Hintergrund. Die damals errichteten inneren Grenzen hindern uns noch heute daran, uns körperlich frei, spontan und lustvoll auszudrücken. Was früher vielleicht ein notwendiger Schutz war, funktioniert heute unbewußt weiter, obwohl die strenge Mutter oder der drohende Vater gar nicht mehr anwesend sind und wir als Erwachsene unser Leben selbst in der Hand haben.

Jede unserer Bewegungen, unsere Körperhaltung, Gesicht und Augen erzählen die Geschichte unserer Erfahrungen und augenblicklichen Gefühle. Wir sehen jemanden mit vorgebeugten Schultern und hängendem Kopf bewegungslos dasitzen, und schon ahnen wir etwas von seiner Traurigkeit, Belastung und Erschöpfung. Wir nehmen ein vorgeschobenes Kinn wahr, zusammengekniffene Lippen und geballte Fäuste und wissen spontan von der Wut, dem Trotz oder Ärger unseres Gegenübers. Wir betrachten den in sich ruhenden Körper und das selig entspannte Lächeln eines Meditierenden oder eines Buddhas – und kosten etwas von der inneren Stille dieses Menschen.

Mit der Körpersprache der Liebe können wir neu entdecken, wie viele verschiedene Formen und Gestalten unsere Lebensenergie annehmen kann. Mal ist sie eine sprudelnde Quelle und wir fühlen ein Prickeln wie von schäumendem Sekt. Dann wieder ist sie eine zart pulsierende Welle, die dem Rhythmus unseres Atems folgt. Sie kann sich in einem still beseelten Ausdruck des Gesichts und glänzenden Augen ebenso äußern wie in lautem Lachen, Stöhnen, Jauchzen. Und auch das »Tier in uns« ist Teil dieser Energie, die zischende Schlange, der fauchende Panther, die geschmeidige Katze – sie alle zeigen uns die Vielfalt der Körpersprache der Liebe. All diesen verschiedenen Formen des Ausdrucks gemeinsam ist das Ja zu diesem Augenblick, der innere Einklang mit der Form unserer Lebensenergie, die sich ständig bewegt, ständig wechselt. Die Reise zurück zum eigenen Ursprung beginnt mit diesem Ja, mit Respekt und Liebe für den eigenen Körper. Dann kann das Wunder geschehen. Denn ebenso wie der Körper gelernt hat, Barrieren aufzubauen, Spannungen zu erzeugen und Krankheiten zu produzieren, hat er auch die Fähigkeit, all dieses wieder zu verlernen. In einem Klima liebevoller Akzeptanz erinnert sich unser Körper an seine ursprüngliche spontane Offenheit, an die Freude des ungehinderten Ausdrucks, der freien Bewegungen und der ungehemmten Sinnlichkeit.

Wenn wir uns unserer inneren Grenzen und Verkrampfungen bewußt werden und sie aufmerksam betrachten, kann unser Körper zum Lehrmeister werden, der uns ein tiefes Wissen über uns selbst enthüllt. Wir können die festgehaltenen Gefühle befreien und langsam die alten Verspannungen loslassen. So wie bei John, dessen hochgezogene Schultern die Geschichte seiner Angst, geschlagen zu werden, erzählen. Indem er dieser Geschichte aufmerksam lauschte, konnte er die Traurigkeit und die Schmerzen wieder erleben und sich dann von ihnen endgültig verabschieden. Auf diesem Weg kann der Körper langsam die alten Schutzmechanismen loslassen. Wenn wir bereit sind, unseren Körper anzunehmen und seiner Geschichte zuzuhören, öffnet er die Türen zu unserer ursprünglichen lustvollen Freude. Wir finden zurück zu der Liebe zu uns selbst – und damit beginnt ein Weg über das Sinnliche hinaus. Die folgenden Übungen sind eine kleine, systematische

Auswahl aus dem riesigen Spektrum von Möglichkeiten, unseren Körper zu sinnlicher Freude, zu Lachen, Lust, dem Erwecken des inneren Feuers – kurz, zum Tanz der Sinne – einzuladen. Die Übungen sollten in einer spielerischen, liebevollen Umgebung und Atmosphäre stattfinden – denn es geht nicht darum, daß wir uns Neues »antrainieren«, sondern darum, alte Begrenzungen fallenzulassen.

Atem

Ein altes Sprichwort sagt: »Atem ist Leben.« Das Leben ist direkt mit dem Atem verbunden, der im Augenblick unseres Todes endet. Im indischen Sanskrit bedeutet das Wort »Prana« beides: Atem und Lebenskraft. In jeder Minute unseres Lebens machen wir ungefähr fünfzehn Atemzüge, alle vier Sekunden atmen wir einmal ein und einmal aus – und gelangen im Laufe von 24 Stunden auf rund 21 600 Atemzüge. Der Atem ist die Brücke, über die einzelne Bereiche unseres Körpers und verschiedene Energiezentren (Chakren) harmonisch zusammenkommen. Durch tiefes Atmen stellen wir die Verbindung her zwischen Becken, Brust und Kopf, zwischen Sex und Herz. Der entspannte, tiefe Atemzug ist wie ein Kreislauf, der uns in jedem Augenblick über das Leben (Einatmen) zum Tod (Ausatmen) und zum Einswerden führt. Oder wie Graf Dürckheim es einmal formulierte: »Mit dem Ausatmen lassen wir uns los und lassen uns nieder; mit dem Einatmen werden wir neu, mit dem Innehalten zwischen beiden werden wir eins[1].« Jeder tiefe und entspannte Atemzug verbindet uns direkt mit unserer sexuellen Energie. Er massiert das Sexzentrum von innen und es wird aktiver, lebendiger. In der Kunst der Liebe spielt unsere Atmung eine besonders große Rolle. Der Rhythmus unseres Atems begleitet und fördert die verschiedenen Ausdrucksformen unserer Sexualität. Wenn wir uns in der Sexualität dem Atem überlassen, können wir alte Grenzen überschreiten. Wir atmen tiefer und schneller, bewegen uns und benutzen unsere Stimme. Wir genießen die Welle der

Erregung, die feurige Hitze unserer sexuellen Energie, die durch den Atem angefacht wird. So werden wir neu, verschmelzen mit unserem Partner und tauchen beim Innehalten mit langsamen, tiefen Atemzügen in Dimensionen jenseits von Raum und Zeit – wir erfahren, was es heißt, »eins« zu sein.

Die tantrische Liebeskunst kennt eine Fülle von Möglichkeiten, über den Atem ganz bestimmte Wirkungen zu erzielen. Aber die tantrische Atmung ist keine Technik, die man einmal lernt und dann beherrscht. Vielmehr geht es darum, in jeder Situation den eigenen Rhythmus zu finden und ihm zu folgen.

Nimm dir einen Augenblick Zeit, deinen Atem zu beobachten. Verändere nichts, verfolge den Weg deines Atems einfach so, wie er jetzt ist. Dir wird verschiedenes dabei auffallen: vielleicht empfindest du auf dem Weg deines Atemflusses einen Druck, vielleicht ist dir, als hindert dich etwas am Atmen. Spürst du deinen Atem mehr in der Brust oder mehr im Bauch? Achte auf den Augenblick des Übergangs vom Ein- zum Ausatmen und umgekehrt. Vielleicht spürst du, wie du stiller wirst – oder wie dich eine Unruhe erfaßt. Wenn du bewußt atmen kannst, kann der Atem dich nach innen tragen. Du hörst dem Pulsieren deiner Lebensenergie zu und stimmst dich auf deinen inneren Rhythmus ein. So wird der Atem zur Brücke für die Meditation, die uns mit dem kosmischen Raum verbindet. Und ebenso wie wir oft den Atem »anhielten«, um dem Schmerz auszuweichen, kann der Atem uns wiederum helfen, Energien freizusetzen, die unter alten Ängsten und traumatischen Erfahrungen vergraben liegen. Jede sogenannte »Schreckreflexreaktion« hinterläßt Spuren in unserem Körper. Wir bauen Spannungsmuster in unseren Muskeln und Organen auf, begrenzen unseren Atemfluß und hemmen damit den freien Fluß der libidinösen Energie.[2]

Über eine tiefe Atmung können wir diese Spannungen wieder loslassen, unsere Gefühle ausdrücken und die alten Gifte ausscheiden. Das Blut pulsiert rascher durch den Körper, wir schwitzen, unsere Wangen röten sich und unsere gesamte vitale Lebensenergie wird geweckt. Atmen wir dagegen bewußt und sanft im gleichmäßigen Rhythmus durch die Nase ein und aus, unterstützen wir unsere Konzentrationsfähigkeit: Unser körperlicher Stoffwechselprozeß verlangsamt sich, und wir werden stiller und ruhen mehr in uns selbst.

Der Zenmeister Shunryu Suzuki sagt über den Atem während der Meditation: »Wenn wir Za Zen praktizieren, folgt der Geist immer unserem Atem. Wenn wir einatmen, gelangt die Luft in die innere Welt. Wenn wir ausatmen, strömt die Luft heraus in die äußere Welt. Die innere Welt ist grenzenlos und auch die äußere Welt ist grenzenlos. Wir sagen zwar ›innere Welt‹ oder ›äußere Welt‹, aber eigentlich ist es nur *eine* Welt, eine ganze Welt. In dieser grenzenlosen Welt ist unsere Kehle wie eine Schwingtür. Die Luft kommt herein und geht hinaus wie jemand, der durch eine Schwingtür geht. Wenn du denkst ›Ich atme‹ ist das ›Ich‹ extra. Es gibt kein Du, das ›Ich‹ sagt. Das, was wir ›Ich‹ nennen, ist nur eine Schwingtür, die sich bewegt, wenn wir einatmen und wenn wir ausatmen. Sie bewegt sich einfach. Das ist alles. Wenn dein Geist klar und still genug ist, der Bewegung zu folgen, gibt es das Nichts: Kein Ich, keine Welt, weder Geist noch Körper, nur eine Schwingtür.«[3]

Mit der folgenden Übung wird über unseren Atem unser Sexzentrum angeregt und das innere Feuer erweckt. Du kannst diese Übung jederzeit für dich allein oder mit einem Partner zusammen praktizieren. Sie ist der erste Schritt zum tantrischen Atemkreis, der sich aus Beckenatmen, sexuellem Atmen und Strömungsatmen zusammensetzt. Du kannst jede Übung zunächst für sich machen und später dann sämtliche Übungen spielerisch miteinander verbinden und variieren.

Wir haben Bettina, die an unseren Seminaren teilgenommen hat und mit sämtlichen Übungen vertraut ist, gebeten, uns ihre Erfahrungen mitzuteilen. Ihr Kommentar am Ende jeder Sequenz vermittelt einen lebendigen Eindruck von der Wirkung der Übungen. Zugleich sollte aber bedacht werden, daß die individuellen Erfahrungen mit diesen Techniken so unendlich verschieden sein können, wie wir alle es sind.

Orgasmisches Beckenatmen

Lege dich bequem auf den Rücken und stelle die Füße auf (siehe Foto). Atme ein paarmal tief durch. Achte darauf, daß sich dein Bauch beim Einatmen hebt, beim Ausatmen senkt. Lasse beim Ausatmen einen Ton entstehen, der aus deinem Bauch entsteht. Strenge dich dabei aber nicht an, sondern lasse den Ton einfach geschehen. Atme ca. 3 Minuten so durch den geöffneten Mund. Lege etwas mehr Betonung auf das Ausatmen. Jetzt lasse dein Becken – während du wie eben beschrieben weiteratmest – auf die Unterlage prellen. Du hebst dein Gesäß, läßt es wie einen Ball auf die Matratze fallen und wieder hochspringen. Erlaube dir, in dieser Phase wild und laut zu sein. Nach 2 bis 3 Minuten lasse deine Bewegungen langsamer werden, während du durch den geöffneten Mund weiteratmest und dabei alle Geräusche (Töne, Seufzer etc.) zuläßt, die deine Stimme machen will. Jetzt lege deine Hände auf beide Hüftknochen (die Fingerspitzen weisen nach innen) und drücke mit beiden Händen sanft zu, während du einatmest. (Zusätzlich kannst du auch deinen ganzen Bauchbereich lockern, indem du ihn mit den Fingern abklopfst.) Übe die Beckenatmung regelmäßig und achte darauf, daß du deinen ganzen Körper dabei mehr und mehr entspannst.

Bettina: »Am Anfang habe ich mein Becken wohl zu heftig auf und ab bewegt, und es war anstrengend. Als ich dann langsamer wurde, gingen die Bewegungen plötzlich wie von allein, auch die Töne purzelten mir nur so aus dem Mund, und es hat Spaß gemacht.«

Anleitung zum orgasmischen Beckenatmen:

1. In der Rückenlage die Füße aufstellen.
2. Durch geöffneten Mund tief ein- und ausatmen.
3. Mit dem Ausatmen Töne (Seufzen, Stöhnen etc.) aus dem Bauch kommen lassen, ca. 3 Minuten.

Ausgangsposition

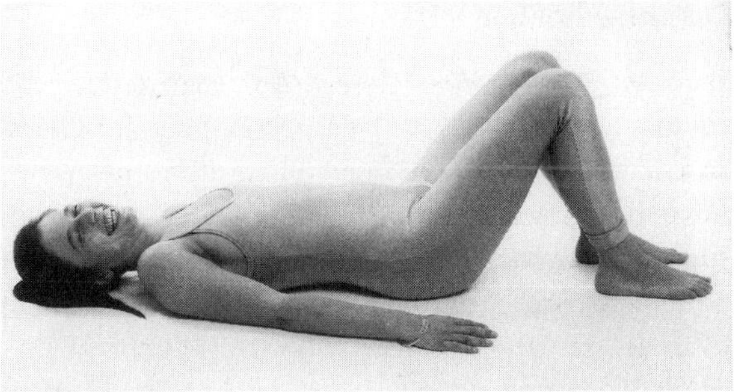

Beckenprellen

Ausruhen

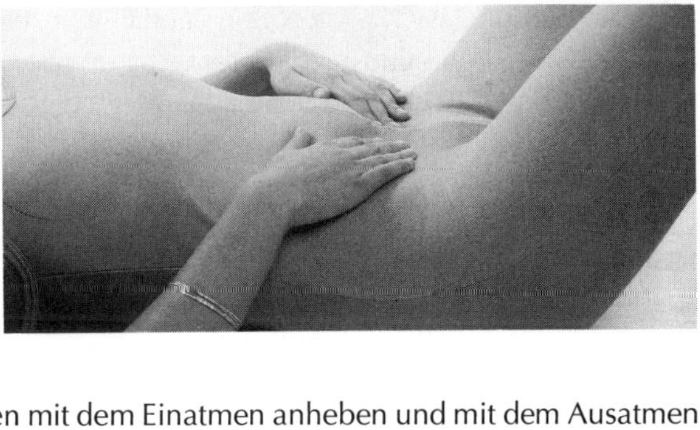

4. Das Becken mit dem Einatmen anheben und mit dem Ausatmen auf die Matratze fallen lassen, langsam schneller, wild und laut werden.
5. Ausruhen, wobei beide Hände auf Bauch und Genitalien ruhen und der Atem spontan fließt.

Das sexuelle Atmen

In dieser Atemsequenz leitest du den Atemstrom gezielt durch deinen Körper. Du lenkst deinen Atem mit Hilfe deiner Vorstellungskraft von den Genitalien aufwärts. So kann die sexuelle Energie sich im ganzen Körper verteilen. Diese Übung erschließt uns einen wichtigen Bereich tantrischer Sexualität, denn über unsere Atmung ist der ganze Körper (Bauch, Herz und Kopf) an der sexuellen Erregung beteiligt, und sie bleibt nicht auf die Genitalien beschränkt. Stelle dir vor, daß in deiner Körpermitte von unten nach oben ein hohler Tunnel verläuft. In deiner Vorstellung beginnst du nun, durch deine Genitalien einzuatmen, als wären deine Vagina oder dein Penis der Mund, durch den der Atem in den Körper strömt. Mit dem Einatmen ziehst du die Luft durch den inneren Tunnel im Körper aufwärts bis zur Mundgegend oder zum Scheitel – so hoch, wie du kannst. Beim Ausatmen sinkt der Atem wieder hinunter und verläßt den Körper durch deine Genitalien. Einatmen: hinauf. Ausatmen: hinunter. Folge dabei deinem eigenen, dir angenehmen Rhythmus (anfangs ca. 3–5 Minuten, später auch länger).

Bettina: »Wichtig ist für mich immer, daß ich meinen eigenen Atemrhythmus finde und nicht herumschaue, wie andere es machen; sonst verkrampfe ich mich leicht. Nach und nach fühlte ich mich, als ob ich auf dem Atem schaukelte – ein und aus und ein und aus ... Beim Einatmen hatte ich ein sehr sanftes, erotisches Gefühl, das durch meinen ganzen Körper strömte. Schön.«

Anleitung zum sexuellen Atmen:

Durch die Genitalien einatmen und den Atem durch den inneren Tunnel bis zum Mund/zum Scheitel hinaufziehen. Beim Ausatmen sinkt der Atem im inneren Tunnel hinunter und verläßt den Körper durch die Genitalien.

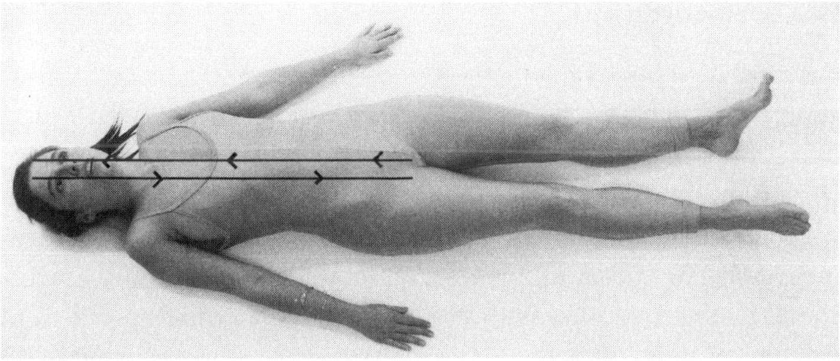

Der Atemkanal beim sexuellen Atmen

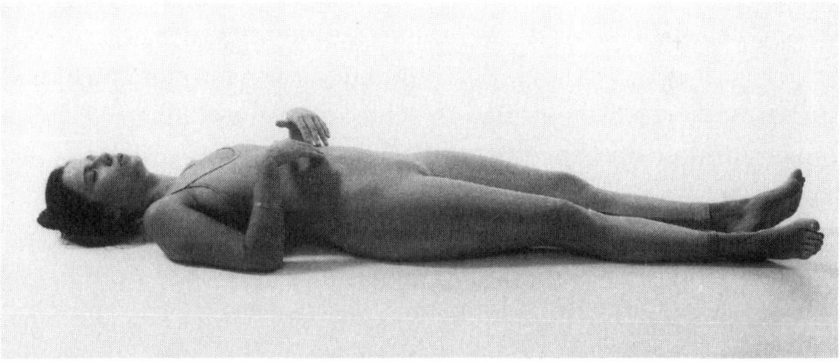

Den Atem durch den inneren Kanal hinaufziehen

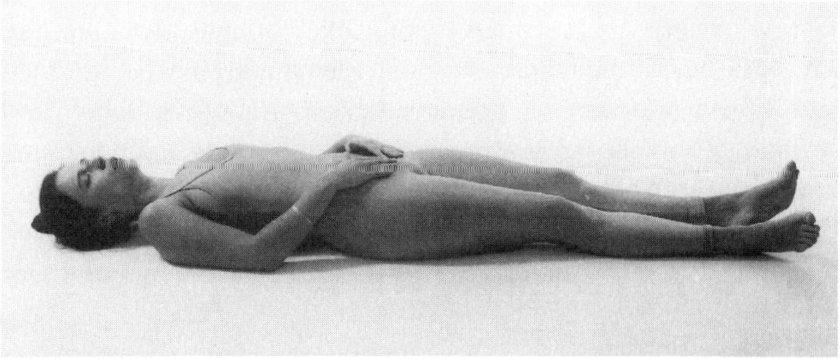

Den Atem in den inneren Kanal hinuntersinken lassen

Der Strömungsatem

Forme deinen Mund zu einem »O«; die Lippen sind dabei ein wenig zugespitzt (siehe Foto). Beginne ganz langsam durch den Mund einzuatmen. Dabei kann durch den Atemwind ein leise saugendes Geräusch entstehen. Atme durch den inneren Tunnel ein (siehe vorherige Übung) und strecke dabei beide Arme in die Höhe. Laß die Bewegung der Arme dem Fluß des Atems folgen. Die Fingerspitzen zeigen gen Himmel. Spüre die Pause zwischen Ein- und Ausatmen, ohne den Atem anzuhalten. Wenn du ausatmest, läßt du deine Arme – ebenfalls im Fluß des Atems – wieder sinken. Beim Ausatmen entsteht ein breites Strömungsgeräusch, so als wolltest du ein Blatt Papier vom Tisch pusten. Bleibe weiter bei der Vorstellung vom inneren Tunnel, durch den der Atem ein- und ausfließt. Dieses Bild hilft dir, die orgasmische Energie zu lenken und den ganzen Körper durchströmen zu lassen. Besonders wichtig ist es, daß du deinen Atem ohne Anstrengung fließen läßt und die kurze Zeitspanne zwischen ein- und ausatmen bewußt wahrnimmst. Werden deine Arme müde, dann lasse sie ausruhen, atme aber gleichmäßig weiter, ganz in deinem eigenen Rhythmus. Der Strömungsatem ist der Atem des Geschehenlassens, der uns in die innere Mitte bringt.

Bettina: »Diese Art zu atmen war für mich anfangs dynamischer, ich spürte ein Kribbeln unter der Haut. Manchmal bin ich mit Armen und Atmen durcheinandergeraten, aber irgendwann hoben und senkten sich meine Arme wie von selbst. Ich spürte einen leichten Druck im Kopf, als ob er sich weitete, aber nicht unangenehm. Diese Pause zwischen Ein- und Ausatmen war zuerst wie ein dunkles Loch – und dann auf einmal wurde alles ganz weit und still.«

Die Mundstellung beim Strömungsatmen

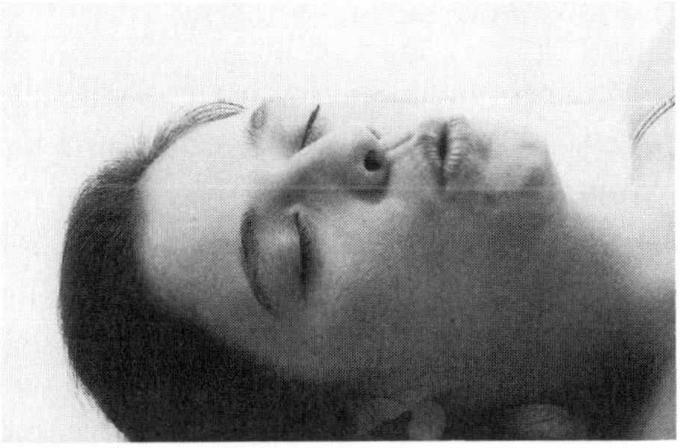

Beim Einatmen Arme in die Höhe nehmen

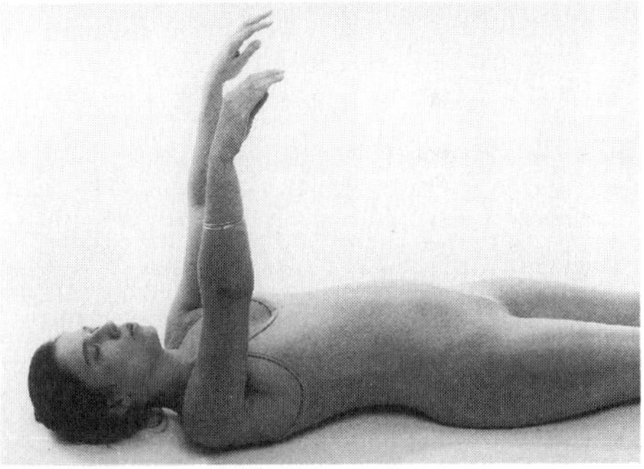

Beim Ausatmen Arme sinken lassen

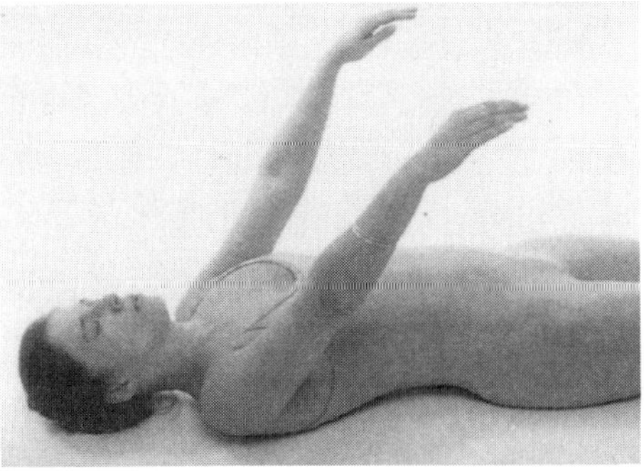

Der orgasmische Atemkreislauf

Du kannst nun Beckenatmung, sexuelles Atmen und Strömungsatmen aufeinanderfolgend üben und damit den orgasmischen Atemkreis für dich herstellen. Über das Beckenatmen baust du die Energie auf. Mit Hilfe des sexuellen Atmens lenkst du diese Energie von unten nach oben und verteilst sie mit dem Strömungsatmen schließlich im ganzen Körper.

1. Aufwecken der Energie – orgasmisches Beckenatmen
2. Im Körper aufwärts lenken – sexuelles Atmen
3. Durch den ganzen Körper strömen lassen – Strömungsatmen

Sexuelle Beweglichkeit

Kinder tanzen, toben, springen, schreien. Sie folgen spontan dem Weg ihrer eigenen Energie, die den Drang nach Ausdruck und Bewegung hat. Ein Gruppenteilnehmer sagte einmal: »Wenn ich soviel Energie wie meine vierjährige Tochter hätte, dann wäre ich im Bett ein springender Feuerball.« Wir können das Kind in uns erwecken (vgl. auch Kapitel »Das innere Kind«) und uns an seiner sprudelnden Lebendigkeit freuen. Wir können jederzeit aus dem »Ernst« des Erwachsenenlebens aussteigen und tanzen, lachen und herumspringen. Die Erlaubnis dazu geben wir uns selbst. Probiere es einmal aus: Lege eine rassige Musik auf, stampfende Negerbongos oder quirlige Disco-Songs, nimm dir viel Platz und tobe wie ein Kind herum: Schüttele dich, schneide Grimassen, springe, hüpfe, lache, schreie. Anschließend ist der ganze Körper lebendiger. Wenn du diese Lebendigkeit öfter spüren möchtest, solltest du deinen Körper regelmäßig in Bewegung halten. Die Auswahl ist heute groß: verschiedene Formen von Tanz, Yoga, Bioenergetik, Tai'Chi und vieles mehr.

Im folgenden zeigen wir einige Grundübungen, die besonders unsere Becken- und Genitalmuskeln anregen und sie flexibler werden lassen. Sie können viel Spaß machen – allein oder zu zweit.

Der »Ja-Schwung«

Die Sufitraditionen kennen viele einfache Bewegungsabläufe, die unsere Lebensenergie mobilisieren und die ihre intensive Wirkung vor allem durch rhythmische Wiederholung entfalten. Der »Ja-Schwung« ist die vereinfachte Variante eines solchen Bewegungsablaufs. Du stehst entspannt, die Knie etwas angewinkelt, die Füße schulterbreit auseinander. Du atmest durch den leicht geöffneten Mund. Das ist die sogenannte »Grounding-Position« (siehe Foto). Schwinge nun beim Einatmen die Arme nach oben. Lasse dich beim Ausatmen mit einem lauten »Ja« schwungvoll nach vorne sinken und federe mit dem Einatmen gleich wieder mit erhobenen Armen hoch. Werde schneller und spüre, wie sich deine Energie verändert.

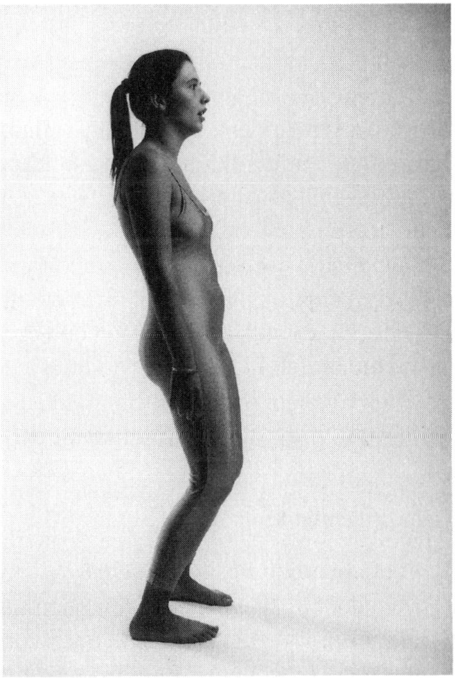

Die »Grounding-Position«

Wenn dir schwindelig wird, dann verlangsame die Bewegungen. Schließlich läßt du die Bewegungen auspendeln und ruhst dich in vornübergebeugter Position aus.

Bettina: »Ich habe diese Übung mit Michael zusammen gemacht, und wir haben uns regelrecht angefeuert. Irgendwann war es, als ob wir uns gegenseitig hochrissen und auch im gleichen Rhythmus nach vorn überfielen. Und dann sind wir ganz von selbst so schnell geworden, daß ich nicht mehr denken konnte. Das ›Ja‹ platzte plötzlich so begeistert aus mir heraus, daß ich selbst erstaunt war.«

Der »Ja-Schwung«

1. In »Grounding-Position« stellen
2. Mit dem Einatmen Arme nach oben schwingen
3. Beim Ausatmen mit einem Ja nach vorne sinken
4. In vornübergebeugter Position ausruhen

Die Beckenschaukel

Durch diese Übung wird unser Becken beweglicher. Stelle dir die Bewegungen erotischer Tänze vor, die Leichtigkeit, mit der das Becken der Tänzerinnen nach vorne und hinten schwingt und kreist. Durch dieses lockere Schwingen breitet sich die sexuelle Energie im ganzen Becken aus und ist nicht allein auf die Genitalien fixiert.

1. Schüttele deinen Körper kräftig durch. Stelle dich dann in »Grounding-Position« (siehe oben).
2. Lege deine Hände auf die Hüftknochen.
3. Jetzt stelle dir vor, wie dein Becken an einer unsichtbaren Achse hängt, die durch beide Hüftknochen verläuft. An dieser Achse kann es leicht und ungehindert vor und zurück schaukeln. Führe diese Bewegungen sanft und ohne Anstrengungen aus.

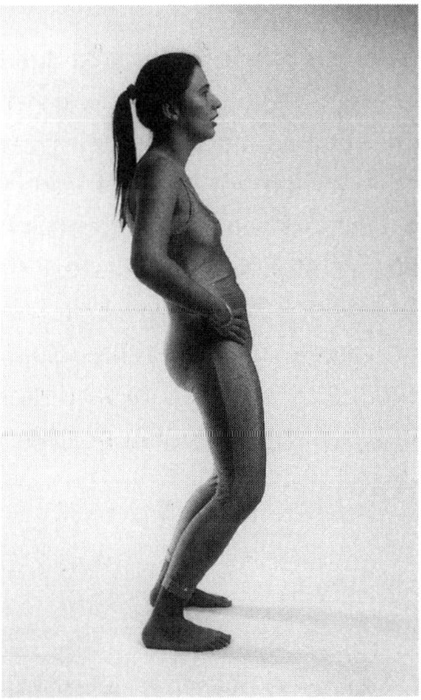

Becken nach vorne

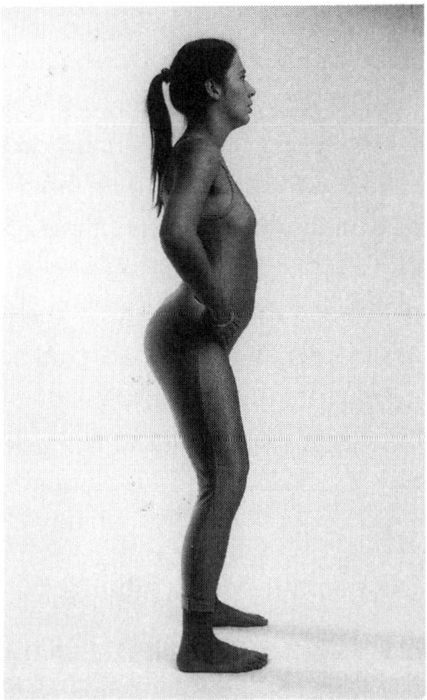

Becken nach hinten

4. Lasse deinen Atem frei fließen. Versuche das Tempo allmählich zu steigern. Achte darauf, daß sich das Becken bewegt und nicht der ganze Körper. Der Kopf sollte möglichst gerade bleiben. Laß auch Töne zu, wenn du möchtest.

Es ist wichtig, daß du deinen Körper ein paar Minuten lang lockerst, bevor du mit der Beckenschaukel beginnst. Du kannst tanzen, dich schütteln oder den »Ja-Schwung« machen. Lasse die Bewegungen des Beckens zu Anfang sanft sein und seufze beim Ausatmen (dadurch wirst du entspannter). Der Ton und die Bewegungen können sich nach und nach verändern. Probiere einmal aus, wie es ist, wenn du sehr laut und schnell wirst. Der langsame Rhythmus hat jedoch eine tiefere Wirkung als allzu schnelle, forcierte Bewegungen, die dich schnell erschöpfen. Es geht hier nicht um bioenergetische Streßübungen, mit denen Blockierungen durchbrochen werden sollen, sondern um die lustvolle Beweglichkeit des Beckens.

Bettina: »Bei dieser Übung ist viel für mich passiert. Anfangs hatte ich große Widerstände, mein Becken so zu bewegen. Das war mir zu eindeutig sexuell, zu auffordernd. Meine ganze Angst, beim Sex selbst aktiv zu sein, kam hoch. Als wollte ich am liebsten immer nur daliegen und den Mann alles machen lassen. (Aber wenn ich ehrlich bin, hat mir das ja auch nie gefallen.) Jedenfalls war es wichtig, daß ich erst mal allein geübt habe. Ich habe ganz vorsichtig angefangen – ja und dann hat es mir fast gegen meinen Willen Spaß gemacht, mein Becken so zu bewegen und zu spüren. Viel schneller bin ich nicht geworden. Ich glaub', ich muß das noch öfter machen, ehe ich mich traue, so richtig loszulegen.«

Die genitale Muskelübung: PC-Muskelübung

Die folgende Übung ist bekannt unter dem Namen »Kegelübung, Reh-Übung oder PC-Muskelübung«. Sie kräftigt unsere genitalen Muskeln, die bei der sexuellen Erregung beteiligt sind. PC ist die

Abkürzung für den Pubococcygeusmuskel, der fächerartig geformt ist und in unserem Genitalbereich liegt. Es ist der Muskel, mit dem wir auch beim Urinieren den Urinfluß kontrollieren. Um ein Gespür für diesen Muskel zu bekommen und zu fühlen, wo er sitzt, halten wir am besten beim Urinieren den Urinfluß zurück. Der Muskel, der sich dann zusammenzieht, ist der PC-Muskel (wobei wir manchmal auch angrenzende Muskeln wie den Anusmuskel zusammenziehen).

Der Gynäkologe Dr. Kegel entwickelte diese Übungen für Frauen, die unter Harninkontinenz (unwillkürliches Urinieren zum Beispiel beim Husten, beim Niesen oder auch beim Orgasmus) litten. Frauen, die ihren PC-Muskel regelmäßig trainieren, berichteten, daß sie nicht nur ihren Urin besser zurückhalten konnten, sondern daß sich auch ihr sexuelles Lustempfinden steigerte. Man weiß heute, daß für Männer das gleiche gilt. Durch ein systematisches Training wird dieser Muskel geschmeidiger und flexibler.

Oft können wir schon beim Üben des Muskels spüren, wie er unsere Sexualorgane von innen stimuliert. Frauen können über den bewußten Einsatz dieses Muskels lernen, den »Lingam« (Penis) des Mannes mit festen, rhythmischen Kontraktionen zu empfangen und zu massieren. Der Mann kann lernen, eine stärkere Erektion zu entwickeln und seinen Lingam in einem sanften Winkel auf und ab zu bewegen. So wird die Frau ohne die üblichen Stoßbewegungen sanft stimuliert. Außerdem lernt der Mann durch die PC-Übung seine Ejakulation zu kontrollieren.

Übungsanleitung:

1. Ziehe den Muskel langsam zusammen, während du bis drei zählst (so als würdest du den Urinfluß unterbrechen oder zurückhalten), und lasse ihn ebenso langsam wieder los.
2. Ziehe den Muskel ein paar Minuten lang hintereinander schnell zusammen und laß ihn ebenso schnell wieder los.

Am Anfang bewegen sich die Bauch- und Anusmuskeln oft unwillkürlich mit. Je länger du übst, desto leichter wirst du den PC-Muskel lokalisieren und ihn unabhängig von anderen Muskelgruppen bewegen können. (Ausführliche Informationen findest du in dem Buch *Der G-Punkt*.[4]) Nimm dir für diese Übung täglich etwas Zeit. Es ist wichtig, daß du dabei entspannt atmest und nichts forcierst. Übe jeden Tag mindestens 30–50 Kontraktionen und steigere diese Anzahl langsam. Wenn du dich ermüdet fühlst, entspanne dich einen Augenblick und übe dann weiter. Spürst du Schmerzen, strengst du dich wahrscheinlich zu sehr an oder gehst zu schnell vor. Unterbrich die Übung, bis der Schmerz abklingt, und mache dann sanft und langsam weiter. (Wenn du dir nicht sicher bist, ob du den richtigen Muskel zusammenziehst, dann lies in der angegebenen Literatur nach.) Wenn du mit dem PC-Muskel durch diese Übung vertraut geworden bist, kannst du sie in den orgasmischen Atemkreislauf mit einbeziehen. Ziehe den PC-Muskel beim Einatmen zusammen und entspanne ihn beim Ausatmen.

Durch diese Übung können sich alte Spannungen im Becken und im Genitalbereich lösen und festgehaltene Gefühle frei werden. Wenn das geschieht, gehe liebevoll mit dir um. Bewege dich sanft, damit die Spannungen ganz allmählich schmelzen können.

Energieströme

Wir alle kennen Augenblicke, in denen uns ein warmer Schauer über den Rücken läuft. Wir hören eine Musik, die uns im Innersten berührt, wir lesen eine Geschichte, die angenehme Erinnerungen in uns wachruft – und plötzlich spüren wir ein Prickeln unter der Haut, als ob fein schäumender Sekt unsere Blutbahnen durchläuft. Wenn wir aufgeregt sind, nehmen wir vielleicht ein Vibrieren im Bauch wahr, unsere Händen zittern und wir bekommen »weiche« Knie. Sind wir sexuell erregt, durchzuckt diese Erregung oft unseren ganzen Körper wie Wellen, die hochschlagen und dann langsam verebben.

In all diesen Empfindungen äußern sich unsere Energieströme, und sie sind das Ergebnis eines komplexen Zusammenspiels der Steuerungssysteme, die die Aktivitäten unseres Körpers lenken und koordinieren. Seit Menschengedenken bemühen sich die Gelehrten, die ursprüngliche Lebensenergie des Menschen zu bestimmen. Wilhelm Reich spricht von »Orgon-Energie«, die chinesische Medizin von »Chi«, die moderne Körpertherapie arbeitet mit der »Bio-Energie«, und im Tantra-Yoga ist von »Prana« die Rede. Oft wird diese Lebensenergie als elektromagnetische Welle beschrieben, als feinstoffliches Kraftfeld oder als universelle Schöpferkraft, die allem Leben zugrunde liegt.

Energieströme spielen in der höher entwickelten Sexualität eine große Rolle. Tantra beginnt bei uns selbst, bei der Reinigung unseres inneren Tempels. Nach und nach werden wir empfindsamer für die »libidinösen Energieströme«, für feinste Formen unserer Lust. Wir lernen, bewußt mit unserer Energie umzugehen und entwickeln ein sicheres Gespür für unsere innere Kraft. Und wenn wir wissen, daß wir selbst die Quelle für unser eigenes Wohlbefinden sind, stehen wir anderen Menschen weniger bedürftig gegenüber. Wir können aus vollem Herzen geben.

Auch ohne genitale Stimulierung und ohne daß wir sexuell erregt sind, können energetische Wellen unseren Körper durchströmen, uns mit vitaler Lebendigkeit füllen und ihre tief reinigende Wirkung auf unseren gesamten Organismus ausüben. Dann leuchten unsere Augen, unsere Haut wird geschmeidig, und eine besondere Ausstrahlung geht von uns aus, dieses »gewisse Etwas«, das wir mit äußerer Schönheitspflege nicht herstellen können.

In den folgenden Übungen wirst du verschiedene Arten von Energieströmen erleben. Vielleicht nimmst du ein Zittern in deinen Muskeln wahr. Diese Ströme haben eine ausbalancierende Wirkung, wenn sie unwillkürlich, ohne eigenes Zutun, geschehen. Es kann sein, daß dein Körper sich wie »unter Strom anfühlt« und anfängt zu pulsieren. Oft sind diese Energieströme mit der Atmung verbunden und geschehen im Rhythmus des Ein- und Ausatmens –

wie Wellen, die sich über die Körperoberfläche ausbreiten, aufsteigen und wieder absteigen. Die feinsten Energieströme sind ein leichtes Vibrieren tief in der Körpermitte, während wir äußerlich ganz ruhig erscheinen. Vielleicht ist noch eine zarte Bewegung der Lippen oder Augenlider sichtbar. Diese Energieströme berühren uns im inneren Kern und können uns den Zugang zu neuen Räumen des Bewußtseins eröffnen.

Das sanfte Grounding (Erden)

Die nächsten zwei Kurzübungen können uns einen Geschmack vom Fluß unserer Energieströme geben. Die beschriebenen Körperhaltungen sind keine »bioenergetischen Streßpositionen«, sondern sollen uns helfen, lustvolle Energieströme anzuregen, die besonders gut fließen, wenn wir fest mit der Erde verbunden sind (Grounding = mit dem Grund verbunden sein). Lowen, der Begründer der Bio-Energetik, entwickelte diese Übungen, um muskuläre Spannungen zu lösen und verdrängte Gefühle freizusetzen. Beim sanften Grounding liegt die Betonung jedoch darauf, körperliche Spannungen langsam schmelzen zu lassen, damit unsere Energie frei fließen kann.

Bogen nach hinten

1. Stelle dich in die Grounding-Position. Die Füße stehen schulterbreit auseinander, die Knie sind etwas angewinkelt, und der Mund ist leicht geöffnet. Laß deinen Atem entspannt fließen.
2. Drücke dir nun die Fäuste leicht in den Rücken (Taillenhöhe) und lehne dich etwas nach hinten. Der Kopf bleibt gerade aufgerichtet, der Mund geöffnet. Spüre jetzt den Punkt, an dem dein Bauch sich dehnt und atme in die Dehnung hinein. Achte darauf, daß Knie und Gesäßmuskeln entspannt sind. Fange an, die Spannungen, die du wahrnimmst, mit einem Seufzer auszuatmen. Reguliere deine Position so, daß du keine Schmerzen

In der Grounding-Position: Energieströme erforschen

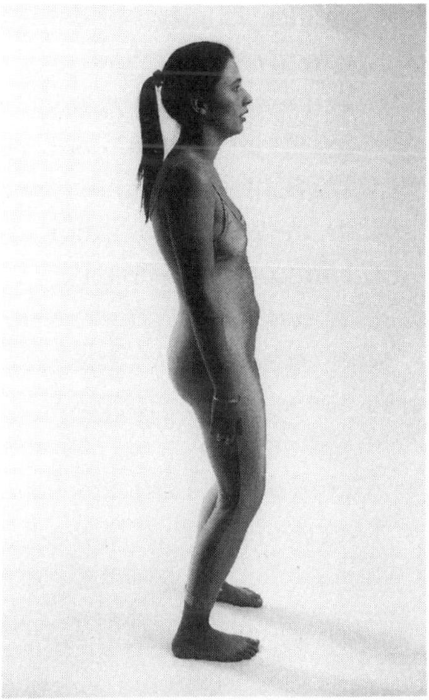

Der Bogen nach hinten (Foto unten)

Entspannen in dieser Position (Foto rechts unten)

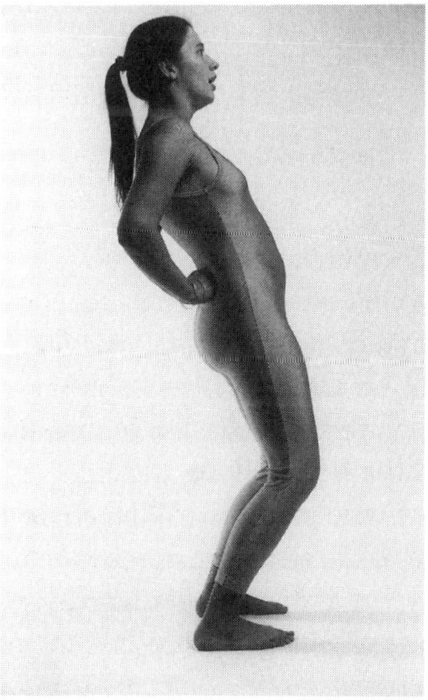

verspürst, aber achte darauf, daß dein Rücken weiterhin einen leichten Bogen bildet.

3. Nach einer Weile beginnen vielleicht deine Beine oder andere Körperteile zu vibrieren. Atme entspannt weiter und lasse die Vibrationswellen kommen und gehen. Unterstütze sie nicht durch eigenes Tun (mehr Druck ausüben o. ä.). Jedes kleinste unwillkürliche Zittern kann den Zugang zu deinen tieferen Energieströmen offenlegen. Der Einsatz von Willenskraft hingegen verhindert das Fließen der Lebensenergie. Fahre mit dieser Übung so lange fort, wie du dich gut damit fühlst (anfangs ca. 5 Minuten).
4. Richte dich ganz langsam auf und lasse dich vornüberhängen. Entspanne dich in dieser Position. Wenn erneut Vibrationen auftauchen, lasse sie einfach geschehen.

Am Anfang kann dich diese Übung mit körperlichen Spannungen (Schmerzen, Versteifungen etc.) in Kontakt bringen. Laß dich dadurch nicht entmutigen! Schüttele zwischendurch kräftig deinen ganzen Körper, gib Töne von dir und bewege Kopf und Nacken. Dann beginne noch einmal von vorne. Wenn du diese Übung regelmäßig machst, wirst du auf verschiedenen Ebenen Energieströme erfahren, die unterschiedliche Empfindungen in dir auslösen können.

Bettina: »Ich hatte anfangs einen ziemlichen Widerwillen gegen diese Übung, und mein Kreuz tat weh, obwohl ich mich nur ganz leicht zurückgelehnt habe. Mir wurde dann ganz heiß, und plötzlich spürte ich eine ziemliche Wut im Unterleib, so richtig, wie wenn man sagt: ›Ich habe eine Sauwut im Bauch.‹ Ich habe mich dann geschüttelt und gebrüllt, und als ich die Übung anschließend noch mal machte, war der Schmerz verschwunden. Meine Beine fingen ganz leicht an zu zittern, und das Zittern stieg durch meinen Körper hoch. Ich fühlte mich wie ein Baum, der sich vom Wind bewegen läßt, und das war dann sehr angenehm.«

Die Lustpulsation im Stehen

Nachdem du das »sanfte Grounding« eine Zeitlang praktiziert hast, kannst du mit dieser Übung eine lustvolle Verbindung zu deinem Partner herstellen, in der ihr eure Energieströme gemeinsam erfahrt.

1. Nachdem ihr euren Körper durch tanzen, schütteln, laufen, springen gelockert habt, stellt ihr euch in Grounding-Position gegenüber. Haltet soviel Abstand, daß eure ausgestreckten Fingerspitzen sich berühren können (siehe Foto).
2. Hebt eure Arme in die Waagerechte. Winkelt eure Hände nach oben, so daß sie parallel zum Körper stehen. Die Fingerspitzen zeigen nach oben. Der Abstand zwischen deinen Handflächen und denen deines Partners sollte bei ausgestreckten Armen ca. 5 cm betragen.
3. Jetzt beugt ihr euch – wie beim sanften Grounding – leicht nach hinten. Bleibt dabei in Augenkontakt, atmet entspannt mit leicht

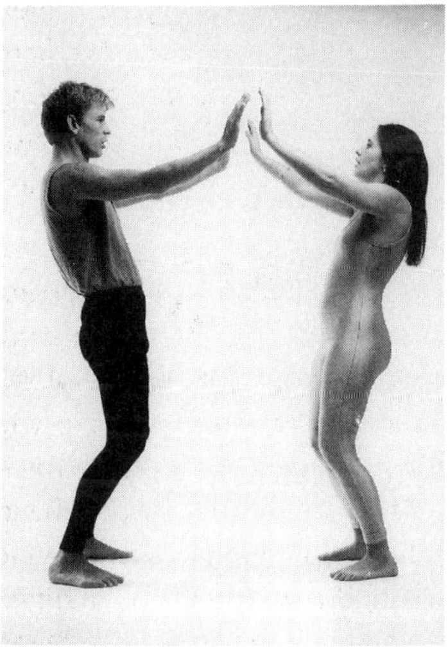

Lustpulsation mit einem Partner

Entspannen mit nach oben gestreckten Armen

geöffnetem Mund und haltet eure Arme so lange ausgestreckt, bis sie ermüden. Dann nehmt sie für einen Moment nach oben, um sie zu entspannen, und begebt euch erneut in die gemeinsame Energieverbindung.
4. Wichtig ist, daß ihr die ganze Zeit entspannt weiteratmet und Augenkontakt haltet, damit »der Funke« zwischen euch überspringen kann. (Behaltet auch dann Augenkontakt, wenn ihr eure Position verändert.)

Ihr könnt diese Übung intensivieren, wenn ihr jetzt das sexuelle Atmen und die PC-Muskelübung hinzunehmt. Ihr atmet durch eure Genitalien ein, zieht den Atem durch den inneren Kanal im Körper aufwärts, während ihr gleichzeitig den PC-Muskel zusammenzieht. Beim Ausatmen laßt ihr die Atemluft durch den inneren Kanal nach unten sinken, während ihr den PC-Muskel wieder entspannt. Vergeßt nicht, euch weiter in die Augen zu schauen – und das Kribbeln zu spüren …

Bettina: »Als ich die ›Lustpulsation im Stehen‹ mit Michael zusammen ausprobieren wollte, geschah zunächst gar nichts. Wir standen uns einfach gegenüber und schauten uns an. Die Arme taten ein bißchen weh – und das war auch schon alles. Dann habe ich mich etwas weiter nach hinten gebeugt, und plötzlich begannen meine Beine wieder wie von selbst zu zittern. Das Zittern stieg höher bis in mein Becken, und ich sah, wie auch Michaels Körper anfing zu zucken. Es war, als seien wir beide an denselben Stromkreis angeschlossen. Seine Augen waren ganz groß, und als mein Atem lauter wurde, hörte ich auch ihn lauter atmen. Meine Arme schmerzten, aber das war mir jetzt egal. Das Zittern und Vibrieren dehnte sich über den ganzen Körper aus, mir wurde heiß und kalt. Und so standen wir uns beide am ganzen Körper zitternd gegenüber – und mußten plötzlich lachen. Wir lachten und lachten und lachten, das Lachen hörte einfach nicht mehr auf. Anschließend fühlten wir uns beide wunderbar entspannt und zugleich ganz energiegeladen.«

Die Lustpulsation im Liegen

Durch diese Übung können wir mit unseren feineren Energieströmen in Kontakt kommen. Durch das verstärkte Pulsieren werden auf der psychischen Ebene subtile Energiekanäle dazu angeregt, sich zu öffnen. Damit laden wir lustvolle Gefühle ein, die wir dann auch mit unserem Partner zusammen weiter erforschen können. Der Schlüssel hierfür ist das Zusammenspiel von Atmung, bewußter Wahrnehmung, Körperbewegungen und Gefühlen.

Übungsanleitung:

1. Beginne mit dem orgasmischen Beckenatmen (siehe S. 38)
2. Dann lege dich mit aufgestellten Füßen auf die Matratze. Der Partner sitzt am Kopfende und hält deinen Nacken (siehe Foto). Seine Unterstützung ist die wache Aufmerksamkeit: kein Unterbrechen, kein Eingreifen. Nach einiger Zeit kann er die zweite Hand auf deinen Bauch legen. Lasse dein Becken ausruhen. Die Beine fallen jetzt beim Ausatmen ohne Anstrengung zur Seite. Beim Einatmen kommen die Beine wieder zusammen. Lasse dabei etwas Abstand zwischen den Knien, so daß sie sich nicht berühren. Achte darauf, wie sich dein Atem durch deine Beinbewegungen langsam vertieft. Vielleicht spürst du deinen Atem

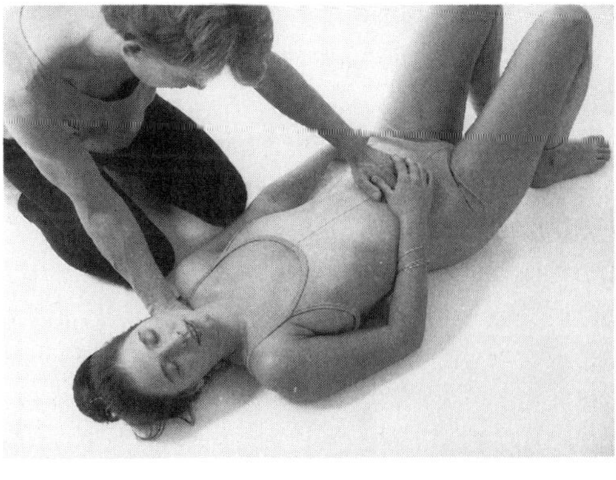

Kontaktaufnehmen mit beiden Händen

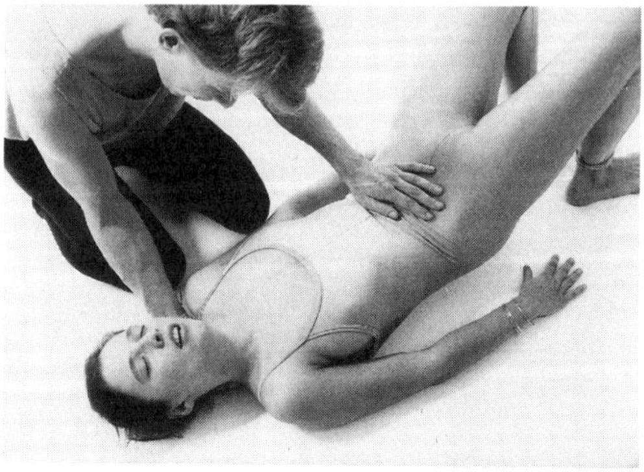

Die Becken-bewegungen

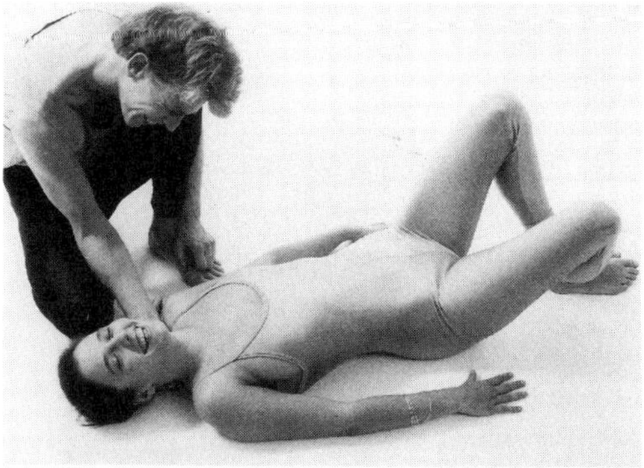

Das Spiel mit den Beinen

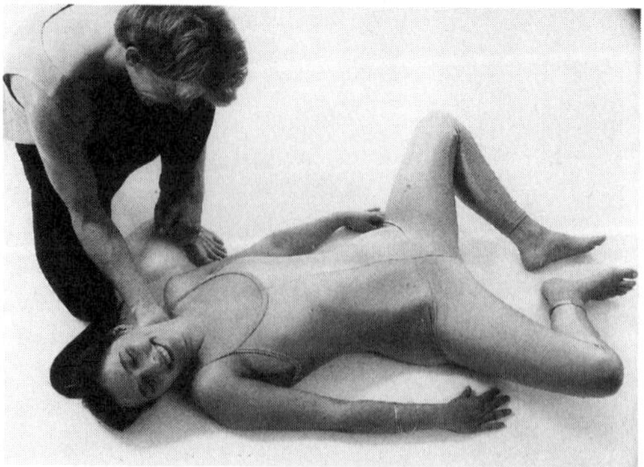

Die Energieströme geschehen lassen

als Welle, die dich durchflutet und dann wieder verebbt. Entspanne dich mit jedem Atemzug, und wenn du irgendwo ein körperliches Unbehagen verspürst, atme es mit einem tiefen Seufzer aus. Erlaube alle Empfindungen, die auftauchen, und lasse alle Töne zu. Gehe dabei aber immer nur so weit, wie du dich gut damit fühlst und forciere nichts. Vielleicht spürst du, daß deine Atmung und die Bewegungen deiner Beine allmählich ohne dein Zutun wie von selbst zusammenfließen. Verschiedene Körperbereiche können jetzt anfangen zu kribbeln, zu prickeln oder zu vibrieren. Diese Empfindungen sind Ausdruck der Bio-Energie, die in Bewegung gerät. Du kannst sie auf der Haut, aber auch tief im Gewebe und vielleicht sogar am ganzen Körper spüren. Oft beginnt auch das Muskelgewebe zu vibrieren.

Gib diesen Körperregungen nach, ohne sie erzwingen oder verstärken zu wollen. Die Willenskraft ist für diese feinen Energieströme ein Hindernis. Beobachte einfach, was geschieht und richte deine Aufmerksamkeit immer wieder auf den Fluß deines Atems. Wenn Gedanken kommen, lasse sie wie Wolken am Himmel vorüberziehen und komme wieder zum Atem und zu deinen Körperempfindungen zurück. (So kannst du auch vorgehen, wenn du beim sexuellen Zusammensein mit deinem Partner die Tendenz hast, dich ins Denken oder Grübeln zu verlieren.)

Gehe immer nur so weit, wie du gehen möchtest. Wenn du den subtilen Strömungen jetzt mehr nachgibst, kann das leichte Zittern deinen ganzen Körper mit unwillkürlichen Bewegungen erfassen – bis du vielleicht beginnst, orgasmisch zu pulsieren. Das kann am Anfang etwas beängstigend sein – aber wenn du diese Ströme willkommen heißt, wirst du auch die lustvollen Gefühle kennenlernen, die damit verbunden sind. Durch dieses Pulsieren deines Körpers kann dein ganzer Organismus neu belebt werden, und oft verspürt man anschließend eine tiefe Entspannung. Wenn dir das Pulsieren an irgendeinem Punkt zuviel wird, dann drehe dich auf deine linke Seite und laß dich von deinem Partner sanft halten. (Partner B kann dann den »Polarisationsgriff« anwenden: die linke Hand umfaßt den Nacken, die rechte Hand liegt auf dem Bauch des Partners.)

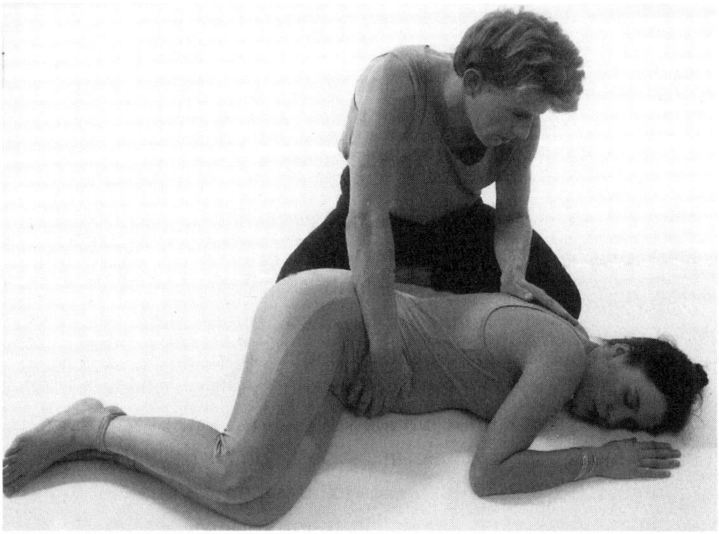

3. Zum Abschluß der »Lustpulsation« strecke deine Beine langsam aus, entspanne dich und ruhe dich aus.
4. Sage deinem Partner, wo du gern von seinen Händen berührt werden möchtest.

Lasse dir Zeit mit dieser Übung. Wiederhole sie öfter und sprich anschließend mit deinem Partner über deine Erfahrungen. Teile ihm auch Gefühle, Bilder, Erinnerungen o. ä. mit, die während dieser Übung auftauchen können.

Gruppenteilnehmer berichten über ihre Erfahrungen mit der »Lustpulsation«:

Sonja: »Ach, das war toll, ich kann nicht genau sagen, was passiert ist, aber ich habe wie wild gezittert und mußte dabei so teuflisch lachen wie noch nie in meinem Leben …«

Kim: »Also, bei mir ging die Post ab, als ich mein Becken so schaukeln ließ. Es war, als ob ich ohne Grund wütend wurde, und ich hab' erst mal so richtig losgelegt. Als wir dann die Beine auseinanderbreiten sollten, kam ich mir zuerst sehr komisch vor. Irgendwie sehr verletzlich. Aber nach und nach habe ich es genossen, daß alles ganz leicht wurde, und es war einfach schön für mich.«

Gabi: »Zuerst ging gar nichts, und ich kam mir vor wie in der Turnstunde. Aber dann war etwas ganz Schönes, der Atem und die Bewegungen waren zusammen, wirklich zusammen, und ich habe mich gefühlt, als ob ich schwebe.«

Marcel: »Ich mußte zittern, lachen, weinen, alles zugleich und durcheinander – schön war's!«

Keary: »Es war ganz sanft und still, nichts Aufregendes, ein feiner Rhythmus, der nur mir gehört …«

Kapitel 3

Der Tanz der Sinne

Meine Sinnlichkeit ist voller Geheimnisse. Still und heimlich tauche ich unter das flirrend grüne Blätterdach des frühlingsfrischen Waldes und schmiege mich ins feuchte, weiche Moos. Schwer und satt riecht die Erde. Ich atme tief und fülle mich mit ihrem fruchtigen Duft. Ich blicke auf zu Dir, Du königlicher Bau, verliere mich im Rauschen Deiner Blätterkrone, die hoch zum Himmel wächst, und spüre unter meinen Füßen Deine Wurzeln, die sich im warmen Schoß der Erde weit verzweigen und Dich fest mit ihr verbinden. Meine Hände gleiten Deinen Stamm entlang, ertasten Deine holzrauhe Rinde, folgen behutsam den borkigen Windungen, erforschen ihren tief gekerbten Lauf. Meine Hände laufen Deinen Stamm hinauf bis zur ersten kleinen Knospe, spielen mit dem weichhaarig geschlossenen Schutzblatt der zarten Frühlingssprossen. Ich lehne mich mit dem Rücken gegen Deinen mächtigen Stamm und schließe mich dem Stromkreis Deiner Kräfte an. Aus tiefer Erde hoch zum Licht bringst Du die Nahrung, die Dich wachsen läßt. Ich lasse mich in Deine Stille sinken, werde von Deiner ruhigen Kraft getragen und lausche der Windmusik deiner Blätter und Zweige, zarten Klängen, die mich verzaubern. So tanzen wir den Tanz der Sinne.«

Unsere Sinne sind wie Pforten für unsere Wahrnehmung, durch die das Leben eintritt und uns im Innersten berührt. Sonne und Mond, Licht und Schatten, Wärme und Kälte nehmen wir durch unsere Sinne in uns auf. Und zugleich sind unsere Sinne auch die Brücken, die uns mit allem Leben verbinden, mit anderen Menschen und mit der Natur, mit all den bunten Erscheinungsformen der Welt. Wir hören, sehen, riechen, schmecken, fühlen all das Leben, das in uns ist und uns umgibt.

Die Sinne des Neugeborenen sind weit offen. Es trifft keine Auswahl, sondern gibt sich allem hin. Farben, Formen, Bewegungen, Geräusche und Düfte und noch die feinsten Stimmungen der Menschen, die uns ernähren und großziehen – als kleine Kinder haben wir all das unterschiedslos in uns aufgenommen und erfühlt. Später erst entstanden Muster, Namen, Bedeutungen und Wertungen. Ohne die wortreiche Benennung und Einordnung unserer Eindrücke und Empfindungen gleichen unsere Sinne einem Orchester, das verschiedenste Melodien mit immer gleicher zarter Offenheit aufnimmt und in Töne umsetzt.

Vielleicht kennst du das – du erinnerst dich an einen ganz bestimmten Geruch, aber nicht nur mit der Nase. Einen Geruch, den du zugleich fühlst, der eine einzigartige Stimmung mit sich bringt, die dich ganz erfüllt. So wie für mich bis heute der Duft von Erdbeeren mit der Erinnerung an den sonnigen Garten meines Großvaters, an seine Liebe und Wärme, untrennbar verbunden ist.

Dieses Paradies der Einheit mit allem, was uns umgab, mußten wir verlassen. Wir lernten, mit unseren Sinnen zu erkennen, zu unterscheiden und zu ordnen. Sie wurden zu feinsten Instrumenten, mit denen wir die Reize unserer Umwelt aufnehmen und Impulse an unser Gehirn weitersenden. Dieses formt ein Bild, klassifiziert Geschmack und Geruch und läßt die Wellen der Töne zu einer Melodie verschmelzen. Dann beginnen wir zu antworten, wiegen uns zum Rhythmus der Musik, beugen uns zur Rose hinab, um ihren Duft noch tiefer einzuatmen, und beißen mit Genuß in den reifen Apfel. Und je sensitiver wir sind, desto lebendiger sind wir, denn durch unsere Sinne erreicht uns das Leben im innersten Kern unseres Wesens.

In unserer Kultur und Zeit nehmen wir uns selten Zeit, unsere Sinne bewußt zu gebrauchen. Wir benutzen sie oft einseitig, setzen unsere Augen stundenlang künstlichem Licht aus, überreizen das Gehör mit ständiger musikalischer Berieselung. Wir gönnen uns selten einen wirklich heilsamen Augen-Blick, den Blick auf eine grüne Wiese oder hoch zum klarblauen Himmel. Wir überfordern unsere Sinne durch schnell wechselnde Reize, grelle Farben und überlaute Töne, und aus dieser Überreizung wächst die Gier nach immer mehr Abwechslung und stärkeren Genüssen. Für viele von uns ist das Leben zur Hetze nach Reizen geworden, wir arbeiten hart und jagen endlos fernen Zielen hinterher, ohne uns die Muße einer stillen Stunde zu gönnen. Dabei können wir ein »Sinn-volles« Leben führen, ohne daß es uns viel kostet. Musik. Zärtlichkeit, Erotik, Stille und feinste Empfindungen bereichern unser Leben. Und wie viele Menschen sehnen sich nach einem solchen Leben! Einem Leben, das von den Sinnen geleitet wird, deren harmonischer Tanz uns zu Augenblicken tiefster Zufriedenheit führen kann. Unsere fünf Sinne sind die Schlüssel zur Glückseligkeit.

Der sinnliche Genuß ist nicht das Privileg der Reichen, der Königskinder in den marmornen Palästen. Dieser Genuß erfordert keine Vorbedingungen, die wir und erst mühsam erarbeiten müssen. Unsere Sinne sind jederzeit bereit, uns diese Welten voll Glückseligkeit zu erschließen. Sie unterscheiden nicht zwischen deinem und meinem Rosengarten. Sie schenken uns den Duft der Rose. Und das einzige, was wir für solch ein »sinnerfülltes« Leben brauchen, ist ein inneres Ja!

Bleibe einen Augenblick lang stehen, während du einen Bahnsteig entlang hastest. Sage einfach zu dir: Stop! Und beobachte den Wirbel von Menschen, die dich umgeben und an dir vorbeilaufen. Nimm ihre Gesichter wahr, ihre Körperhaltungen – und dann schau, ob es nicht an jedem dieser Menschen etwas Schönes zu entdecken gibt. Jeder Mensch hat seine eigene Schönheit, mal offensichtlicher, mal im Verborgenen – spüre diese Schönheit auf!

Um ihre Augen für diese Schönheit zu öffnen, die uns immer und überall umgibt, schickte ein spiritueller Meister seine Schüler aus der Abgeschiedenheit des Klosters auf Marktplätze und zu großen Versammlungen. Sie sollten lernen, sich dieser Schönheit bewußt zu werden. Sie sollten wieder staunen wie ein Kind.

Diese Frische und staunende Offenheit – das OH!, das durch den ganzen Körper rieselt – können wir in uns wiederfinden: allen tantrischen Lehren ist gemein, daß sie uns einen Weg zeigen, unsere Sinne neu zu öffnen und zu verfeinern.

Düfte

Das Wissen um den Gebrauch von Düften spielt in tantrischen Liebespraktiken eine große Rolle. Sexuelle Erregung verändert den Duft der Haut und des Atems. So wie feinste Öle und Parfüms unseren Geruchssinn anregen, hat auch der Körpergeruch eine stark erotisierende Wirkung. Die Kurtisanen des Mittelalters benutzten ihre sexuellen Sekrete als Parfüm, um Kunden anzulocken. Ohne uns dessen immer bewußt zu sein, reagieren wir auf den spezifischen Körpergeruch von Menschen. Wir »können sie gut riechen«, oder auch nicht. Wir fühlen uns erotisch angezogen, ohne zu wissen, daß der Duft einer Frau oder eines Mannes uns anlockt und sexuell erregt.

Neue Forschungen zeigen, daß Gerüche die stärksten Sinneseindrücke auslösen. Sie wirken rasch auf unsere psychische Verfassung. Bestimmte Düfte führen zu sofortiger Entspannung. Andere Düfte regen die geistige Aktivität an, lösen erotische Empfindungen aus oder versetzen uns in Sphären des Wohlbefindens, die »überirdisch« anmuten.

Duftstoffe, Kräuteröle, Pflanzenessenzen und pflanzliches Räucherwerk werden schon seit Urzeiten zu den verschiedensten Zwecken eingesetzt. So benutzten die Orakelpriester von Delphi den Rauch verbrennender Stechapfelblätter, um sich in den hellsichtigen Zustand zu versetzen, in dem sie ihre Visionen und Prophezeiungen für die Zukunft empfingen[5]. Die Naturmedizin bedient sich pflanzlicher Duftöle und Essenzen zur Harmonisierung unserer Energien und zum Heilen körperlicher Krankheiten. In den Ritualen und Zeremonien der Religionen aller Zeiten finden wir den Gebrauch von Räucherwerk, welches zu Ehren der Gottheiten verbrannt wird und die Menschen auf himmlische Sphären einstimmen soll. Bei den Sufis verwendet der Meister für seine Arbeit mit den Schülern hochkonzentrierte Duftessenzen. Wenn der Schüler im Zustand der Meditation Ekstase erfährt, die Auflösung seiner Persönlichkeitsgrenzen in die Unendlichkeit eines Universums, läßt der Meister ihn an der ausgewählten Duftessenz riechen – immer wieder. Später überreicht er dem Schüler das Fläschchen mit der Duftessenz. Der Duft löst die Erinnerung an das Erlebnis ekstatischer Verschmelzung aus und trägt den Schüler dorthin zurück.

Duftöle, Räucherstäbchen und wohlriechende Blumen gehören zu den wesentlichen Elementen eines tantrischen Liebesrituals. Sie sind die unschätzbaren Helfer, mit denen wir ganz gewöhnliche Zimmer in Liebestempel verwandeln. Allein das Anzünden eines Räucherstäbchens kann zu einer Zeremonie werden, die uns hilft, den Übergang vom Alltag in sinnliche und magische Räume bewußt zu gestalten. In unseren Seminaren erleben wir immer wieder, daß Düfte eine neue Atmosphäre schaffen. Düfte, die wir im richtigen Augenblick in entsprechender Dosierung einsetzen, können wie Katalysatoren wirken, die uns aus dem gewohnten Rahmen von Raum und Zeit in andere Erlebnissphären schleusen, wo wir einfach nur genießen. Versuche einmal folgendes Experiment: Wähle dir ein Lieblingsöl aus. Immer wenn du dich gut fühlst, voller Energie und Lebensfreude, riechst du an dem Fläschchen. Fühlst du dich dann einmal abgespannt und unlustig, nimm das Duftfläschchen und atme die Essenz langsam und bewußt ein. Beobachte genau, was mit dir geschieht. Ätherische Öle, auch essentielle Öle genannt, haben eine mystische Qualität: Sie wirken wie die lebendige Seele der Pflanze, aus der sie gewonnen werden. Sie bewahren die Essenz der Pflanzenwesen, von denen jedes seine eigene Botschaft, Ausstrahlung und heilende oder anregende Wirkung hat (daher der Name Essenz). »Wenn der Moment gekommen ist, verströmen sie freigebig ihre wohlriechende Seele.«[6] Die ursprüngliche Eigenart der Pflanze hat etwas Klares, Rundes, Ganzes. In ihrem Duft spricht sie zu uns als Lebewesen, und ihre Eigenschaften können in uns eindringen. Diese unschuldige Reinheit ihres Wesens nehmen wir mit dem Geruchssinn auf, der weiblich und empfänglich und auf einer tiefen Ebene mit unserem Unterbewußtsein verbunden ist. Bei der Begegnung mit Duftessenzen werden auf feinsten Ebenen Prozesse der Wandlung und des Umbruchs ausgelöst. Das Aufnehmen dieser Düfte kann »ein stiller, liebevoller Dialog sein, ein großes Aufatmen wie bei einem sehnsüchtig erwarteten Treffen – so als würde uns die Essenz an die Schwelle unseres eigenen Wesens tragen«[7].

Duftstoffe wirken in so zarten, ätherischen Bereichen unseres Seins, daß sie Blockierungen unterlaufen und unmittelbaren Zugang zu unserem Unterbewußtsein finden können. Was wir dabei erleben und welche Schicht unseres Wesens berührt wird – unsere Sexualität, unser Herz, unser Geist –, das hängt ganz vom Charakter der jeweiligen Essenz ab und auch davon, wieweit wir bereit sind, sie aufzunehmen.

Die feinstofflichen Seelenkräfte der Pflanzen berühren uns ebenfalls im feinstofflichen Körper und entfalten dort ihre Wirkung. Öffnen wir uns ihnen, können sie bis zu subtilsten Bereichen unseres Energiekörpers vordringen und dort heilsam und harmonisierend wirken. Blockierungen in den einzelnen Chakren können aufgelöst werden, wenn wir bestimmte Essenzen auf das jeweilige Chakra auftragen und unsere Lebensenergie durch Atmen bewußt zu diesem Chakra lenken. (Lies dazu ausführlicher im Chakra-Kapitel nach.)

Schmecken

Hast du schon einmal eine ganze Mahlzeit mit geschlossenen Augen eingenommen? Probiere es: Laß jeden Bissen auf der Zunge zergehen, koste die vielen feinen Geschmacksnuancen aus. Und während du so aufmerksam versunken kostest, spürst du vielleicht, wie du langsam stiller wirst. Meistens nehmen wir uns viel zu wenig Zeit, auszukosten, was wir essen. Unsere Geschmacksorgane brauchen Zeit, damit wir die vielfältige Beschaffenheit unserer Nahrung wirklich aufnehmen können: weich und fasrig, knackig und breiig; damit wir ihre Würze erforschen können: salzig, süß, sauer, bitter, fruchtig und herb. Alles, was wir brauchen, um dieses Tor unserer Sinnlichkeit zu öffnen, ist Zeit für ein bewußtes Schmecken. Es macht Spaß, sich von einem Partner füttern zu lassen. Nicht wie als Kind, wo wir »aufessen« mußten, sondern langsam, Bissen für Bissen empfangend, wie eine Kostbarkeit, die es verdient, andächtig entgegengenommen zu werden.

Du schließt die Augen, und dein Partner läßt dich jeden Bissen erst erschnuppern. Die Nase ist der Vorschmecker. Dann erst berührt die Nahrung deine Lippen, streicht sanft an ihnen entlang, bevor du sie öffnest. Du wirst erstaunt sein, was dir bislang an Köstlichkeiten entgangen ist! Besonders spannend wird dieses Spiel, wenn du nicht weißt, was dich erwartet. Bekommst du Früchte, wird jede einzelne zur neuen Überraschung. Wenn dein Partner dich mit deinen Lieblingsfrüchten füttert, zu mundgerechten Happen vorgeschnitten, und du sie mit geschlossenen Augen bei sanfter Musik kostest, kann diese sinnliche Mahlzeit zur schönen Einstimmung auf einen tantrischen Liebesabend werden.

Sehen

Auf bestimmte Farben, Ornamente, Symbole oder Zeichen reagieren wir oft in ganz spezifischer Weise. Rot und Purpur gelten als Farben der Liebe, weil sie unsere Sinnlichkeit anregen, während Dunkelblau und Violett eine eher besänftigende, harmonisierende Wirkung haben. Auch das Licht beeinflußt unser Sehen. So verändert sich das Gesicht unseres Geliebten bei Kerzenschein. Im Spiel von Licht und Schatten erscheint es uns geheimnisvoll verhüllt, um sich gleich darauf in strahlender Offenheit zu zeigen. Bei gedämpftem Licht können sich unsere Augen entspannen. Die gewohnten Umrisse der Dinge lösen sich auf, Farben und Formen fließen weich ineinander.

»Sieh in das Feuer!
Der Blick hält dich in Bann.
Bewegungen – Tanz der Flammen, so unbeschreiblich schön.
Sieh in das Feuer!
Und du wirst zu ihm,
Schlängelst, züngelst, schießt empor.
Unberechenbar – jeden Moment neu
Bist du
Das Feuer, das du siehst!«

Das Sehen wurde in den klassischen tantrischen Ritualen anhand der sogenannten »Yantras« geübt. Yantras sind Symbole, Bilder oder Zeichen, die so gestaltet sind, daß sie uns anregen, im Gewöhnlichen das Außergewöhnliche wahrzunehmen. Wenn wir uns auf ein solches Yantra konzentrieren, kann es in uns ein Gefühl von Kraft, innerer Ruhe, Zentriertheit und Harmonie auslösen. Du schließt die Augen und benutzt deine Phantasie oder deine Erinnerungskraft, um dir dieses Symbol bildlich vorzustellen.

Betrachte die abgebildete Spirale, ein Urbild für körperliche Kraft. Während du das Bild in dich aufnimmst, bewirkt es etwas in dir. Vielleicht nimmst du wahr, wie die Spirale sich zu drehen und in verschiedene Farben zu schillern beginnt. Dann fühle die Spirale in dir – die drehende Bewegung überträgt sich.

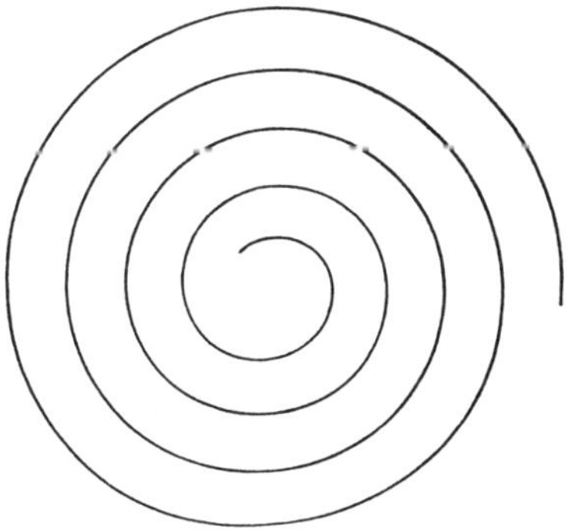

Sicher kennst du Bilder, die dich stark berühren. Etwas in dir wird still, wenn du sie betrachtest. Ob du das Bild eines Sonnenuntergangs anschaust, die sanftgeschwungene Linie mondbeschienener Hügelketten oder eine Komposition aus verschiedenen Farbformationen – jedes dieser Bilder kann zu deinem persönlichen Yantra werden, das dir hilft, in deiner Mitte zu ruhen. Eine wertvolle Bereicherung für den sinnlichen Raum, den du dir einrichtest, sind liebevoll und bewußt gewählte Bilder und Gegenstände. Triff die Wahl nach der Wirkung, die das Bild in dir auslöst. So kannst du für deinen Liebestempel ein Yantra wählen, das die sexuelle Kraft in dir weckt.

Die Augenmeditation

In der Augenmeditation kannst du deinen Partner neu sehen lernen. Bereitet euren Raum vor, schmückt ihn mit schönen Tüchern, Kissen, Kristallen, zündet Räucherstäbchen an und sorgt für gedämpftes Licht. Legt eine sanfte, meditative Musik auf. Zu Beginn der Meditation verneigt ihr euch mit einem OM. Dann schaut euch in die Augen, aufmerksam und ohne Anstrengung. Entspannt euren Blick. Manchmal verkrampfen wir uns, weil der stetige Blick des anderen, auch wenn wir meinen, ihn schon lange und gut zu kennen, uns verunsichert, und halten den Atem an. Achtet also darauf, gleichmäßig weiterzuatmen. Oft beginnt sich nach einigen Minuten deine Wahrnehmung zu verändern. Die Augen deines Gegenübers erscheinen dir dunkler oder heller, das Gesicht verändert seine Konturen. Neue Gesichter überlagern das Gesicht deines Partners oder deiner Partnerin: jüngere oder ältere Gesichter mit wechselndem Ausdruck. Laß all das geschehen und bleibe beim »entspannten Sehen«. Atme sanft weiter (ca. 20 Minuten). Dann verabschiedet euch mit einem OM und nehmt euch noch etwas Zeit füreinander – mit oder ohne Worte.

Teilnehmer der Augenmeditation erzählen: »Seine Augen waren unruhig, als wir begannen. Sie flackerten. Langsam wurden sie

Nach der Augenmeditation in der Natur

ruhiger – auf seiner Stirnmitte sah ich einen hellen Fleck wie einen Stern. Plötzlich lüftete sich der Schleier vor seinem Gesicht und seine Augen wurden tief wie ein Tunnel, durch den ich bis in sein Innerstes wandern konnte. Mein Herz schlug lauter. Ich hatte das Gefühl, er läßt mich tief in sich ein. Es war wunderschön.«

»Bei der Augenmeditation habe ich plötzlich ganz verschiedene Gesichter gesehen: das Gesicht eines jungen Mädchens, das Gesicht einer freudig strahlenden Frau, ein müdes Gesicht mit traurigen Augen und dem weisen Blick eines alten Indianers mit faltig gekerbtem Gesicht. Ich war ganz schön verwirrt – habe die Meditation aber sehr genossen.«

Klänge

Wann hast du zum letzten Mal dem Rauschen des Windes gelauscht, der durch die Wipfel der Bäume fährt? Weißt du, wie es klingt, wenn die Meereswellen hochschlagen und leise zischend am Strand auslaufen? Wenn Geliebte zusammenliegen und sich berühren, lauschen sie auf den Atem des anderen, hören das Herz klopfen und genießen die Laute der Lust. Wieviel Spaß es macht, sich zu balgen, zu kreischen, zu grunzen und zu stöhnen! »Tierisch« viel Energie wird bei diesen Spielen in uns wach, eine leidenschaftliche Lebendigkeit. Oder wir erspüren in den feinen, leisen Lauten unseres Geliebten das verletzliche, zarte Kind, das sich in seinem großen Körper verbirgt und das gehalten werden und sich geborgen fühlen möchte.

In tantrischen Riten werden von alters her Klänge und Töne eingesetzt, um in magische Welten jenseits von Zeit und Raum zu gelangen. Das Singen von Mantras wirkt direkt auf unsere körperliche und psychische Verfassung.

Die verschiedenen Vokale berühren entsprechende Zonen unseres Körpers: Das »U« läßt unseren Bauch- und Beckenraum schwingen, während das »A« den Brustraum und das Herz weitet, das »I« hingegen eher im Kopfbereich vibriert. »Musik besitzt die Kraft, die Spannung im Herzen, der dunklen Gefühle Gewalt zu lösen. Die Begeisterung des Herzens äußert sich unwillkürlich im Laut des Gesanges.«[8]

In den letzten Jahren hat man erneut entdeckt, daß es musikalische Schwingungen gibt, die uns sexuell anregen. Cousto, der sich eingehend mit der Wirkung bestimmter Töne auf die Psyche des Menschen befaßt hat, bezeichnet diese Musik als »präorgastisch«. Sexuell anregende Musik ist auf G gestimmt. Musik dagegen, die auf Cis gestimmt wurde, wirkt sexuell beruhigend und harmonisierend. Er nennt sie »postorgastisch«. Auf Cis baut auch die indische Tonleiter auf. Für die Inder gilt Cis als der Ton der Seele, auf den sie meditieren.[9]

Bei Ritualen und einigen Partnerübungen in unseren Seminaren verwenden wir oft Klangschalen, Gongs oder Glöckchen in verschiedenen Tonhöhen und Klangfarben. Sie werden sanft angeschlagen und dann an das Ohr geführt. Gongs und Glocken ziehen uns mit ihrem endlos nachhallenden Klang in einen magischen Raum. Wir werden »ganz Ohr«, und die so erzeugten Schwingun-

Tibetische Klangschalen

gen können »uns wieder mit den Quellen der Wirklichkeit im tiefsten Kern unseres Wesens in Berührung bringen«[10]. Sie klopfen an unser Herz und sagen zu uns: »Jetzt – Jetzt – Jetzt!« Es ist, als ob uns diese Töne einen kleinen »Schubs« versetzen, der uns hilft, die endlosen Gedankenketten, die uns an die Vergangenheit binden oder Träume für die Zukunft produzieren, zu verlassen und ganz im gegenwärtigen Augenblick zu sein. Dann lauschen wir mit unserem »inneren Ohr« und können ungefiltert aufnehmen, was diese Klänge uns bringen: die zeitlose Unendlichkeit eines grenzenlosen Kosmos, der ebenso in uns lebt wie wir in ihm. Denn Klänge sind immer »jetzt«. Sie heben die Illusion der Zeit auf, und wir können eins mit ihnen werden.

Harmonisch sanfte Musik kann – vor allem wenn sie dem Herzrhythmus folgt – unsere Herzen öffnen und hilft den Partnern an einem Liebesabend, sich zu entspannen. Klänge und Töne können uns an den Ort unserer inneren Stille tragen. Wenn der Ton einer Klangschale, dem wir nachlauschen, langsam im Raum verhallt, dann schwingt auch die anschließende Stille in uns nach. Klänge, Töne sind der Meditation verwandt. Sie können uns in einen Raum der Stille führen, in unseren innersten Tempel.

Berührung

Viele tantrische Schriften lehren die Kunst der Berührung. »Berührt« sein hat einen doppelten Sinn: Wenn ich von anderen gestreichelt werde, empfinde ich diese Berührung körperlich und zugleich löst sie Gefühle in mir aus. Ein Energiekreislauf entsteht, in dem sich körperliche Spannungen lösen und das erotische Feuer entfacht wird. Vitalenergie kann durch Berührung in verschiedene Energiebahnen des Körpers und aufwärts in feinstoffliche Zentren (siehe Chakra-Kapitel) gelenkt werden.

In der Kunst der Berührung nimmt die Massage einen besonderen Platz ein. Die erotische Kultur des Ostens entwickelte die Kunst, den ganzen Körper des anderen mit dem eigenen Körper zu massieren. »Beide Körper werden mit parfümierten Ölen eingeölt. Dann benutzt der Masseur, der Gebende, Teile seines Körpers, wie Kinn, Brüste, Haare, Beine, Füße, Stirn, Ellbogen oder auch seinen gesamten Körper, und spielt auf diesen Instrumenten«.[11] Diese Art der sinnlichen Massage war lange Zeit bevorzugtes Spiel vor allem der Herrschenden. Heute kann sie für alle – in einer erotisch gestalteten Umgebung, begleitet von Musik – zum aufregend sinnlichen Teil eines Liebesabends werden. Feinste Berührungen mit weichen Fellen, seidigen Stoffen, Fingerkuppen und Haaren lassen uns oft Wonneschauer über den Rücken laufen. Seid einfach spielerisch und benutzt alles, was euch Lust bereitet und eurem Partner gefällt: laßt ihn Früchte schmecken, kitzelt ihn sanft mit Pfauenfedern, beatmet seinen Körper und benetzt ihn mit warmem Wasser – eurer Phantasie sind keine Grenzen gesetzt. Spielt zusammen wie die

Kinder immer neue Spiele – auf Wiesen, am Meer, in Parks, in Wäldern und an Quellen …

Wenn wir bereit sind, innerlich loszulassen und uns der Berührung hinzugeben, können orgasmische, wellenartige Bewegungen durch unseren Körper pulsieren. Oft erfahren wir dann eine umfassende muskuläre und psychische Entspannung, die eine Veränderung der gesamten Körperchemie bewirkt.

Sinnliche, liebevolle Massage kann auch langjährigen Paaren, denen oft das »Feuer« fehlt, eine neue Lebendigkeit für ihre Beziehung schenken. Ein befreundetes Ehepaar, das die Massage für sich entdeckt hatte, erzählte uns, daß sich dadurch für sie völlig neue Möglichkeiten der Begegnung eröffnet haben. Je weiter wir unsere Sinne öffnen und neu entwickeln, desto leichter wird es uns fallen, mit unserem Partner oder Freund eine tantrische Verbindung zu gestalten. Um unseren Partner sinnlich zu berühren, brauchen wir keine Regeln oder technische Anleitungen. Wir können uns dabei von unserer eigenen Intuition und Spontaneität leiten lassen.

Das Baderitual

Stell dir vor, du bist allein. Ein zarter Duft weht zu dir hin. Du folgst ihm, und er leitet dich durch deine Wohnung bis zu einer Tür. Du öffnest sie vorsichtig – und bleibst wie verzaubert stehen. Du bist in deinem Badezimmer – aber wie hat es sich verwandelt! Viele Kerzenlichter funkeln, und aus dem dampfenden Badewasser steigt der süß lockende Duft von Jasmin. Sonnengelbe Calendula- und rote Rosenblätter schwimmen auf dem Wasser. Du trittst ein und schließt die Tür – und du bist in einer anderen Welt, die dich mit warm-duftender Geborgenheit umfängt. Neben der Wanne steht ein silbernes Tablett mit köstlichen Fruchthappen – Trauben, Erdbeeren, Pfirsichen und deinen Lieblingsfrüchten. Ein schön geschliffenes Glas und eine gekühlte Flasche vom allerbesten Saft stehen daneben – nur für dich! Auf dem Wannenrand reihen sich viele kleine Fläschchen mit verheißungsvollen Düften: Minze, Rose,

Lavendel, Moschus, Ylang-Ylang, Rosmarin – was immer dein Herz begehrt. Zwei große weichflauschige Handtücher, zwei Waschlappen und eine Schale mit gekühltem Wasser stehen bereit. Du fühlst dich wie im Schlaraffenland. Ganz langsam ziehst du deine Kleider aus und beginnst das Fest der Sinne.

Mit einem OM lädst du die Kräfte des Wassers zu dir ein. Vorsichtig steigst du in das warme, duftende Wasser, das deine Haut streichelt und dich aufnimmt. Die Wärme dringt durch alle Poren in dich ein. Du schließt die Augen und überläßt dich dem wohligen Gefühl schwereloser Geborgenheit. Jeder Atemzug trägt dich tiefer zu dir selbst. Dein Kopf sinkt nach hinten, deine Ohren tauchen ins Wasser, und du gleitest in die pulsierende Stille wohliger Wärme. Lange verweilst du so. Ganz langsam tauchst du dann auf und nimmst wieder Geräusche wahr. Die Augen noch geschlossen, spielen deine Hände mit dem Wasser, entlocken ihm plätschernde, tropfende, gurgelnde Geräusche, und du hörst zu. Sonst nichts. Du tastest nach den Duftfläschchen, ohne mit den Augen auszuwählen. Du atmest den Duft in tiefen Zügen ein, bist glücklich, überrascht. Dein Gesicht hellt sich auf, du liegst in den Sonnenflecken des Gartens deiner Kindheit. Die Rose findest du als erste. Ein paar Tropfen ihres Duftes läßt du in dein Badewasser fallen. Nach und nach erschnupperst du dir auch die anderen Düfte, und jeder überrascht dich neu. Du komponierst dir eine Symphonie der Düfte. Dann öffnest du die Augen, als würdest du aus einem tiefen Schlaf erwachen, und schaust dich um. Die Blütenblätter, die Kristalle, regenbogenfunkelnd, der sanfte Schein der Kerzen empfangen dich bei dir selbst. Du benetzt dein Gesicht mit kühlem Wasser, wie um aufzuwachen. Du gönnst dir ein paar Früchte und trinkst Saft. Du hast unendlich lange Zeit dafür – kostest und genießt jeden Bissen, jeden Schluck. Und dann beginnst du mit dem Strömungsatmen. Deine Nasenflügel beben leicht, deine Lippen sind wie zu einem Kuß geformt, leicht und rhythmisch weht der Windhauch deines Atems. Dein Körper folgt noch der leisesten Bewegung des Wassers, das deinen Bauch und deine Beine warm umspielt. Es ist, als ob du leichter wirst, aufsteigst im Wasser, schwebst. Wasser und Körper werden eins im wiegenden Rhythmus deines Atems. Du kehrst zurück zu deinem Ursprung – zu dir selbst. Und wenn du wieder auftauchst aus deiner inneren Welt, glänzen deine Augen, dein Gesicht glüht. Du fühlst dich weich und offen, deine Tränen tropfen in das Wasser, das sich trägt. Leicht zitternd steigst du aus der Wanne und hüllst dich in die warmen, weichen Tücher. Dein OM des Dankes füllt den Raum.

Anleitung zum Baderitual:

Folgende Materialien kannst du nach Belieben variieren und benutzen: Badeöl, Duftessenzen (mindestens drei verschiedene), Blütenblätter, Kerzen, Räucherstäbchen, Kristalle, Blumen, eine schöne Schale mit kühlem Wasser, Fruchtsaft, Handtücher und Waschlappen, sanfte Musik.

Kurze Fassung des Baderituals:

»Verzaubere« dein Badezimmer (Räucherstäbchen erst gegen Ende anzünden).

Nachdem du alles vorbereitet hast, ruhe dich fünf Minuten aus. Erst dann betrittst du das Bad. Ziehe dich langsam aus und singe ein OM. Du kannst eine Einladung an die Kräfte des Wassers laut aussprechen. *Entspanne* dich im warmen Wasser. Schließe die Augen und lasse deinen Kopf so weit nach hinten gleiten, bis beide Ohren knapp unter Wasser sind. Tauche in die Stille ein. *Höre* alle Geräusche, das Plätschern und Tröpfeln des Wassers. *Rieche* mit geschlossenen Augen die Duftessenzen und gib ein paar Tropfen in das Badewasser. *Schaue* langsam umher und nimm alles auf, was dich umgibt. *Fühle* das kalte Wasser, wenn du damit dein Gesicht benetzt. *Schmecke* die Früchte und den Saft, koste jeden Bissen, jeden Schluck wie ein Feinschmecker.

Strömungsatmen: Laß den Atem zu einem feinen Windton werden, den du selber hören kannst. Am besten formst du deinen Mund zu einem »O« und atmest die Luft mit einem leisen Zischlaut ein und aus. Stelle dir vor, mit den Genitalien einzuatmen und den Luftstrom in deinem Körper hochzuziehen. Mit dem Ausatmen durch den Mund schickst du die Luft wieder zu den Genitalien zurück, so daß ein Atemkreis zwischen Mund und Genitalien entsteht. Wichtig: Atme sanft und regelmäßig zehn Minuten lang.

Hinweis: Achte darauf, daß das Badewasser nicht zu heiß ist. Teste es mit dem Ellenbogen, bevor du in die Wanne steigst. Wenn du Herz- oder Kreislaufstörungen hast, sei besonders vorsichtig. Lasse evtl. das Strömungsatmen weg. Mache das Ritual mit einem Partner.

Für Paare: Es ist ein wunderschönes Erlebnis, den Partner durch dieses Ritual zu führen. Du kannst zu ihm in die Wanne steigen, dich hinter ihn setzen und ihn zum Strömungsatmen anleiten. Erfindet euer eigenes Baderitual!

Kapitel 4

Innere Dämonen und Beziehungen

Erinnerung an die erste Begegnung:
»Geliebte, als ich Deine Augen sah und die anmutige Lebendigkeit Deines Körpers, als Dein Blick auf mir ruhte – da wußte ich: Du bist's! Ich zitterte, und mein Gesicht glühte plötzlich. Das war es, Du Schöne, was am Anfang mit mir geschah! Und dann kam er – wie immer, wenn mich etwas tief bewegte: lautlos und schnell überfiel er mich, mein Dämon Kontrolle. Er stülpte mir seine kühle Maske über, und mein Gesicht erstarrte. Meine Mundwinkel verzogen sich zu einem falschen, glatten Lächeln, und mein Körper verspannte sich. Ich stand auf und ging zu Dir hinüber, die Nase hoch erhoben, ganz im Klammergriff meines Dämons Kontrolle. ›Grüß Gott, gnä' Frau, würd' es Ihnen etwas ausmachen, wenn ich mich an Ihren Tisch setze?‹ Du senktest Deinen Blick und schwiegst. ›War ich jetzt zu ironisch?‹ dachte ich verwirrt. Hinter Dämon Kontrolles glattem Gesicht war ich gekränkt und durcheinander. Aber schon regte sich in mir eine weitere bekannte Stimme. Fordernd und fast panisch flüsterte sie mir zu: ›Zeig ihr's! Zeig ihr's doch endlich, wer du bist!‹ Dämon Stolz trat ein und übernahm die Regie auf meiner Lebensbühne. Ich setzte mich mit betont forschen Bewegungen, schnippte mit den Fingern und rief laut durch das ganze Café: ›Herr Ober, zwei Martini!‹ Dabei schaute ich Dich herausfordernd an. Aber Du warst einfach still, warst einfach da – und so schön … so schön! Dämon Stolz ging die Luft aus. Plötzlich sah ich mich im Spiegel wie in einem Traum, und wie immer fand ich meine Nase viel zu groß. Im Nu übernahm Dämon Selbstzweifel das Regiment und flüsterte mir zu: ›Du bist häßlich! Du bist viel zu

häßlich für sie!‹ Erschrocken riß ich meine Augen auf und sah Dich an. Dein Blick ruhte weich auf meinem Gesicht. Hattest Du Dämon Selbstzweifels Flüstern gehört? Ich holte ein Taschentuch hervor, putzte mir geräuschvoll und umständlich die Nase und steckte es wieder ein. Der Ober kam und stellte mit einem ›Bitt' schön, der Herr, zwei Martini!‹ beide Gläser vor mich hin. Und wieder fühlte ich Deinen wachen Blick auf mir ruhen. ›Was jetzt?‹ dachte ich ängstlich. ›Was jetzt, was jetzt, was jetzt?‹ hallte es wie ein Echo in mir wider. ›Nur nicht blamieren und das Gesicht verlieren‹, dachte ich verzweifelt. Und schon marschierte eine ganze Kompanie Dämonen auf mich zu: Dämon Gentleman wies mich an zu sagen: ›Ein Gläschen für Sie, Gnädigste!‹ Dämon Rausredner flüsterte mir zu: ›Sag dem Ober, du wolltest einen doppelten Martini!‹ Und Dämon Aggressor brüllte, ich solle beide Martinis in einem Zuge runterkippen! Und dann kam Dämon Kontrolle noch dazu, um das ganze Dämonenchaos in den Griff zu kriegen. Und zum guten Schluß erschien Dämon Verzweiflung mit seinem: Nein-jetzt-ist-es-genug-du-gehst. Ich stand auf und – weißt Du noch? – stieß kräftig gegen den Tisch. Die Gläser fielen klirrend gegeneinander und kippten um, Martini-Flecken breiteten sich auf der weißen Tischdecke aus. Und wieder zitterte ich, und eine heiße Röte stieg in mein Gesicht wie ganz zu Anfang.

Deine blauen Augen blitzten, und dann fingst Du an zu lachen, hast einfach losgeprustet. Jetzt endlich war ich die ganze Dämonenbande los – ich mußte einfach mitlachen. ›Eigentlich bin ich ja an Ihren Tisch gekommen, weil ich Sie so anziehend finde‹, sagte ich zu Dir. Und mit diesen Worten fing alles an.«

Wir alle haben diese innere Bühne, auf der die verschiedensten Gestalten unser Verhalten bestimmen. Jeder von uns kennt diese Augenblicke, in denen ein inneres Stop! uns davon abhält, das zu tun, was wir eigentlich tun wollen. Und diese Stop-Befehle tauchen besonders häufig dann auf, wenn sich der Raum für Liebe und Zärtlichkeit für uns öffnet. Du hast dich auf den Liebesabend gefreut. Ihr seid allein, das Telefon ist leise gestellt. Kerzenlicht erhellt den Raum, zwei Gläser Wein stehen bereit. Dein Partner nimmt dich liebevoll in den Arm, und plötzlich spürst du wieder diesen Kloß im Hals. Der Aufmarsch der Dämonen beginnt, und einer nach dem anderen krakeelt dir zu: »Ich bin nicht liebenswert!«, »Ich muß jetzt etwas ganz Besonderes bringen!«, »Morgen ist mein Liebster ja doch wieder fort!« Und vorbei ist's mit der schönen Stimmung.

Oft merken wir selbst nicht, daß wir uns von diesem inneren Stimmenchor leiten lassen und wundern uns, daß plötzlich »alles aus« ist. Im Nu sind wir mit unserem Partner in ein Problemgespräch verstrickt – und dabei wollten wir doch gerade noch zärtlich zusammensein.

Hier ist am Werk, was wir unsere inneren Dämonen nennen, wie zum Beispiel der Dämon Erwartung: Du triffst dich mit ihr zum lang ersehnten Rendezvous, den Rosenstrauß in der Hand. Dein Hemd ist frisch gebügelt, und du duftest nach dem neuen After-shave. Dein Herz klopft wie wild. Stolz und schön gehst du auf die Frau deiner Träume zu – und dein Dämon Erwartung flüstert dir hastig ins Ohr: »Das ist der Abend. Halt dich ran. Heute wird's geschehen!« Er hält dich so gefangen, daß du ihre zitternden Hände, ihre unruhigen Augen und die feinen Schweißperlen auf ihrer Stirn gar nicht bemerkst. Denn ihr Dämon heißt Angst und redet ihr gerade ein: »Der will ja doch nur das eine!« Und im Nu haben eure beiden Dämonen die Oberhand und verhindern, daß sich eure Sehnsucht nach Liebe und Zärtlichkeit erfüllt.

Mit Dämonen sind hier nicht die mythischen Fabelwesen gemeint, die dunklen Kräfte der Zerstörung, die bösen Schattenwesen und Donnergötter. Mit Dämonen bezeichnen wir all unsere inneren Selbsteinschränkungen und Hindernisse und lassen sie in diesem Namen bildhaft werden. Indem wir unseren inneren Stops eine Gestalt und einen Namen geben, schaffen wir bereits eine spielerische Distanz zu ihnen. So können wir sie genauer kennenlernen und ihre oftmals verborgene Botschaft verstehen. Wenn wir einen

Augenblick lang innehalten und diese inneren Gestalten betrachten, bevor wir ihnen die Regie überlassen, dann ist der erste Schritt getan, um sie umzuwandeln. Erkennen wir die Botschaft unseres Dämonen, kann er sich vom Feind in einen Verbündeten, in einen Freund verwandeln.

Die abenteuerliche Reise in die Unterwelt unserer Dämonen ist eine Herausforderung, uns selbst zu durchschauen und kennenzulernen. Unsere Dämonen sind eine versteckte Einladung, zu uns selbst und zu anderen Menschen ehrlicher, direkter und offener zu sein.

Jedes Gefühl, jede Verhaltens- oder Denkweise kann zu einem Dämonen werden. Entscheidendes Kriterium dafür ist, ob es dich an deinem Wachstum und an deiner Selbstverwirklichung hindert. Die Dämonen verändern häufig ihre Gestalt, ihr Aussehen und ihre Botschaften. Sie verstecken sich hintereinander und wechseln sich ab. So kann sich der Dämon Wut »Ich werde nicht anerkannt« in den Dämon Stolz »Ich brauche niemanden« verwandeln. Oder der Dämon Selbstzweifel »Ich bin nicht schön genug« stellt sich vor den Dämon Angst »Mich wird keiner lieben«.

Jetzt gleich beim Lesen kannst du dir einen Augenblick Zeit nehmen, die Augen schließen und dich fragen: »Wie heißt mein Dämon heute? Wie hindert er mich daran, zufrieden, glücklich, voller Lebensfreude zu sein?« Oft werden Gefühle, die wir nicht offen äußern, zu Dämonen und steuern unser Verhalten unbewußt. Wir alle haben nicht gelernt, Wut, Verzweiflung, Angst und Traurigkeit auszudrücken. In unserer Kultur gelten all diese Gefühle als etwas Negatives, Dunkles, das nicht laut geäußert werden darf.

So erzählte Karin zum Beispiel, daß sie immer zynische, verletzende Bemerkungen machte, sobald ihr Freund eine andere Frau ansah. Sie erkennt ihren Dämon Wut in diesem Verhalten, Wut auf Frauen, die schön und selbstsicher sind, und hinter dieser Wut entdeckt sie ihre Angst, allein zu sein.

Mit Dämonen meinen wir nicht Fabelwesen außerhalb von uns, sondern innere Kräfte

Doris fand heraus, daß sich hinter ihrem Dämon Verweigerung »Ich krieg' ja doch keinen Orgasmus« der Dämon Haß auf Männer und dahinter wieder die Angst verbarg, verletzt zu werden.

In unserer Beziehung ist der bewußte Umgang mit den Dämonen zu einem der wichtigsten Schlüssel geworden, unsere Konflikte und Probleme positiv zu lösen und uns nicht in das altbekannte Pingpong »Wie du mir – so ich dir« zu verlieren. Immer wieder erleben wir, wie die Gesichter der Dämonen sich verwandeln. Welche Kraft frei wird, wenn wir sie ans Licht holen! Kraft, die unserem Feuer, unserer Sexualität und unserer Liebe zufließen kann.

In alten tantrischen Traditionen sind die Dämonen die Hüter der Schwelle vor dem Tor zum tantrischen Liebestempel. Wollen wir die Welt des Tantra betreten, müssen wir uns unseren Dämonen stellen. Der Dämon läßt sich nicht durch Kampf und kriegerische Kraft bezwingen, sondern durch Intelligenz, Mut und Wachheit. Wenn du den Mut hast, ihn anzuschauen und sein wahres Gesicht zu erkennen, dann setzt du seine zerstörerische Macht außer Kraft und er wird zu deinem Verbündeten. Auch in schamanistischen und tibetanischen Traditionen werden die Dämonen als eigentliche Verbündete beschrieben: »... Der Shaman-Yogi muß lernen, diese Dämonen zu zähmen, die natürlich in der Psyche wohnen, und er muß lernen, ihre Energien zur Erleuchtung und Transformation hinzulenken.«[12]

Dämonen sind also keine Energien und Kräfte, die wir beseitigen müssen, um an das Ziel unserer Träume gelangen zu können. Nein, in ihrer dunklen Macht liegt die Kraft verborgen, die wir brauchen, um zu wachsen, um Liebe, Lust und Ekstase erfahren zu können. Die Dämonen sind notwendige Herausforderungen auf unserem Weg, Zwänge und übernommene Programme und Verhaltensweisen ans Licht zu bringen und überwinden zu können. Je besser wir das Wesen der Dämonen kennen, desto größer wird die Möglichkeit, die Kraft ihres Feuers für uns zu nutzen.

Immer wieder auftauchende Dämonen sind oft alte Überlebensstrategien und Schutzverhalten unseres inneren Kindes. Ingrid beschreibt, daß sie immer wieder das Gefühl hat, die sexuellen Begegnungen mit ihrem Freund nicht genug genießen zu können. Oft fühlt sie sich leblos und kühl. Ihr Dämon Selbstzweifel, der ihr sagt, »Ich darf nur machen, was der andere von mir will«, wird im Dämonendialog ganz deutlich, und sie begreift, daß er seine Wurzeln in ihrer Kindheit hat. Damals lernte sie brav zu sein und den Wünschen und Anweisungen der Erwachsenen zu folgen. »... es war eine tiefe Befreiung für mich, als ich endlich einmal wütend wurde, lostobte und laut herumschrie: ›Ich habe keine Lust mehr, immer nur das zu machen, was andere von mir wollen!‹« Plötzlich mußte sie lachen, sprang wild durch die Gegend und rief: »Ich mach' jetzt, was ich will! Ich mach' jetzt, was ich will!« Beim nächsten Treffen mit ihrem Freund verführte sie ihn zum ersten Mal, und die beiden verbrachten eine wunderschöne Nacht zusammen.

Als Ingrids Wut über ihr altes Programm »Ich darf nur machen, was andere wollen« befreit wurde, konnte sich dieselbe Energie in Lebensfreude ausdrücken. Wenn wir hinter seiner hindernden Kraft die positive, uns fördernde Kraft des Dämons entdecken, dann wird er zu unserem Lehrer und Verbündeten. So können die Dämonen der Vorsicht, Wut, Angst und Traurigkeit als unsere Verbündete uns auch schützen und uns vor Gefahren (wie zum Beispiel, daß wir ungerecht behandelt werden) warnen. Sie können die Hüter unserer tiefsten Empfindungen und Sehnsüchte sein, die Beschützer unseres verletzlichen Kerns. Traditionelle tantrische Gemälde zeigen oft »teuflisch« zornige Gestalten, in deren Innerem sich ein zartes und durchsichtiges Wesen verbirgt. Diese Bilder erinnern uns daran, daß der Dämon Zorn, wenn wir ihn annehmen, sich in Mitgefühl verwandeln kann. Wichtig ist, unterscheiden zu lernen, ob die dämonische Warnung die eines »dressierten Wachhundes« ist, der zwischen Freund und Feind keinen Unterschied macht, oder ob unsere Gefühle eine adäquate Antwort auf die gegenwärtige Situation sind.

Wie geschieht diese Umwandlung von Wut in Freude, von Weinen in Lachen? Wie werden wir uns dieser Kräfte bewußt? Was können wir tun? Schon allein die Benennung der Dämonen, so zeigt uns die Erfahrung, leitet den Prozeß der Transformation ein. Es geht dabei nicht um eine abstrakte Verhaltensanalyse, sondern wir benutzen das Symbol des Dämonen, um unseren inneren Blockaden und Hindernissen eine lebendige Gestalt zu geben. In dem Augenblick, in dem ich meinen Dämon Selbstzweifel, der mich mit dem Anspruch quält, nie gut genug zu sein, einen Namen gebe, schaffe ich schon spielerische Distanz und stärke den Beobachter in mir, den Platz in mir, wo ich in innerer Achtsamkeit dem Treiben der Dämonen zuschauen kann, ohne mit ihnen identifiziert zu sein. Von diesem Platz aus kann ich jede Eigenschaft, jedes Gefühl, jedes Verhalten anschauen und dann spielerisch ausdrücken. Oft bewerten wir selbst unsere Gefühle und Verhaltensweisen. Wir erlauben ihnen nicht, sich unserem eigenen kritischen Blick oder dem eines Freundes zu zeigen. Bewertung ist der Dämon der Dämonen, denn er hält alle unsere spontanen Kräfte, ob hell, ob dunkel, in Schach. Ganz gleich ob er »Das ist schlecht! Das tut man nicht! Das ist nicht in Ordnung!« ruft oder uns einreden will: »Ich bin besser als du!« – immer grenzen diese Bewertungen uns ein. Es ist sehr befreiend, unsere Dämonen jemandem vorzustellen. Wenn wir anderen unsere Dämonen zeigen, dann nehmen wir ihnen die Kraft, im geheimen zerstörerisch zu wirken.

Der Dämonendialog ist ein einfaches Hilfsmittel, um den Umgang mit unseren Dämonen zu lernen. Mit dem vorgegebenen Ablauf schaffen wir einen sicheren Raum, in dem wir uns selbst und unseren Dämonen begegnen können.

Dämonendialog I (Partnerübung)

Zwischen Peter und Helga ist »dicke Luft«, und die beiden beschließen, sich ihre Dämonen anzuschauen. Helga wird anfangen, ihren Dämon vorzustellen. Sie hat zehn Minuten Zeit über ihn zu sprechen, während Peter ihr aufmerksam zuhört. Danach wechseln sie die Rollen und Peter kommt an die Reihe.

1. Einstimmen
Die beiden sitzen sich gegenüber und halten sich bei den Händen. Durch einen Händedruck gibt Helga Peter zu verstehen, daß sie bereit ist anzufangen.

2. Fragen stellen
Peter stellt die Frage: »Wer ist dein Dämon?« und hört dann Helgas Beschreibungen zu, ohne in irgendeiner Form in ihre Darstellung einzugreifen oder sie zu beeinflussen. Wichtig: Den Partner auf keinen Fall unterbrechen! Wenn Helga länger schweigt, kann Peter seine Frage wiederholen: »Wer ist dein Dämon?«

3. Sprechen
Helga beginnt ihre Beschreibung mit den Worten: »Mein Dämon ist ...« und spricht dann alle Gedanken, Gefühle, Empfindungen und Bilder aus, die ihr zu ihrem Dämon einfallen. Wichtig: Alles, was auftaucht, ist gut! Sprich weiter, auch wenn neue Dämonen dich daran hindern wollen!

4. Abschließen
Ungefähr drei Minuten vor Ablauf der vereinbarten Zeit gibt Peter ihr ein Zeichen, und Helga findet ihre abschließenden Worte. Dann stellt Peter die Frage: »Was haben dir deine Dämonen gezeigt?« Und Helga spricht über ihre Erfahrungen und Entdeckungen. Anschließend werden die Rollen gewechselt. Zum Schluß nehmen sich Helga und Peter noch einmal Zeit, ihre Erfahrungen auszutauschen. Das Einhalten der Regeln und der vereinbarten Zeit ist besonders wichtig, wenn ihr den Dämonendialog zum ersten Mal macht. Es ist hilfreich, die Dämonen so konkret und plastisch wie möglich zu beschreiben.

Aus dem Protokoll eines Dämonendialogs:

»... Mein Dämon ist heute: Nein, ich will nicht! Ich will nichts tun! Ich will nicht zuhören! Ich will nicht reden! Ich will nicht immer was tun müssen! Ich will nichts! Doch! – Ich will, daß mir jemand zuhört und mich versteht. Mein Dämon ist: Niemand versteht mich. Er ist dick, schwarz, dunkel, uralt. Ich kenne ihn gut. Er ist immer da, vor allem, wenn jemand mir zuhören will. Er bremst mich, er stoppt mich, er sagt: ›Es hat ja doch alles keinen Sinn. Es ist zwecklos.‹«

(Pause, tiefes Atmen)

»Wer ist dein Dämon?«

»Mein Dämon ist Traurigkeit, ich bin traurig, weil ich ... ich bin traurig, einfach, weil ich traurig bin.«

(Pause)

»Wer ist dein Dämon?«

»Mein Dämon ist Schmerz im Herz, weil er morgen wegfährt und ich wieder alleine bin und so gern möchte, daß er hierbleibt ...«

(Schluchzen)

Die Zeit ist abgelaufen, und ein Glockenzeichen ertönt.

»Was haben dir die Dämonen gezeigt?«

»Ich habe gesehen, daß ich eigentlich traurig bin hinter meinem ›Nein, ich will nicht‹. Das ist immer so, wenn ich etwas verberge. Ich fühle mich jetzt klarer.«

Liebesbeziehungen, Freundschaften und Ehen sind oft ein bevorzugtes Spielfeld für unsere Dämonen. Wenn wir uns Menschen öffnen und sie besser kennenlernen, legen wir auch unsere Wunden bloß und werden verletzlicher. So erwachen unsere alten Dämonen aus der Kindheit, Verlassenheitsängste, Selbstzweifel, Wut und Eifersucht. Wer kennt sie nicht, die altbekannten Spiele um Anerkennung und Macht, den Teufelskreis des »Wie du mir, so ich dir« von Täter und Opfer, Vorwürfen und Schuldgefühlen? Die Ansprüche auf Geborgenheit, Zuwendung und Zärtlichkeit können zu einem Monster anwachsen, das mit seinen Erwartungen unser gemeinsames Leben überschattet. Wir verurteilen unseren Partner, wenn er unseren Wünschen nicht entspricht, machen uns größer oder kleiner, als wir es sind, gehen Kompromisse ein, die der andere später mit Vorwürfen bezahlen muß. Das unterschwellige Nein, das wir nicht offen auszusprechen wagen aus Angst, unseren Partner zu verlieren, vergiftet oft unser Zusammensein und führt zu sinnlosen Streitereien um die nichtigsten Dinge, bei denen wir uns im Kreise drehen. Und schließlich verhärten wir uns gegeneinander, weil wir nicht bekommen, was wir uns wünschen, und verstecken hinter dieser harten Schale unsere Sehnsucht nach Liebe und Zärtlichkeit, die uns einmal zusammengeführt hat.

Wir haben die Kunst des Zusammenseins nicht gelernt. In unserer Kultur gibt es keine Schulen, in denen wir lernen, in einer Beziehung glücklich zu sein. Und so muß jeder von uns oft schmerzliche Umwege gehen, ausprobieren und im Dunkeln herumtappen, ehe er sich schließlich seinen Weg durch das Beziehungsgestrüpp gebahnt hat. So wie ein Musikstudent in langem Studium lernt, sein Instrument zu stimmen, so müssen auch wir lernen, unsere Gefühle, Gedanken und Körperempfindungen aufeinander abzustimmen, um gemeinsam unser Beziehungslied spielen zu können. Liebespartner sind wie zwei Instrumente, deren harmonisches Zusammenklingen mit dem Einstimmen beginnt. Und damit beide die Beziehungsmelodie genießen können, brauchen sie das ganze Spektrum vom Solo bis zum Duett, von der Symphonie bis zur Dissonanz, die sich auflöst und dann zu einem gemeinsamen Crescendo aufsteigen kann. Und hier beginnt oft schon der Eingang zur Sackgasse, aus der wir später nicht mehr herausfinden: Wir erwarten vom anderen, daß er das richtige Instrument zur richtigen Zeit gestimmt hat, damit unsere Ouvertüre beginnen kann. Der bekannte Wenn-dann-Dämon (»Wenn du nur ..., dann könnte auch ich ...!«) stellt die Weichen für die Fahrt zu einem Sackbahnhof, von dem aus wir nicht weiterkommen. Etwas Entscheidendes tun wir nicht: bei uns selbst beginnen. Niemand hat uns gesagt, wie wir uns selbst und unserem Liebsten all das geben können, was wir nur immer vom anderen haben wollen: Zärtlichkeit und Liebe, Geborgenheit und Aufmerksamkeit.

Für uns hat sich immer wieder bestätigt, daß Konflikte und Probleme in einem völlig anderen Licht erscheinen, wenn jeder von

uns seine Dämonen zunächst für sich erforscht und diese nicht sofort auf den anderen losjagt. Wir meinen damit nicht, unsere dunklen Seiten zu verstecken oder zu verschönern. Nein, es geht darum, unseren Dämonen einen bewußt gestalteten Rahmen zu geben, in dem sie sich in voller Größe zeigen und darstellen können. In dem sie ihr Spiel spielen und wir sie verstehen lernen, ohne unseren Partner zu verletzen. Wir können von der horizontalen Zeitachse des Hier und Jetzt zur vertikalen Ebene der Vergangenheit überwechseln und dort den Schlüssel finden, mit dem sich uns die Botschaften unserer Dämonen erschließen. Denn unsere Dämonen wurden in der Vergangenheit geboren. Wenn wir dort die Ausgangssituationen für unsere Ängste und Zweifel, unsere Wut und Eifersucht wiederfinden und uns erlauben, all diese Gefühle anzunehmen und auszudrücken, ändert sich unser Blickwinkel auf heutige Konflikte. Dann wird unser Partner zu unserem Spiegel, in dem wir erkennen, was wir an uns selbst oft nicht wahrhaben wollen. Wir haben nicht gelernt, unsere dunklen Seiten anzunehmen, sondern oft unser ganzes Leben lang versucht, sie vor uns selbst und anderen zu verbergen. Dafür sehen wir diese sogenannten »negativen« Eigenschaften wie Schmerz, Gewalt, Angst und Gier bei unserem Partner um so schneller. Bei unserem Gegenüber reagieren wir am heftigsten auf die Eigenschaften, die wir an uns selbst am liebsten gar nicht sehen wollen, die unser eigenes »heißes Eisen« sind. Wenn wir begreifen, daß wir im Partner immer nur uns selbst bekämpfen, verwandelt er sich vom Feind in einen Begleiter auf der Reise zu unserer eigenen Ganzheit. Dann spiegelt der andere unsere verborgenen Seiten und hilft uns, uns in all den verschiedenen Facetten unserer Persönlichkeit kennen- und liebenzulernen. Dann wird unsere Beziehung zu einer Schule, in der wir im anderen uns selbst begegnen – mit dem Mut des Kriegers und der Weisheit des Herzens. Wir haben uns angewöhnt, uns oft von unseren Dämonen zu erzählen. Unsere Auseinandersetzungen sind spielerischer geworden. Allein durch die Benennung verwandelt der Dämon sich oft von einem teuflischen Wächter in einen liebenswerten Narren, über den wir lachen müssen. Einmal kämpften unsere Vorwurfs-Dämonen miteinander und schrien sich an: »Du bist schuld!«, »Nein, du bist schuld!« Wir wurden immer lauter. Wir übertrieben unsere Anklagen, bis sie schließlich in dem Satz gipfelten: »Du bist schuld, daß die Welt sich falsch herum dreht!« – und wir uns nur noch vor Lachen die Bäuche halten konnten. Der dunkle Bann unserer Dämonen war gebrochen.

Der dynamische Dämonendialog (Dämonendialog II)

Unsere Dämonen haben sich mit all ihren Ängsten, Zweifeln und Schutzmechanismen auch in unserem Körper festgesetzt. Wenn wir die Spannungen, die diese dunklen Seiten in unserem Körper ausgelöst haben, übertreiben, dann können wir die Gestalt des Dämons darstellen und körperlich ausdrücken. Stelle dir vor, wie ein Schauspieler auf der Bühne seine stumme Wut zeigt: Die Kiefer malmen, das Kinn ist vorgeschoben, die Schultern geduckt, die zu Fäusten geballten Hände stecken in den Hosentaschen. Welche Kraft ist in dieser Körperhaltung verborgen! Der Tanz des Dämonen ist ein weiterer Weg, unseren Schattenseiten nachzuspüren, sie auszudrücken und damit überwinden zu können. In diesem Tanz hast du die Möglichkeit, deinen Dämonen spielerisch zu übertreiben und sein lebendiges Feuer zu spüren. Damit gibst du ihm einen sicheren Raum, in dem er sich selbst entdecken und befreien kann. Einen Raum, in dem er sich dir mitteilt und seine dunkle Macht gebrochen werden kann.

Anleitung zum dynamischen Dämonendialog:

1. Vorbereitung

Das Telefon ist leise gestellt, und an der Tür hängt das Schild »Bitte nicht stören!«. Ihr habt eine bequeme Unterlage zum Liegen, zwei Kissen und Papiertaschentücher besorgt. Die beiden Partner – hier Alfred und Maria – verabreden die Zeit; für jeden der beiden zwanzig Minuten. Alfred beginnt mit der Reise zu seinen Dämonen. Maria unterstützt ihn durch die unten genannten Fragen und dadurch, daß sie ihm zuhört, ohne ihn zu unterbrechen, zu beurteilen oder zu beeinflussen. Dann wechseln sie die Rollen, und Maria tritt ihre Dämonenreise an. Wenn sie fertig ist, nehmen die beiden sich noch Zeit, ihre Erfahrungen auszutauschen. Nach mehrmaligem Üben kann der Dämonendialog bis auf eine Stunde ausgedehnt werden. Es ist – nach vorheriger Absprache – auch möglich, daß nur ein Partner seinen Dämonen vorstellt.

2. Körper lockern
Beide Partner stehen. Sie atmen ein paarmal tief ein und schütteln ihren Körper ungefähr fünf Minuten lang kräftig durch. (Sei in dieser Phase wirklich aktiv, denn sie hilft dir, deine Energie zu wecken und das Feuer deiner Dämonen zu entfachen.) Beide setzen sich nun, Maria an Alfreds Seite.

Körper lockern

3. Der Tanz des Dämons

Maria fragt: »Wer ist dein Dämon? Spüre seine Körperhaltung, seine Bewegungen. Hat er eine Stimme? Was sagt er?« Alfred schließt die Augen und lauscht in sich hinein. Er findet Bewegungen, schneidet Fratzen und Grimassen, gibt Töne und Worte von sich. Zu Anfang läßt er seinen Dämonen sich langsam entfalten, um dann immer spontaner den Impulsen des Körpers zu folgen. Er springt, stampft auf, schlägt auf die Kissen ein usw.

Der Tanz des Dämons

4. Geschehen lassen

Alfred folgt weiter den spontanen Impulsen seines Körpers. Alle Gedanken, die ihm kommen, spricht er laut aus oder schreit sie in den Raum. Auch Gefühle von Traurigkeit oder Wut läßt er offen zu. Als er einmal längere Zeit still sitzt, fragt Maria ihn erneut: »Wer ist dein Dämon?«

Geschehen lassen

5. Distanz herstellen
Alfred stellt sich vor, die Bühne des Geschehens zu verlassen. Als Zuschauer betrachtet er jetzt aus der Distanz das, was geschehen ist und spricht über seine Erfahrungen.

6. Fragen stellen und zuhören
Maria sitzt in bequemer Haltung. Sie ist ganz für Alfred da und hört ihm aufmerksam zu. Sie unterbricht ihn nicht, kommentiert und beurteilt nicht, was sie sieht und hört. Damit hilft sie Alfred, seine Gefühle in einem freien Raum selbst erforschen zu können. Maria bewahrt eine liebevolle Distanz zu Alfreds Dämonentanz. Wenn sie selbst betroffen ist und eigene Gefühle ausgelöst werden, beobachtet sie sich still und ist weiterhin für Alfred da. Daß ihr dem aktiven Partner eure volle, freie Aufmerksamkeit schenkt, ist eines der Geheimnisse für die Wirkungskraft dieses Dialogs.

»Er ist nicht mein Vater« – Beispiel eines Dämonendialogs

Als Isa und Michael in unser Seminar kommen, sind beide ernst und angespannt. Sie sind seit dreizehn Jahren miteinander verheiratet und fühlen sich frustriert und unwohl in ihrer Ehe. Sie schlafen kaum noch zusammen. Isa hat in regelmäßigen Abständen Wutausbrüche, auf die Michael mit Ablehnung und Rückzug reagiert. Je mehr er sich zurückzieht, desto wütender wird Isa. Beide fühlen sich festgefahren und denken an Scheidung. Wir leiten sie an zum Dämonendialog und begleiten sie auf ihrer Reise.

Isa: »Ja, ich habe also tief durchgeatmet und mich kräftig geschüttelt. Da ist mir ganz heiß geworden, und ich wußte ja schon, daß mein Dämon mit Wut zu tun hat. Mein Körper wurde ganz lebendig, und ich habe angefangen, den Dämon zu spielen, so richtig übertrieben. Ich habe Fratzen und Grimassen geschnitten, aufgestampft und nicht nur leise geredet wie sonst. Ich habe laut gebrüllt. Es war total anders als sonst. Ich habe meine Wut im Bauch gespürt, meinen ganzen Ärger auf Michael, und daß ich keinen Ausweg weiß. Und als ich mich dann auf die Matratze legte und die Augen schloß, kamen mir plötzlich die Tränen. Ich war traurig, so traurig, und ich sah meinen Vater, wie er sich einfach wegdrehte, wenn ich zu ihm kam. Als wäre ich Luft für ihn. Und mein Herz zieht sich zusammen und mein Bauch auch. Es ist, als ob mich ein heftiger Stich durchfährt. Es tut weh. Wo ich doch so gern mit ihm kuscheln wollte. Und plötzlich wird mir glasklar, daß Michael nicht mein Vater ist! Michael dreht sich nicht weg, wenn ich zu ihm komme. Eigentlich will er ja mit mir zusammensein und ist für mich da. Ich muß nur sagen, was ich brauche. Mir kommen wieder die Tränen, doch jetzt vor Erleichterung. Ja, das ist eine alte Sache, und immer, wenn Michael nur ein bißchen allein sein will, bin ich so wütend geworden. Jetzt habe ich einen Schlüssel gefunden. Und das Tolle war, als ich dann langsam wieder die Augen aufmachte, daß ich Michael neben mir sitzen sah. Er war betroffen. Er hatte auch Tränen in den Augen, und ich wußte, daß er mich versteht, daß er mich sieht. Wir redeten lange Zeit kein Wort, schauten uns nur an. Und dann haben wir uns ganz sanft und weich in die Arme genommen.«

Michael: »Als ich Isa so sah, wie traurig sie über die Ablehnung ihres Vaters war, da kamen mir auch die Tränen. Ich mußte daran denken, wie sie sich wohl gefühlt hat, wenn ich plötzlich still wurde und nichts mehr sagte und mich von ihr wegdrehte. Eigentlich habe ich das ja nur gemacht, weil ich auch nicht mehr weiterwußte. Ich kann sie jetzt verstehen, und vielleicht sage ich ihr einfach, was in mir vorgeht, damit ich sie nicht immer an ihren Vater erinnere. Ich wußte gar nicht, wie weich sie eigentlich hinter ihrer Wut ist.«

In den folgenden Tagen machen Isa und Michael den Dämonendialog noch mehrere Male. Sie erfahren, was hinter Isas Wut und hinter Michaels Rückzug verborgen ist. In diesem Prozeß decken sie viele alte Mißverständnisse auf und lernen sich ganz neu kennen. Am letzten Tag eröffnet Isa der Gruppe, daß sie einen neuen Liebsten gefunden habe. »Wen denn?« fragen die anderen erschrocken. Isa zeigt auf Michael, ihren Mann, und lacht.

Kapitel 5

Die verborgene Kraft unserer sexuellen Wünsche

Die meisten von uns halten ihre sexuellen Wünsche und Sehnsüchte mit Schuldgefühlen oder aus Scham im geheimen verborgen. Und dieses Verbergen kostet sehr viel Energie. In unserer sexuellen Wunschwelt ist eine enorme Sprengkraft gebunden. Wenn wir diese Energie behutsam freisetzen, indem wir unsere Wünsche ans Licht holen und mit ihnen spielen, eröffnet sich eine ganz neue Dimension von Kreativität und Erlebnisfähigkeit in unserer Sexualität – für uns und unseren Partner. Die dunklen Schatten von Schuldgefühlen und Scham können sich im Licht unserer Erfahrungen auflösen und in Spaß und Lachen verwandeln. Marcel hatte schon seit langer Zeit Tagträume, in denen er sich in einem Harem sah. In diesen Träumen genoß er die betörende Schönheit vieler Frauen, die ihn als ihren Herren anhimmelten und auf raffinierteste Weise verwöhnten. Dagegen empfand er sein sexuelles Erleben im Alltag als unlebendig und zunehmend leidenschaftsloser. Alles schien ihm routiniert und grau in grau.

Als seine Frau Linda und er sich eingestanden, daß ihre Beziehung in einer Krise war, erzählte er ihr von seiner sexuellen Traumwelt. Er sagte Linda auch, daß er ihr gegenüber ein Nein verspüre, was ihn bekümmere, und wie traurig es ihn mache, mit seinen sexuellen Wünschen allein zu sein. Marcel tat dann noch einen weiteren mutigen Schritt: Er wünschte sich von seiner Frau als Geschenk einen Haremsabend. Zunächst etwas zögernd, willigte sie dann doch ein. Sie war selbst neugierig geworden. Auch Marcel war zunächst befangen, als er ihr seine Wünsche ausführlicher darstellte. Doch während er ihr erzählte, wie sie den Raum mit feinen Seidentüchern, Parfüms, vielen weichen Kissen und abgedämpftem Licht umwandeln sollte, wurden beide immer aufgeregter. Sie lachten und hielten sich an den Händen. Sie fühlten sich wie Kinder, die auf Abenteuerreise gehen, und wurden beide mit ihren Vorschlägen immer mutiger. Marcel erzählte ihr, daß er sich einen langen erotischen Tanz wünschte, der sein Begehren wecken würde. Und anschließend ein köstliches Mahl, bei dem sie ihn fütterte und liebkoste. Danach sollte sie ihn sinnlich streicheln und seinen ganzen Körper mit wohlduftenden Ölen einreiben.

Linda wählte arabische Bauchtanzmusik – und der Abend konnte beginnen. Er wurde für beide zu einem überwältigenden Erlebnis, zu einer Spielwiese voller Überraschungen. Denn Linda hielt sich keineswegs nur an Marcels Regieanweisungen. Sie fand ganz neue kreative Wege, zur Traumgeliebten ihres Mannes zu werden. Mal war sie eine aufreizende Tänzerin, die sich ihm immer wieder entzog, mal eine schmachtende Liebende, die sich ihm zu Füßen warf, dann wieder verwandelte sie sich von einer schüchternen jungen Schönheit in eine reife Frau, die ihn mit ihren erfahrenen Künsten aufs angenehmste überraschte. Im Laufe des Abends entdeckten beide ihren Spaß am Spielen und Verführen. Sie fanden sich in einer Welt wieder, die sie beide verzauberte und ein neues Liebesband zwischen ihnen knüpfte. Marcels Tagträume waren zum Ausgangspunkt für diesen Abend geworden. Das Spiel stimmte nicht bis in alle Einzelheiten mit seinen Phantasien überein und war trotzdem der Auslöser für ein beglückendes Erlebnis beider Partner. Marcel empfand es als ungeheuer erleichternd und befreiend, daß er seine lange geheimgehaltenen Wünsche Linda mitgeteilt hatte und sie mit ihr zusammen wahr werden ließ.

Gelegentlich ertappen wir uns dabei, daß wir an unsere Traumfrau oder unseren Traummann denken, wenn wir mit unserem Partner zusammen schlafen – und haben dabei ein schlechtes Gewissen. Nicht zuletzt lebt eine ganze Industrie (Pornomagazine, -videos, -clubs, -filme und Peepshows) von unseren geheimen sexuellen Wünschen. Und all diesen Träumen haftet der Odem des

Verbotenen an. Wir verbergen diese Phantasien, sprechen nicht gern darüber und wenn, dann in einer abwertenden, distanzierten Form. Vor allem aber erlauben wir uns nicht, diese sexuellen Sehnsüchte unserem »wirklichen« Partner einzugestehen. Wir haben Angst, ihn damit zu verletzen oder uns selbst bloßzustellen. Den ersten stürmischen Wogen der Verliebtheit in unseren Flitterwochen haftet oft noch der Reiz des Neuen an – doch was geschieht, wenn das sinnliche Feuer nach Jahren des Beisammenseins verlöscht? Wir geraten in eine sexuelle Routine, der gemeinsame Alltag überrollt uns, und das hochflackernde Feuer unserer Sexualität schrumpft zu einer bescheidenen Sparflamme. Und dann beginnt oft ein sexuelles Doppelleben: hier der graue Alltag – dort unbändige Wunschphantasien oder »Seitensprünge«. Wir versuchen, dieses Dilemma mit uns alleine auszumachen. Damit verschließen wir uns dem anderen noch mehr und beschneiden unsere eigene Kraft, indem wir uns selbst für unsere geheimen Sehnsüchte verurteilen. Wir kommen als offene, impulsive und sinnliche Wesen zur Welt, die die Unterscheidung in gut und böse, richtig und falsch noch nicht kennen. Wir empfinden nur unmittelbare, körperliche Bedürfnisse als natürlich und unschuldig. Der Konflikt beginnt erst, wenn wir mit der Verneinung und Abwehr unserer körperlichen Wünsche konfrontiert werden.

Die Abwertung und Verurteilung unserer Sexualität ist Jahrhunderte alt. Vor allem die etablierten Religionen verteufelten und verteufeln Sexualität als etwas Dunkles, »Schmutziges« und spalten die körperliche Liebe als »niedrige Fleischeslust« ab von »höheren« Formen der Liebe. Sexualität wurde zu etwas Verbotenem, Privatem oder aber zur ehelichen »Pflicht«, die sich ungesehen und ungehört in der Nacht hinter verschlossenen Türen abzuspielen hat. Selbst wenn wir heute über diese Auffassungen lachen und sie als »moderne« Menschen von uns weisen, arbeiten sie oft im Verborgenen weiter. Das Erbe dieser Verunglimpfung »fleischlicher Begierden« fließt in unser alltägliches Leben mit ein, oft ohne daß wir uns dessen bewußt sind. Die enorm vitalen, instinktiven Kräfte unserer Sexualität wurden domestiziert, indem sie in unser Unterbewußtsein »abgeschoben« wurden. Hier führen sie als ungelebte Schattenkräfte ihr Eigenleben. In unseren Träumen tauchen sie als bedrohliche Phantasiegestalten oder als wollüstige Wunschphantasien auf, die uns den Angstschweiß auf die Stirn treiben. Als Perversionen oder Gewalttätigkeit drängen diese weggeschobenen Kräfte wieder ans Tageslicht.

Wilhelm Reich beschrieb als einer der ersten sehr eindringlich, was geschieht, wenn wir den natürlichen Strom unserer libidinösen Kräfte hindern: Es kommt zur Stauung sexueller Energie, die zu psychosomatischen Krankheiten führen kann. Gefühle von Sinnlosigkeit und Unerfülltheit sowie eine irrationale Destruktivität stellen sich ein.[13] Als Folge davon errichten wir immer höhere Schutzwälle gegen jede Form von Lebendigkeit, und ein Teufelskreis entsteht: je mehr der innere Kreislauf unserer libidinösen Energie unterbrochen wird, desto weniger fühlen wir uns in der Lage, unser Leben zu genießen. Wir verspüren Bitterkeit, fühlen uns innerlich abgestorben und gefangen in der Routine eines mechanisch ablaufenden Lebens. Das Gefühl intensiver Lebenslust, das wir als Kinder kannten, verblaßt nach und nach ganz. Aus dem wilden Stier wird ein kastrierter Ochse, der sich vor jeden Karren spannen läßt. Wilhelm Reich weist nach, daß Menschen, die von ihren Gefühlen und dem Strom der vitalen orgasmischen Energien abgeschnitten sind, in allen Lebensbereichen leicht manipuliert werden können. Ein tiefes Gefühl von Liebe hingegen und eine lustvoll gelebte Sexualität aktivieren die gewaltigen und spontanen Kräfte in uns, die unserem Leben neue Fülle und eine kreative Richtung geben. Die eigene Freiheit, die stets auch die der anderen respektiert, wird zum wichtigsten Anliegen.

Wenn wir bereit sind, die Kraft und Tiefe unserer sexuellen Lebensenergie neu zu entdecken, löst sich die Verknüpfung von Sexualität und Schuld. Die jahrhundertealte Trennung von »heller«, »höherer« Liebe und »dunkler«, »niederer« Sexualität erweist sich als ein Auswuchs religiöser und gesellschaftlicher Moralvorstellungen, die mit unseren lebendigen Erfahrungen nichts gemein haben. Wir wissen dann, daß das eine nicht ohne das andere wachsen kann. Wir können diese Dualität, in Gestalt der Verbote, die sich unserem Unterbewußtsein eingeprägt haben, nun hinter uns lassen und eine liebevolle Sexualität leben. Tantra bejaht unsere Sexualität in all ihren Dimensionen. Wir sind aufgefordert, unsere Sinnlichkeit mit der vorbehaltlosen Offenheit von Kindern zu erforschen, zu genießen und kreativ zu gestalten. Hier gibt es keine Trennung in »hell« und »dunkel«, »gut« oder »schlecht«. Dieser Weg sagt ja zu all unseren sexuellen Wünschen und Sehnsüchten. Er lädt uns ein, sie bewußt zu erhellen, statt sie schuldbewußt zu verstecken. Tantra ermutigt uns dazu, eine positive Vision unserer Sexualität zu entwickeln und diese praktisch zu erfahren. Alles, was wir für diesen Weg brauchen, sind die Bereitschaft und der Mut, uns selbst und unserem Partner unsere verborgenen Wünsche offen darzulegen. Das Risiko lohnt sich. In unseren sexuellen Wünschen steckt eine große Kraft. Sie sind wie ein verborgener Schatz, den wir heben können – selbst wenn die Schatztruhe zunächst gar nicht so aussieht, als ob sie kostbares Geschmeide birgt.

Im folgenden stellen wir einige »Handwerkszeuge« vor, die euch helfen können, diese Schätze auszugraben. Zunächst eine Übung, die ihr auch alleine machen könnt. Im »Intuitiven Wunschdialog« von Herz und Yoni (Vagina) oder Lingam (Penis) personifiziert ihr euer Herz und eure Yoni/euren Lingam und laßt sie zu euch und miteinander sprechen. So ladet ihr zwei der wichtigsten Beteiligten an eurer Sexualität ein, zu Wort zu kommen.

Der intuitive Sex-Herz-Dialog

Mit diesem Dialog laden wir die Teilnehmer unserer Seminare zu einer grundlegenden Übung ein, um mit sich selbst, mit ihren Körpern und ihren Herzen, direkt Kontakt aufzunehmen. Dialoge dieser Art beginnen etwa so wie im folgenden bei Christine: Sie liegt auf einer Matratze, legt eine Hand auf ihre Genitalien und die

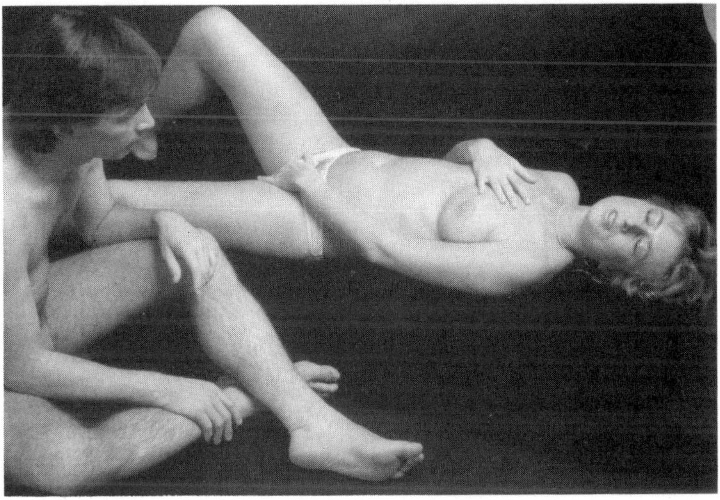

Sex-Herz-Dialog

andere Hand auf ihr Herz. Wir fordern sie auf, ihre Yoni zu spüren und sich auf sie einzustimmen. Dann stellt Christine ihrer Yoni die Frage: »Wie fühlst du dich, wenn ich Sex mache?« Dann versetzt sie sich in ihre Yoni hinein und läßt sie antworten. Christine läßt ihre Yoni sprechen: Langes Schweigen. Dann zögernd und vorsichtig: »Das ist schon komisch, wenn du mich so fragst, das ist total ungewohnt für mich. Das kenne ich gar nicht, daß du dich so für mich interessierst. Du läßt mich sonst ganz schön beiseite in deinem Leben. Es tut mir richtig gut, mal zu Wort zu kommen. Oft beachtest du mich überhaupt nicht und versuchst nur, mir deinen Willen aufzuzwingen. Und dann soll ich möglichst schnell munter werden oder sogar einen Orgasmus herbeizaubern. Und das kann ich überhaupt nicht leiden! Und wenn du mich schon mal anfaßt, dann nur ganz kurz und wie nebenbei. Dabei mag ich gerne von dir angefaßt werden, das kannst du ruhig öfter tun. Aber ich möchte, daß du dir Zeit dabei läßt und erst einmal ganz sanft und aufmerksam mit mir spielst und mich streichelst.« Christine seufzt und lauscht jetzt ihrem Herzen. Sie läßt es der Yoni antworten: »Es tut mir weh, was du da sagst. Aber du hast recht. Es scheint oft zu wenig Zeit für uns dazusein. Auch ich brauche Zeit. Ich möchte gern in das Spiel mit dir einbezogen werden, möchte einfach nur spielen und mich mit dir freuen, ohne immer gleich etwas erreichen zu müssen. Da ist aber eine Stimme, die sehr stark ist, die immer etwas Bestimmtes vorhat. Und das muß dann auch gemacht werden. Ich spüre mich dann gar nicht mehr und ziehe mich stumm zurück. Ich lasse einfach mit mir machen. Aber glücklich bin ich dabei nicht. Es tut mir gut, daß du mich fragst und ich mit dir reden kann. Und es ist auch schön, wenn du mir viel von dir erzählst. Ich möchte viel mehr mit dir sein.«

Was diese Übung für uns so wertvoll macht, ist, daß sie uns hilft, unsere sexuellen Wünsche und die Wünsche unseres Herzens direkt zu erfahren. Indem wir Herz und Sex als zwei lebendige Wesen mit eigenen Sehnsüchten, Bedürfnissen und Empfindungen betrachten, können wir ihrem Gespräch viele Anstöße für unser Leben entnehmen. Und wir können ihre Wünsche erfüllen. Uns wird klar, wie selten wir unser Herz und unseren Sex befragen. Wir behandeln sie wie etwas Selbstverständliches, das automatisch »funktioniert« und denen wir unsere Aufmerksamkeit erst dann schenken, wenn sie sich mit Schmerzen oder Unwohlsein äußern. Vielleicht nehmen wir uns jetzt zum ersten Mal wirklich Zeit, auf unseren Lingam (Penis) und auf unsere Yoni (Vagina) zu hören. Wir staunen, was und wieviel sie uns zu sagen haben. Und wir machen unserem Herzen Luft und spüren auf einmal ganz deutlich, was es braucht. Unser Herz ist weise. Oft empfinden wir einen süßen Schmerz, wenn wir Verbindung mit ihm aufnehmen. Es ist wie ein Nachhausekommen. Wir spüren, daß diese Verbindung eigentlich immer da war – das Herz hat nur darauf gewartet, endlich zu Wort zu kommen. Wir können uns seiner Sehnsucht, seiner Führung anvertrauen. Das Herz will nichts erreichen, nicht sich durchsetzen oder kämpfen. Es spricht nur, wenn wir uns entspannen und wirklich zuhören. Die Verbindung von Herz und Sex ist eines unserer

Sex und Herz sind wie zwei lebendige Wesen in uns, denen wir zuhören können

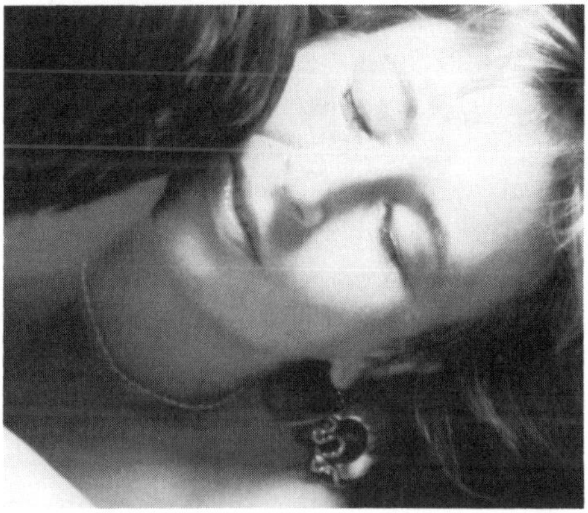

Hauptanliegen im Tantra. Wir lernen Wege, wie das Feuer der Sexualität den ganzen Menschen erfassen kann und nicht auf die Genitalregion beschränkt bleibt. Sex ohne Herz führt uns in eine Sackgasse, läßt uns auf die Dauer unbefriedigt und leer zurück. Die Kraft unserer Sexualität gibt unserem Herzen das Feuer, und das Herz überwindet bei der sexuellen Begegnung die Hindernisse, die einer wirklichen Begegnung mit dem »Du« im Wege stehen. Wir können in Liebe mit dem anderen verschmelzen. Diese kurzen Augenblicke des Einsseins geben uns einen Geschmack davon, wie es ist, unsere Grenzen zu verlieren und in etwas einzutauchen, das größer ist als wir selbst. Diese Erfahrungen stärken unsere Sehnsucht und geben unserer Suche eine Richtung.

Das Zurückhalten unserer erotischen Träume und Wünsche wurzelt oft in kindlicher Angst und in Schuldgefühlen, die wir von unseren Eltern mitbekommen haben. Wir befürchten, nicht mehr geliebt zu werden, wenn wir uns unserem Partner so offen zeigen. Dabei geschieht meistens das Gegenteil, wenn wir unsere sexuellen Phantasien mitteilen: Immer wieder erzählen die Paare in unseren Seminaren, wie befreiend es für beide ist, wenn diese Phantasien endlich ans Licht kommen. Wenn wir bereit sind, dem anderen wirklich zuzuhören und zu verstehen, was er von sich zeigt, können die Mauern aus Angst und Mißtrauen fallen. Ein Bann wird gebrochen, und unsere Zuneigung füreinander kann eine neue Tiefe erfahren. Statt im Kokon der eigenen Wunschwelt isoliert zu sein, können wir an den Sehnsüchten und Träumen unseres Partners teilhaben. Vertrauen und Nähe wachsen. C. G. Jung bezeichnete einmal die Gewohnheit, Geheimnisse zu haben, als das Wesen der Neurose.[14] Verborgen gehaltene sexuelle Ängste und Wünsche machen einen großen Teil »des riesigen Raumes der unbewußten Beziehung«[15].

»Untersuchungen haben ergeben, daß die unbewußte Wahrnehmung etwa zehnmal umfangreicher ist als die bewußte. Was wir als Liebende voneinander bewußt wahrnehmen, ist etwa ein Zehntel dessen, was sich unbewußt tatsächlich abspielt«.[16] Unsere Sehnsüchte sind wesentlicher Teil des »seelischen Energiefeldes«, das zwischen zwei Partnern entsteht. Wir können lernen, dieses Feld kreativ zu gestalten und zu erweitern. Vielen von uns macht die Vorstellung angst, dem anderen tief gehütete Geheimnisse preiszugeben. Unsere Erfahrung ist es, daß unseren sexuellen Phantasien die triebhafte, zerstörerische Seite genommen wird, wenn wir sie mitteilen und mit ihnen spielen. Trotzdem möchten wir an dieser Stelle betonen, daß das sexuelle Wunschspiel zu keinem Zeitpunkt einen der Partner zu etwas zwingt, was er nicht tun möchte. Ihr könnt z. B. ein Zeichen ausmachen, das signalisiert, wenn einer von euch nicht mehr mitspielen möchte. Es ist wichtig, daß wir das oft unterschwellige Nein zum Partner erst einmal eingestehen und annehmen, um dann mit der Haltung »Ich bin bereit zu etwas Neuem« einen nächsten, positiven Schritt aufeinander zuzumachen. Auf diesem Weg vom bislang zurückgehaltenen Nein zum vorsichtigen Ja können vielerlei Dämonen in Form von Ängsten, Rückzugstendenzen und verborgener Bitterkeit auftauchen. Diese sind die ersten Botschafter einer vielleicht über lange Zeit stillschweigend hingenommenen Entfremdung zwischen den Partnern. Sie zeigen an, daß die vitalen Kräfte, die in diesen Dämonen gebunden sind, wieder erwachen und sich äußern wollen.

In unserem Spiel nimmt deshalb die Kommunikation über die praktischen Schritte der Realisierung der sexuellen Sehnsüchte einen wichtigen Platz ein. Sie erfordert eine aktive, kreative Haltung, wie Marcel sie im einleitenden Beispiel gezeigt hat. Wir alle können diese Haltung wieder erlernen, denn als Kinder war sie uns ganz natürlich. Wir waren offen und neugierig. Wir waren zu neuen Abenteuern und Spielen immer aufgelegt und haben uns dabei nicht viel um die Meinung anderer gekümmert. Marcel z. B. ist sein eigener Regisseur: er entwirft selbst das Bühnenbild, vor dem er seine sexuellen Wünsche mit Linda zusammen spielerisch ausleben will. Für Linda bot sich dabei die Chance, mitzugehen, aufzunehmen und selbst Neues auszuprobieren – kurz, die Grenzen ihres bisherigen sexuellen Verhaltens zu überschreiten. Wenn beide Spieler diese Bereitschaft mitbringen, können sie damit ganze Berge von alten Ängsten, Vorurteilen und Schuldgefühlen versetzen. Einfallsreichtum, Humor, Mitgefühl und Lust an neuen Erfahrungen entfachen unser inneres Feuer. Ladet auch eure inneren Kinder zu diesem Spiel mit ein (vgl. Kapitel »Das innere Kind«). Sie haben noch keine Vorstellung von »guter« oder »unanständiger« Sexualität. Ihre unbändige Frechheit macht unser Spiel leicht und ungezwungen. Unsere Kleinen sorgen für Überraschungen. Sie verbinden die Macht unserer sexuellen Wünsche mit der Unschuld des Herzens und helfen uns, diese lustvolle Offenheit jenseits jeder Moral wiederzufinden.

Das sexuelle Wunschspiel (Partnerübung)

1. Der sexuelle Wunschkatalog
Schreibe die sexuellen Wünsche und Sehnsüchte auf ein Blatt Papier, die dir im Augenblick am wichtigsten sind (5 Minuten).

2. Der Wunschdialog
Teile jetzt deinem Partner mindestens drei deiner Wünsche in möglichst konkreten und einfachen Sätzen mit (5 Minuten).

3. Umsetzung
Überlege dir einen ersten praktischen Schritt zur Realisierung eines deiner Wünsche und teile diesen deinem Partner mit (5 Minuten).

4. Wunschspiel
Beide Partner können nun Zeit, Ort und die Umgebung absprechen, in der der Wunsch realisiert werden soll (minimale Zeitdauer 30 Minuten).

Dann beginnt das Spiel.

Visualisierung

Wir möchten hier noch eine weitere Form der Arbeit mit unserer Traum- und Wunschwelt vorstellen: die Entwicklung von positiven Visionen unserer Sexualität. Während unsere sexuellen Wünsche infolge von Verboten, die wir uns zu eigen gemacht haben, meistens im Verborgenen wuchern, können wir positive Bilder unserer Sexualität in der Vision bewußt entwerfen und gestalten. Unsere Gedanken haben Kraft. Unser Denken ist zu jeder Zeit schöpferisch. Es bestimmt – meistens unbewußt –, was wir erleben, was wir anziehen und von uns fernhalten. Wir können diesen Prozeß bewußt steuern. Wenn wir klar wissen, was wir in der Liebe wollen und bereit sind, diese Wünsche Wirklichkeit werden zu lassen, ist der erste Schritt zu ihrer Erfüllung getan. Dazu entwerfen wir vor unserem inneren Auge ein Bild, eine positive Vision von uns selbst, die uns als liebevolles, sinnliches und erotisches Wesen zeigt. Wir können auch im Zustand völliger Rezeptivität visualisieren. In einem entspannten Zustand fragen wir uns: »Wie sieht die Form von Sexualität aus, die ich mir für mich wünsche?« Dann lassen wir aus unserem Inneren die Antwort in Form von Bildern, Szenen, Situationen und Menschen aufsteigen. Wir alle tragen in uns die Erinnerung an positive Erfahrungen und wissen selbst am besten, was uns guttut und uns entspricht. Auch wenn sich unsere positive Kraft manchmal hinter Erfahrungen von Ärger und Enttäuschung,

Schmerz und Alleinsein verbirgt, so wissen wir doch zugleich, wie es ist, wenn wir uns sinnlich, schön, erotisch und geliebt fühlen. Wenn wir über einen längeren Zeitraum die Bilder unserer Vision mit der Sehnsucht unseres Herzens verbinden, dann entwickeln wir damit eine positive Kraft, die die negativen Programmierungen unserer Sexualität in unserem Unterbewußtsein allmählich auflösen und ersetzen kann. Das positive Visualisieren ist hierbei der Schlüssel: Wir stellen uns die gewünschte Situation bildhaft vor und entwickeln damit eine magnetische Kraft, die die Umstände anzieht, die wir zur Verwirklichung unserer Vision brauchen. Oft reicht allein unsere Vorstellungskraft aus, damit wir uns so gut fühlen, wie wir es uns wünschen. Beobachtet genau, was geschieht, wenn ihr über einen längeren Zeitraum mit Visualisierungen arbeitet: Manchmal nimmt die Verwirklichung unserer Vision ganz andere Formen an, als wir sie uns vorgestellt haben!

Eine Visualisierungsübung

Suche dir einen ruhigen Platz und setze oder lege dich entspannt hin. Nimm ein paar tiefe, ruhige Atemzüge und laß dich immer mehr nach innen sinken. Dann fang an, dir die Vision deiner Sexualität vorzustellen. Gehe behutsam dabei vor und lasse dich von der Sehnsucht deines Herzens leiten. Lasse ein Bild vor deinem inneren Auge entstehen und nimm alle Einzelheiten wahr. Sollten keine Bilder auftauchen, dann malst du dir aus, wie du dir deine Sexualität wünschst. Gehe dabei liebevoll bis ins Detail und stelle dir alles so plastisch wie möglich vor. Achte darauf, daß die Realisierung deiner Vision keine nachteiligen Folgen für andere hat. Fühle dich so, als ob jetzt in diesem Augenblick deine Vision schon Wirklichkeit ist und sich erfüllt. Sieh dich selbst, deine Umgebung, die Situation, Farben, Düfte und Menschen, die deine Vision mit verwirklichen helfen. Was tust du gerade? Wie siehst du aus und wie fühlst du dich? Mit wem bist du zusammen? Nimm auch bewußt wahr, welche Gefühle in dir aufsteigen, wenn deine Vision klarer wird. Laß das Bild ganz langsam immer deutlicher werden. Wenn du sicher bist, daß deine Vision in allen Einzelheiten deinen Wünschen entspricht, dann umgib das Bild mit einer Farbwolke. Wähle eine Farbe, die für dich die Kraft des Herzens symbolisiert. (Kurze Pause) Wenn du jetzt deine Vision mit der Farbe deines Herzens umgeben hast, dann stelle dir vor, wie du die Farbwolke zum Himmel hochschweben und in das Universum davongleiten läßt. Du hast deiner Vision eine konkrete Gestalt gegeben. Du hast sie dir bis in alle Einzelheiten ausgemalt und gespürt, wie dein Herz sich dabei fühlt. Jetzt hältst du an deinen Bildern und Wünschen nicht mehr fest, sondern läßt deine Gestalt gewordene Vision wieder los. Du übergibst sie den unendlich schöpferischen Kräften des Universums, die dafür sorgen, daß sie Energie anziehen und sich verwirklichen kann. Sprich abschließend die Worte: »So sei es! Zum Wohle aller Beteiligten!« Mit diesem Satz schließt du alle negativen Kräfte aus, während du gleichzeitig die positiven Kräfte einlädst! Strecke und räkele dich, nimm zwei, drei tiefe Atemzüge, öffne langsam deine Augen und kehre zum normalen Wachbewußtsein zurück. Du fühlst dich ruhig und in bester Verfassung.

Mit dieser Übung machen wir einen weiteren Schritt auf dem Weg, unserer Sexualität Gestalt und Kraft zu geben. Vielleicht wissen wir gar nicht genau, was dieser Schritt bewirken oder verändern wird. Doch dann sind sie plötzlich da – die Situationen, die dich erfüllen! Manchmal in ganz anderer Gestalt, als du sie dir vorgestellt hast! Manchmal, ohne daß du dich daran erinnerst, daß du selbst sie eingeladen hast! Wir empfehlen, das positive Visualisieren regelmäßig, wenn möglich täglich zu praktizieren. Es ist eine Kunst, die wie die Beherrschung eines Instrumentes geübt werden will, bevor wir sie virtuos beherrschen. Für uns ist – nach anfänglicher Skepsis – das Visualisieren ein wichtiger Bestandteil unseres Lebens geworden. Immer wieder erleben wir, wie schon allein durch den Vorgang des Visualisierens von gewünschten Zielen, Situationen und möglichen Begegnungen mehr und mehr positive Kräfte in uns freiwerden. Es ist, als ob sich unser Unterbewußtsein, das lange genug mit Ängsten und negativen Erwartungen gespeist wurde, allmählich an die positiven Bilder gewöhnt. Wir können die Kraft des Visualisierens verstärken, indem wir während der Übung einen Quarzkristall in den Händen halten und seine Energie mit der Kraft unseres Herzens und dem Bild unserer Vision verbinden.

Kapitel 6

Die Magie von männlich und weiblich

Sarah erzählt: »Ich hatte mich gerade von meinem Freund getrennt, einem sehr männlichen Mann mit starker sexueller Ausstrahlung. Es ging mir gut mit ihm – so lange, wie ich mich seinem Lebensstil anpaßte. Aber irgend etwas fehlte mir! Dann traf ich Joschka auf einer Tagung. In einer Pause kam er ganz zielstrebig auf mich zu und legte einfach seinen Arm um meine Schultern. ›Na, der hat's aber eilig‹, dachte ich. Und doch genoß ich seine Nähe, ohne daß wir viel sprachen. Ich spürte, wie ich aufgeregt war, weil er mich so anzog. Als ein alter Freund von mir auftauchte, lenkte Joschka ihn mit Hinweisen auf einen Stand mit interessanten Büchern geschickt von uns ab und zog mich fester in seine Arme. Dann schob er mich durch die Menschenmenge sanft hinaus in einen Park. Plötzlich hob er mich hoch, drückte mich an sich, lachte und sagte: ›Du kommst mit mir nach Paris!‹ Mir verschlug es die Sprache – ich war wie berauscht in seiner Nähe, es war so schön, mit ihm zu sein, und trotzdem war ich mißtrauisch. ›So ein Macker‹, dachte ich, ›der will mich doch nur ins Bett ziehen!‹ Aber ich schwieg, aufgewühlt und verwirrt, denn dieser Mann faszinierte mich. So ging ich mit zu ihm auf sein Zimmer – fest entschlossen, nicht mit ihm ins Bett zu gehen. Ich war überrascht, als er mich nach einem vorsichtigen Kuß gar nicht weiter bedrängte. Er sagte, als sei es das Selbstverständlichste von der Welt: ›Du bist die Frau, auf die ich gewartet habe.‹ Und genauso selbstverständlich erzählte er mir von Paris und machte Pläne für uns beide. ›So wie mein früherer Freund auch‹, dachte ich und blieb mißtrauisch, als er mir tief in die Augen sah. Ich schlief nicht bei ihm. Am nächsten Tag holte er mich zu einem Spaziergang ab. Er sprach von sich. Plötzlich nahm er meine Hand und begann zu weinen, während er mir erzählte, was ihm einmal sehr weh getan hatte. In diesem Augenblick löste sich etwas in mir, so stark, daß ich es bis heute nicht vergessen habe. Eine Welle von Liebe für diesen Mann überflutete plötzlich mein Mißtrauen, meine Zurückhaltung und meine Vorbehalte. Dieser starke Mann, der Pläne für uns machte, bestimmte und lenkte, dieser Löwe mit seiner goldgelben Königsmähne war plötzlich so zart und durchscheinend geworden. Er zeigte mir das Zerbrechliche, Empfindsame, das weiblich Weiche seines Wesens, Tränen und Schmerz. Es war, als würde ich wachsen, mich ausdehnen und innerlich größer werden. Ich fühlte eine neue Stärke, nahm ihn bei der Hand und führte ihn zu einer Bank. Dort bettete ich seinen Kopf in meinen Schoß und ließ ihn weinen. Mein Herz war voller Dankbarkeit dafür, daß er sich mir so zeigte. Es war eine Offenbarung seines ganzen Wesens – der schöne, starke Mann mit dieser feinen, empfindsamen inneren Frau. Wir sind noch heute glücklich zusammen.«

Wir alle sind männlich und weiblich. In jedem Mann schläft eine Frau, die wie Dornröschen wachgeküßt werden will; in jeder Frau ein Prinz, der erlöst werden möchte.

In unserer heutigen Gesellschaft ist uns die Androgynie (die Zweigeschlechtlichkeit des Menschen) kaum bewußt. Dabei ist jeder Mensch auch biologisch gesehen männlich und weiblich. Während der ersten sechs Wochen einer Schwangerschaft ist die Gewebestruktur des sich herausbildenden weiblichen oder männlichen Fötus noch exakt dieselbe. Erst dann findet die Ausdifferenzierung entsprechend der vorhandenen Chromosomen statt, bei der sich aus dem ursprünglich gleichen Gewebe beim Mann der Schaft und die Vorhaut des Penis, bei der Frau der Schaft und die Klitorisvorhaut, der männliche Hodensack und entsprechend die weiblichen äußeren Schamlippen bilden.[17] Und doch leben die meisten von uns nur die eine Seite – den Mann oder die Frau. Wir definieren uns über starr fixierte Rollen, die wenig Raum für unsere zweite Hälfte, das andere Geschlecht in uns lassen. Gemeint ist hier nicht das körperliche Zwittertum, sondern die weiblichen und männlichen Seelenkräfte, die in jedem von uns existieren. Ihre komplementäre Natur erst macht uns zum vollständigen Menschen. Ihr gemeinsamer Tanz führt uns zu der Harmonie und Ganzheit, nach der wir alle uns sehnen und die wir so oft in einem äußeren Partner suchen. Zeigt der starke, selbstbewußte Mann seine weibliche Seite – wie Joschka im oben genannten Beispiel – und überläßt sich seinen zarten Gefühlen und Empfindungen, dann entfaltet er seine Ganzheit und wird zu einem vollkommenen Universum in sich selbst. Diese Verbindung von männlicher und weiblicher Energie ist die schöpferische Quelle allen Lebens, der Funke, der Neues schafft.

In unserem Beispiel öffnet dieses Zusammenspiel von männlich und weiblich die Tür zu Sarahs Herzen. Joschka wird zum Spiegel für Sarahs innere Ganzheit. Jetzt können beide den Tempel der Liebe betreten.

Was verstehen wir eigentlich unter »männlicher« und »weiblicher« Energie? Was ist der Unterschied zwischen Mann und Frau? Ihr Treffen, Verschmelzen und Auseinandergehen – vielbesungenes Thema der Dichter, Sänger und Liebenden aller Zeiten – ist immer ein Mysterium geblieben, durch das etwas Unfaßbares hindurchschimmert, das mit Worten kaum eingefangen werden kann. Die Frau wird oft mit Mutter Erde, mit dem Mond und dem Element Wasser verglichen. Sie symbolisiert das Verborgene, das Stumme, die endlos geheimnisvolle Schwärze der Nacht. Sie ist die empfangende, weiche Kraft, die große Mutter. Die Elemente des Mannes hingegen sind Himmel und Luft und die Licht und Wärme spendende Sonne. Er ist die helle, geistige Kraft, die erschafft, eindringt, Form gibt und wieder zerstört. In unserem Sprachgebrauch haben die Begriffe »männlich« und »weiblich« eine spezifische Kultur und zeitbedingte Bedeutung mit oft starrer Merkmalszuschreibung. Wenn wir in diesem Buch von männlicher und weiblicher Energie sprechen, meinen wir damit das Urprinzip dieser beiden Kräfte, die die chinesischen Taoisten als Yang und Yin bezeichnen. Yang – die männliche, aktive Energie. Yin – die weibliche, aufnehmende Kraft. Das Bild des Yin-Yang-Symbols macht deutlich, daß beide Kräfte nicht voneinander zu trennen sind, keine existiert ohne die andere. Sie befinden sich in einem ständig fließenden Wechsel, wie Tag und Nacht, Ein- und Ausatmen, die ohne Ende weich ineinander übergehen und einander hervorbringen. Sie wachsen aus ein und demselben Ursprung in entgegengesetzte Richtungen. Plus und Minus zusammen ergeben den Strom, auf dem alles Leben dahingleitet, wächst, sich verändert und neue Formen hervorbringt. Und dieses Spiel der Kräfte haben Männer und Frauen in allen Zeiten miteinander gespielt. Der Mann sucht die Frau, die Frau den Mann, sie beide suchen ihre »bessere Hälfte«, um vollständig und »ganz« zu sein. Wir suchen im anderen den Gegenpol, um – wie wir meinen – die Seite zu finden, die uns selber fehlt. Die andere Hälfte des Himmels. Wir haben vergessen, daß wir von Natur aus beides sind: männlich und weiblich, yin und yang, passiv und aktiv!

In unserer Kultur haben sich über Jahrhunderte die traditionellen Männer und Frauenrollen herausgebildet, die uns heute bestimmen und auf ein Geschlecht festlegen. Das Bild vom Mann ist »leistungsbezogen«. Er soll »stark« und nach außen mit »eisernem Willen« handeln. Unsere Vorstellung vom Mann ist bestimmt von Werten wie Zielorientierung, Machtdenken, Gefühlsbeherrschung und einer rationalen Einstellung zum Leben. Ein Mann ist ein »richtiger« Mann, wenn er aktiv schafft, etwas erreicht, sich durchsetzt, Besitz anhäuft und dabei sich selbst und sein Leben »im Griff« hat. Der schnelle, orgasmusorientierte Sex ist nur ein Ausdruck dieses männlichen Verhaltens. Dermaßen auf äußere Ziele fixiert, verliert der Mann den Zugang zu seinen inneren Kräften, zu seinen Gefühlen und seiner Intuition. Er kann sich nicht entspannen und zur Ruhe kommen. Ihm fehlen spielerische Lebensfreude und das Vertrauen in die Existenz. Für diesen »Mann« wird auch die Begegnung mit der Frau noch zu einem anstrengenden »Akt der Eroberung«.

Das Bild der Frau ist durch gegenteilige Werte ebenso statisch geprägt. Ihre Ausrichtung geht nach innen, sie soll die gefühlvolle, intuitive, nährende Kraft repräsentieren. Ihre Passivität, ihr Warten verbindet sich mit ihrer Bereitschaft zur Anpassung und mit einer eher intuitiven, ganzheitlichen Sicht des Lebens. Diese »Frau« folgt ihrer wahren Natur, wenn sie sich hingibt. Aber durch ihre ausschließlich den inneren Gefühlen zugewandte Haltung ist ihre Hingabe verbunden mit dem Opfer ihrer Intelligenz und Kreativität. Da sie sich nicht erlaubt, den von ihrer Intuition erfaßten Weg aktiv zu beschreiten und die Verantwortung für ihr Leben zu übernehmen, wird ihre Begegnung mit dem Mann zu einem Akt der Selbstaufgabe.

Inmitten dieser traditionellen Trennung der Geschlechter, der äußeren Dominanz des Mannes, die diesen ebenso gefangenhält, wie der gesellschaftliche Ausschluß der Frauen aus öffentlichen Bereichen diese auf die »inneren« Werte festlegt, geschieht nun etwas Neues: Frauen bedienen sich der männlichen Energie, um sich bewußt und aktiv in der äußeren Welt zu verwirklichen. Und Männer beginnen, hinter ihrer harten Schale den weiblichen, zärtlichen Kern zu entdecken und wertzuschätzen. In unseren Gruppen fällt uns immer wieder auf, daß für Männer die Sehnsucht nach ihrer femininen, zarten, verletzlichen Seite die treibende Kraft für Wachstumsprozesse ist. Viele Männer berichten von einem Gefühl tiefer Befreiung, nachdem sie zum ersten Mal wieder weinen konnten.

Das wirklich Neue liegt jedoch nicht darin, daß Männer einfach weiblicher und Frauen männlicher werden. Es geht nicht um eine Angleichung der Geschlechter hin zu einer farblosen Gattung namens »Mannfrau« oder »Fraumann«. Das Revolutionäre dieser inneren Prozesse liegt in der Versöhnung und dem Ausgleich beider Kräfte in jedem von uns, in der befreienden Erfahrung, daß die Entdeckung und das Zulassen unseres inneren Mannes oder unserer inneren Frau auch den Gegenpart bereichert und wachsen läßt. Der Mann, der seine innere Weiblichkeit spürt und ihr Raum läßt, sich zu äußern, lernt auch seine Männlichkeit neu zu schätzen und zu leben. Er weiß jetzt, daß er beides sein kann, ohne die eine Seite zugunsten der anderen aufgeben oder bekämpfen zu müssen. Er kann weich und stark zugleich sein, und beide Seiten werden einander bereichern. Für die Frau gilt das gleiche: in dem Maße, wie sie ihrer Intuition aktiv handelnd folgt und das Selbstvertrauen gewinnt, sich zu äußern und ihren intuitiv gewonnenen Erkenntnissen eine Form zu geben, kann sie auch ihrer Weiblichkeit mehr vertrauen und sie sich entfalten lassen. Beide Seiten schützen und nähren einander.

Tantra offenbart uns das tiefe Wissen um die natürliche Zweigeschlechtlichkeit jedes Menschen: das Wissen um den inneren Mann, um die innere Frau. Sie beide müssen nicht erst erschaffen werden, sondern sie sind in jedem von uns schon da. Wir brauchen uns nur an sie zu erinnern, wach für sie zu werden und zuzulassen, daß sie sich äußern und wachsen. Die magische Anziehungskraft, die eine bestimmte Frau oder ein bestimmter Mann auf uns ausübt, ist oft der Widerhall unserer inneren, schlafenden weiblichen oder männlichen Kräfte.

In der sexuellen Begegnung der Liebenden beginnt der Tanz der beiden Pole, der ständige Wechsel von Yin und Yang, wobei beide Partner zwischen den Polen wechseln. Ist der Mann bereit, seine eiserne Rüstung abzulegen, dann kann er die andere Seite seines Himmels, die feminine, weiche Kraft in sich erleben. Dann kann das Wunder geschehen: eine Reise in das eigene innere Universum, das voll unentdeckter, schlafender Kräfte ist. Öffnet sich der Mann und bleibt zugleich zentriert in seiner eigenen Mitte, dann kann er die feinstoffliche, orgastische Energie seiner Partnerin aufnehmen, und beide können sich in neuen Dimensionen der Liebe begegnen. Ist sich die Frau bei der sexuellen Begegnung ihrer männlichen Kraft bewußt, wird sie mehr Initiative entwickeln. Sie weiß, wie sie selbst ihr »inneres« Feuer zünden kann und wie sie zu ihrer Befriedigung gelangt, ohne sich vom Mann abhängig zu machen. Sie nimmt dieses Wissen um ihre Schönheit und Kraft zutiefst für sich an. Mit der Entdeckung ihrer Yang-Energie wird sie in Liebe für sich selbst neu geboren. Sie ist bereit, die eigene Weiblichkeit und Erotik dem Mann gegenüber selbstbewußt auszudrücken. So kann sie zur Initiatorin der Liebe werden. Im Tantra führt die Frau als »Hohepriesterin der Liebe« den Mann in die Mysterien der Ekstase ein.

Die tantrische Begegnung zwischen Mann und Frau lebt von einem ständigen Wechsel ihrer beiden Rollen. Das Hin- und Herpendeln beider Partner zwischen Yin und Yang, zwischen männlich und weiblich ist dabei von großer Bedeutung, und das heißt nicht eine starre Rollenumkehr, bei der der Mann jetzt weiblich und die Frau männlich ist. Der lebendige Tanz der Liebe entsteht aus dem Pendeln beider Partner zwischen Yin und Yang. Der spontane Wechsel zwischen beiden Rollen eröffnet den Reichtum ihrer Kreativität und die bunte Vielfalt der Formen, miteinander zärtlich, spielerisch und sexuell zu sein. Bei diesem Spiel kann es zu einer Explosion der inneren Frau im Mann und des inneren Mannes in der Frau kommen, bei der beide neue Tiefen des eigenen Wesens erfahren.

Im Wechselspiel von Yin und Yang bringen wir auf tiefster Ebene die männlichen und weiblichen Energien ins Gleichgewicht. Auf diesem dynamischen Feld beider Kräfte begegnen wir uns mit einer Wachheit, die uns für feinere Wahrnehmungen öffnet und uns neue Formen einer tiefen Befriedigung erfahren läßt. »Wenn in dir der höchste Zustand von Seligkeit und Ekstase eintritt, bedeutet dies, daß deine eigene Polarität (von Mann und Frau) zusammengekommen ist.«[18] Die Grenzen zwischen männlich und weiblich, außen und innen, aktiv und passiv lösen sich auf. Die beiden Kräfte verschmelzen und führen die Geliebten in einen Zustand von Einheit, in dem alle Gegensätze aufgehoben sind. Beide können zusammen neue Bewußtseinsoktaven erleben, die mit Worten kaum mehr zu beschreiben sind. »Wenn zwei Liebende in tiefem Orgasmus sind, verschmelzen sie ineinander, dann hört die Frau auf, Frau zu sein, und der Mann, Mann zu sein. Es ist ein Zusammentreffen im Innersten, ein Sichauflösen, ein völliges Vergessen aller Identität. Das ist es, was die Liebe so anziehend macht.«[19]

Eine wunderbare Möglichkeit, das Spiel von männlich und weiblich mit einem/r Geliebten zu erfahren, beschreibt Margo Naslednikov in ihrem Buch mit dem Yin-Yang-Spiel: »Das Spiel dauert 48 Stunden – aufgeteilt in zwei gleiche Phasen. Zuerst ist der eine Partner Yang, aktiv. Er/Sie hat das Recht, alles zu verlangen, was ihm/ihr Spaß macht. Der andere Partner ist Yin, empfänglich. Er/Sie unterwirft sich den Forderungen des anderen mit Liebe aus reiner Freude am vertrauensvollen und selbstvergessenen Geben. Ohne Widerrede.«[20] Dein Geliebter kann dabei ein Prinz sein, der im Bett bedient wird, sich baden und massieren läßt. Oder du bist die Prinzessin und läßt dich mit Früchten, Musik und Zärtlichkeiten verwöhnen. Es geht bei diesem Spiel nicht um ein Herr- und Sklavenverhältnis, um Befehle und deren Ausführung. Die Beziehung ist vielmehr die einer liebenden Dienerin zu ihrem König oder eines liebenden Dieners zu seiner Königin. Dieses Spiel kann auch in verkürzter Form jeden tantrischen Liebesabend zu einer Entdeckungsreise voller Überraschungen werden lassen.

Die nun folgende »kreative Trance-Reise« ist eine Möglichkeit für die intensive Begegnung mit deinem inneren Mann/deiner inneren Frau. Bleibe offen für Überraschungen, wenn du sie antrittst. Du kannst auf dieser Reise viele neue und ganz unterschiedliche Aspekte deiner »anderen Seite« entdecken. Nicht selten spiegelt deine innere Frau dir auch den Mann, dein innerer Mann dir die Frau, die du heute bist. Es ist also eine Reise, die dich mit der grundlegenden Essenz deines Geschlechts bekannt macht. Solltest du die Reise mehrmals antreten, dann stelle dich darauf ein, daß sich das Gesicht deiner inneren Frau/deines inneren Mannes im Laufe der Zeit verändern kann. Viel Spaß!

Die kreative Trance-Reise zum inneren Mann/zur inneren Frau

In der kreativen Trance verbinden wir bildhafte Vorstellungen mit Körperbewegungen. Wir folgen den körperlichen Impulsen, die die Bilder in uns auslösen, und lassen den Bewegungen, Atem und

Stimme freien Lauf. Dadurch überschreitet der Prozeß die rein gedankliche, visuelle Dimension, in der wir uns üblicherweise bei Phantasiereisen bewegen, und wird zu einem dynamischen Geschehen, in dem oft intensive Gefühle auftauchen können. Vielleicht wirst du in deiner Vorstellung die Bilder so deutlich wie Fotografien sehen. Es kann aber auch sein, daß Farben und Formen ineinanderfließen oder daß du dir die Bilder selbst zusammensetzt. Um den Gefühlsbereich anzusprechen, ist es nicht unbedingt erforderlich, daß die Bilder klar und eindeutig sind. Sie können stärker oder schwächer sein. Vertraue einfach dem, was bei dir auftaucht. Folge deinen inneren Vorstellungen und den Impulsen deines Körpers. Du wirst auf dieser Reise deinem inneren Mann/deiner inneren Frau begegnen und sie kennenlernen. Wichtig ist, daß du dich selbst nicht festlegst, sondern für Überraschungen offen bleibst. Wir empfehlen dir, die Reise mit einem Partner zu machen, zu dem du viel Vertrauen hast. In unseren Gruppen bereiten wir diese Reise üblicherweise länger vor und stimmen das Tempo und die Länge des Textes auf die Teilnehmer ab. Der nun folgende, vorgegebene Ablauf hat sich in langer Praxis bewährt. Falls dich im Verlauf der Reise Gefühle überwältigen oder körperliche Symptome dir angst machen, so daß du sie am liebsten abbrechen möchtest, kannst du folgendes tun: Atme ein paarmal sanft und gleichmäßig und erzähle deinem Partner, was dich bewegt. Halte seine Hand und lege dich auf deine linke Seite, um dich noch tiefer zu entspannen. Wichtig: Sprich auch im Anschluß an die Reise ausführlich über deine Erfahrungen und male vielleicht ein Bild dazu. So kannst du deine Erlebnisse verarbeiten und abrunden.

Anleitung der kreativen Trance-Reise zum inneren Mann / zur inneren Frau

1. Vorbereitung: Legt eine Matratze, Kissen, Taschentücher und evtl. eine Augenbinde bereit. Sorgt dafür, daß ihr nicht gestört werdet, hängt z. B. ein Schild an die Tür und stellt das Telefon leise.

Ferner benötigt ihr einen Kassettenrecorder und ein, zwei Kassetten mit sanfter Musik und dynamischer Energiemusik. Dauer der Übung: ca. 45 Minuten.

2. Körperlockerung: Bewege deinen Körper kräftig, schüttele, strecke und dehne dich ungefähr 5 Minuten lang (der anleitende Partner sollte das gleiche tun).

3. Hinweise für den Sprecher: Sprich den Text langsam und mit ruhiger Stimme. Es ist wichtig, auf deinen Partner zu achten, und ihm genügend Zeit für die einzelnen Phasen zu lassen. Du wirst, indem du ihn beobachtest, intuitiv wissen, wie lange er für eine Phase braucht. Unterbrich ihn nicht, wenn seine Bewegungen, sein Atem oder seine Stimme dynamischer und lauter werden. Ist dein Partner eine Frau, leitest du sie zu der Begegnung mit dem inneren Mann an. Ist er ein Mann, geht die Reise zur inneren Frau.

Der nun folgende Text ist eine Anleitung für die Reise zum inneren Mann. Geht die Reise zur inneren Frau, tauschst du die Worte er/innerer Mann einfach gegen die entsprechenden Worte sie/innere Frau aus.

4. Einstimmen: Andreas und Sabine machen die »Kreative Trance-Reise« zusammen. Er ist der Begleiter, der den Text vorliest, sie ist die »Reisende«. Sie stimmen sich auf die Reise ein, indem sie sich im Stehen voreinander verbeugen und gemeinsam ein OM singen. Sabine setzt sich bequem hin. Andreas spielt sanfte Musik und beginnt, den folgenden Text mit ruhiger Stimme vorzulesen:

»Schließe jetzt deine Augen und lasse sie während der ganzen Reise geschlossen. Atme ein paarmal tief und gleichmäßig durch. Jetzt setze dich bequem hin. Stell dir vor, wie du bei den nächsten zehn Atemzügen mit jedem Einatmen langsam immer tiefer nach innen sinkst. Lasse Gedanken, die auftauchen, einfach wie Wolken am Himmel vorüberziehen, halte sie nicht fest und schicke sie nicht fort, konzentriere dich einfach weiter auf deinen Atem – er geht sanft und regelmäßig. Du bist entspannt und innerlich wach. Du kannst dich jetzt hinlegen oder weiter sitzen bleiben, wie es für dich am angenehmsten ist.« (ca. 1 Minute Pause)

»Und langsam, langsam, in deiner eigenen Zeit, stellst du dir vor, auf einer grünen Wiese zu sein. Ein Weg durchläuft diese Wiese. Schau dir deine Umgebung einen Augenblick lang an und dann betritt den Weg und gehe ein Stück auf ihm.« (kleine Pause)

»Und aus der Entfernung siehst du nun eine Gestalt langsam auf dich zukommen. Am Körperumriß und der Art der Kleidung erkennst du, daß es ein Mann ist, der näher kommt. Und je näher die Person dir kommt, desto vertrauter wird sie dir. Sie kommt näher und näher, und du weißt, es ist dein innerer Mann. Und je näher er dir kommt, desto deutlicher spürst du, wie dein Körper sich verändert. Du sinkst noch tiefer in dich hinein und hast ein Gefühl, als würdest du langsam und behutsam in seine Haut schlüpfen. Das, was dir an ihm vertraut ist, beginnt nun, dich von innen her auszufüllen. Du verwandelst dich, und auch dein Körper verändert sich. Du wirst immer mehr zu diesem Mann. Laß diese Veränderung geschehen und spüre, wie deine Haut, deine Haare sich anfühlen. Und spüre, wie dein ganzer Körper, wie alle Körperteile sich langsam verwandeln: dein Gesicht, deine Brust, deine Arme, deine Hände, deine Beine, deine Genitalien ...« (ca. 3 Minuten Pause)

»Und nun spüre auch deine Körperhaltung, laß dich langsam immer mehr die Körperhaltung deines inneren Mannes einnehmen. Wie hält er sich? Wie ist die Haltung seines Nackens, seiner Schultern, seiner Brust, seines Beckens, seiner Hände, Arme und Beine? Laß dich immer mehr in die Körperhaltung hineingehen. Und spüre auch die Bewegungen, die Impulse deines inneren Mannes. Folge diesen Bewegungen und Impulsen und laß sie sich von innen heraus entwickeln.« (ca. 3 Minuten Pause, in der die Musik allmählich lauter wird)

»Was immer mit dir geschieht, alles, was geschieht, ist o. k., so wie es ist.« (Musik etwas lauter)

»Und dann spüre deinen Atem – den Atem des inneren Mannes. Wie ist sein Atem – ist er stark oder schwach? Laß dich diesen Atem spüren und ihn etwas stärker werden. Spüre die lebendige Kraft deines Atems als innerer Mann.« (Musik etwas leiser drehen, kurze Pause)

»Und dann schau, welche Stimme dein innerer Mann hat. Wie drückt seine Stimme sich aus? In Lauten, Tönen, Worten, Gesang? Laß seine Stimme laut werden, ohne etwas zurückzuhalten.« (Pause)

»Und dann spüre auch seine Hände. Wie fühlen sie sich an? Was wollen sie tun? Was tun sie gerade? Laß alle Bewegungen deiner Hände zu und folge ihren Impulsen.« (Pause)

»Und wie fühlst du dich? Bist du traurig oder glücklich? Fühlst du dich stark oder schwach? Und was sagt dein Herz? Laß dich die Gefühle deines inneren Mannes spüren. Laß alles zu, ohne etwas zurückzuhalten. Und erlaube dir, deine Gefühle und Empfindungen mit Bewegungen deines Körpers und mit deiner Stimme auszudrücken. Was auch immer geschieht, es ist o. k., so wie es ist.«

»Und wie alt fühlst du dich? Bis du jung oder alt? Und dann schau dir auch langsam deine Umgebung an. Wie sieht sie aus? Wo bist du gerade? Vielleicht bist du auch in einer anderen Zeit, in einem anderen Land. Wie fühlst du dich in dieser Umgebung? Erlaube dir, dir alles genau anzuschauen, alle Bilder, die in dir auftauchen. Und erlaube dir auch, alles mit deinem Körper und deiner Stimme auszudrücken, ganz so, wie du es willst.« (Pause)

»Und jetzt spüre deine Genitalien – du bist ein Mann. Fühle sie – fühle auch die Haare auf der Brust. Wie spürst du deine Sexualität? Bist du alleine oder ist noch jemand anwesend? Stell dir vor, wie du eine Frau liebst! Welche Bewegungen macht dein Körper? Vielleicht tauchen neue Bilder auf. In welcher Umgebung befindest du dich? Bist du im Freien oder in einem Zimmer? Beobachte genau, was geschieht, ohne zu bewerten.« (Pause)

»Und dann – löst du dich allmählich von den Bildern, Personen und Gefühlen. Schau dich noch einmal genau um. Du siehst vor dir einen Weg, der dir vertraut vorkommt, einen Weg, den du schon einmal gegangen bist. Du folgst diesem Weg wieder ein kurzes Stück. Und du siehst, wie aus der Ferne langsam eine Gestalt auf dich zukommt. Eine Person, die du sehr gut kennst – es ist eine Frau. Je näher sie kommt, desto deutlicher spürst du, wie vertraut dir ihre Ausstrahlung ist. Du erkennst immer deutlicher, und du weißt plötzlich, daß du selbst diese Frau bist. Gibt es irgend etwas, was du ihr sagen möchtest? Vielleicht etwas, was du brauchst, wonach du dich sehnst – was immer es sein mag. « (kleine Pause) » Ihr kommt euch näher und näher, ihr begrüßt euch und nehmt euch in die Arme, und du weißt, daß du dich in sie zurückverwandeln wirst. Und wieder spürst du, wie dein Körper sich langsam zu verwandeln beginnt. Du wirst wieder du selbst. Deine Brüste wachsen, deine Haare verändern sich, und ganz allmählich kehrst du in deinen eigenen Körper zurück.« (Pause)

»Und wenn du dich jetzt wieder umschaust, siehst du, daß du auf einer grünen Wiese stehst. Du kennst diese Wiese – es ist die Wiese, auf der du deine Reise begonnen hast. Komme von dort aus langsam wieder ins Zimmer zurück. Atme ein paarmal tief durch und räkele dich. Spür die Unterlage, auf der du liegst. Schließe deine Hände zu Fäusten und öffne sie wieder. Und dann öffne behutsam auch deine Augen und nimm den Raum jetzt wahr.«

Der Ja-Tanz

In dieser Bewegungsmeditation kannst du das Zusammenspiel deiner Yin- und Yang-Kräfte zusammen mit einem Partner entdecken. Sie zeigt einen uralten Weg auf, wie wir männliche und weibliche Energien harmonisieren können. Wir haben dabei eine ritualisierte Form aus dem Taoismus vereinfacht und abgewandelt. Diese Meditation ist eine Möglichkeit, das Bewußtwerden und Akzeptieren der inneren Frau/des inneren Mannes zu vertiefen. Wir drücken im Austausch mit unserem Partner unsere Yin- oder Yang-Seite durch Stimme und Bewegung aus und erforschen die Gefühle und Impulse, die dabei in uns entstehen. Der Yang-Partner führt und leitet die Bewegungen, der Yin-Partner ist rezeptiv und geht mit. Jeder der beiden Partner stimmt sich auf die polare Energie des anderen ein, und indem sie sich diesem Energiespiel überlassen, bekommen sie einen Geschmack von der Harmonisierung zwischen Yin und Yang. Oft macht dieses Spiel uns deutlich, mit welcher der beiden Seiten wir Schwierigkeiten haben und wie diese Schwierigkeiten aussehen. Fällt es uns als Mann schwer, der Partnerin die Führung zu überlassen? Spüren wir als Frau eine Weigerung, die Bewegungen des Mannes klar und kraftvoll zu steuern und den Ton anzugeben? Für uns war es immer wieder faszinierend, wenn Seminarteilnehmer uns berichteten, daß ihre Schwierigkeiten im Yin- und Yang-Spiel auch in anderen Lebensbereichen präsent sind, in ihrer Sexualität, ihren Beziehungen und ihrer Arbeit. Je eindeutiger und positiver wir zu unserer Yin- und Yang-Kraft stehen, desto leichter und müheloser können wir diese Kräfte ausdrücken und uns auf andere beziehen. Ist unser eigenes »Ja« zu diesen Kräften eindeutig, sind die Chancen größer, auch einen Partner mit diesem inneren »Ja« zu treffen. Dann kann sich ein spontaner Tanz entwickeln, in dem es keine festgelegten Rollen mehr gibt, weder Mann noch Frau, Yin und Yang, sondern nur ein Spiel mit ständig wechselnden Formen und Gesichtern. Diese magische Verschmelzung von Yin und Yang, das Ja zum kosmischen Tanz von Shiva und Shakti kann Himmel und Erde bewegen.

Anleitung zum Ja-Tanz

Ihr sitzt euch gegenüber und haltet euch an den Händen. Schaut euch in die Augen und singt gemeinsam ein OM. Legt fest, wer zuerst der Yang- und wer der Yin-Partner ist.

1. Hebt langsam die Hände und trefft euch mit den Handflächen. Stimmt euch auf einen gemeinsamen, sanften Atemrhythmus ein. Dann beginnt der »Mann« mit langsamen, spontanen Bewegungen beider Arme. Die »Frau« empfängt seine Bewegungen und läßt sich leiten. Beide atmen tief durch den geöffneten Mund und nehmen ihre männliche bzw. weibliche Rolle ganz bewußt wahr. Dann sagen sie zu ihrem Partner mit

Einstimmen

Ein Partner ist rezeptiv, der andere aktiv (Foto links unten)

Sich dem spontanen Tanz der Hände überlassen (Foto unten)

leiser Stimme: »Ja« und schauen sich dabei in die Augen. Sie lassen die Bewegungen entstehen (ca. 5 Minuten).

2. Rollenwechsel: Der »Mann« wird jetzt rezeptiv, die »Frau« leitet den Tanz.
3. Jetzt gibt es keine festgelegten Rollen mehr. Überlaßt euch den spontanen Bewegungen eurer Hände, eures Körpers, des Atems und dem Tanz eures »Ja« (ca. 5 Minuten).
4. Laßt die Bewegungen langsamer werden und die Hände nach unten sinken. Berührt euch oder sprecht miteinander – was immer ihr gerade braucht.

Ist es euch schwer- oder leichtgefallen, beide Rollen zu erleben, dazusein und mitzuspielen, ohne zu dominieren oder euch anzupassen? Konntet ihr die Situation genießen und euch einfach daran freuen? Der »Ja-Tanz« ist auch eine wunderschöne Möglichkeit, einen gemeinsamen Liebesabend zu beginnen. Unser eigenes Ja ist der Schlüssel, den Raum des Herzens zu öffnen.

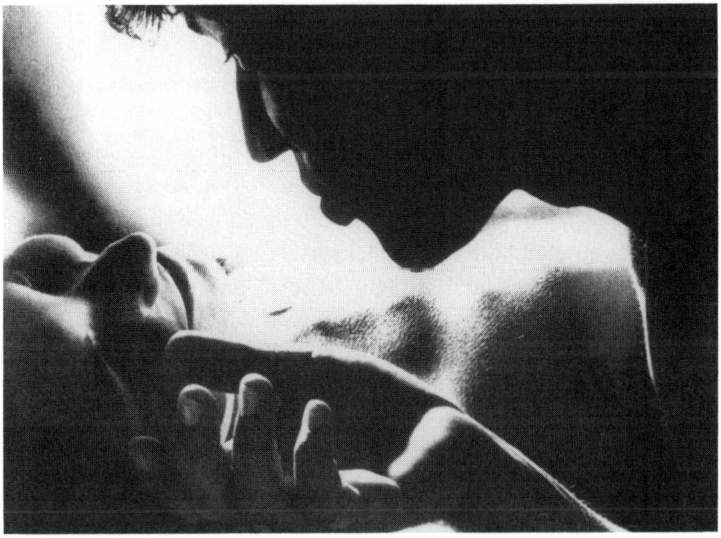

Kapitel 7

Vom Orgasmus zum orgasmischen Erleben

Unsere erste Liebesnacht war anders als alles, was ich bisher erlebt hatte, es war wie eine Initiation in ein Mysterium. Unsere Körper drängten nach Nähe, nach Sex. Es verschlug mir fast den Atem, ihn so dicht bei mir zu haben. Mir war ganz heiß vor Aufregung, und ich wollte ihn endlich in mir spüren. Jetzt gleich sollte er zu mir kommen – so war ich es gewohnt. Es war fast wie ein Schock für mich, als er mir genau in diesem Augenblick zuflüsterte: ›Wir haben Zeit, unendlich viel Zeit miteinander.‹ Es war keine Ablehnung in seinen Worten, sie klangen eher wie eine liebevolle Einladung. Er streichelte mich behutsam, während er zu mir sprach, und schaute mir dabei in die Augen. So klang meine Erregung langsam wieder ab, und ich kostete die Vorsicht aus, mit der wir uns begegneten. Bis ich schließlich wieder so erregt war, daß ich dachte, gleich explodiere ich. Auch er war so erregt, daß ich mich kaum traute, ihn zu berühren. Nur langsam gewöhnte ich mich daran, so lange im Zustand der Erregung zu sein, ohne auf den Orgasmus zuzusteuern. Eine Stunde oder länger lagen wir einfach nebeneinander. Das Glücksgefühl in meinem Herzen wuchs, während er mich streichelte, mich anschaute und manchmal vorsichtig dämpfte, wenn ich zu wild wurde.

Es war, als ob wir gemeinsam höherschwebten. Er bewegte sich vorsichtig, streichelte mich von innen. Wir taten nicht viel. Ich fühlte mich wie auf einer Welle, die mich mit meinem Geliebten zusammen immer höher trug, und wir überließen uns einfach diesem sanften Rhythmus. Manchmal hielt er plötzlich den Atem an und stoppte mitten in der Bewegung. Oder er flüsterte mir zu:

›Langsamer!‹ Und so lenkte er uns beide in ein sanftes Zusammenspiel. Ich sah Bilder und Farben vor mir. Mein Körper wurde von fein rieselnden Wellen durchflutet. Mein Herz schmerzte, als sei es zu eng für all das Glück, und ich weinte in seinen Armen, innig von ihm gehalten. Ein Licht breitete sich in meinem Kopf aus, und wir glitten in eine Weite ohne Grenzen. Viele Stunden waren wir in diesem Zustand des Verweilens zusammen, ein sanftes, fast bewegungsloses Gleiten, das uns beide tief erfüllte.«

Unsere Definition von »Orgasmus« ist an das Muster Reiz – Reaktion gebunden. Wenn wir einmal sexuell erregt sind, baut die Erregung sich so lange auf, bis sie sich entladen muß. Diese Entladung nennen wir dann »Orgasmus« und haben dabei die Gischtkronen hochschäumender Wellen oder einen feuerspeienden Vulkan vor Augen. Wir haben feste Vorstellungen vom Orgasmus, die zumeist unserem zielorientierten, männlichen Zeitgeist entsprechen. Ein Orgasmus – das ist die aktive Spannungsentladung aufgebauter Erregung, bei der der Mann ejakuliert und die Frau genitale Kontraktionen erfährt. Oder wir verklären den Orgasmus zu einem phänomenalen mystischen Erlebnis, das für uns normal Sterbliche gar nicht zu erreichen ist. Die feste Definition wie die romantische Verklärung des Orgasmus sind beide gleich weit von unserem eigenen Erleben entfernt, denn der Orgasmus ist ein vielschichtiges, nuanciertes Erlebnis, das jeder von uns anders erfährt.

Ja, selbst ein und dieselbe Person erlebt den Orgasmus in den unterschiedlichsten Situationen ihres Lebens immer wieder neu und anders, weil er unser ganzes Wesen einschließt. Unsere gefühlsmäßige und körperliche Verfassung, Dauer und Intensität des Vorspiels, die Stimmung zwischen uns und unserem Partner, ja, selbst unsere Arbeits- und sonstige Lebenssituation – das alles hat seine Auswirkungen auf die Art und Weise, wie wir den Orgasmus erleben. Die amerikanische Sexualtherapeutin Lonnie Barbach hat ein spezielles Lernprogramm für Frauen entwickelt, die bislang keinen Orgasmus erfahren haben. In Gesprächen mit diesen Frauen hat Lonnie Barbach immer wieder festgestellt, daß einige von ihnen orgasmisch waren, ohne es selbst zu wissen: »Oft schätzen diese Frauen ihre sexuellen Reaktionen einfach deshalb nicht als Orgasmus ein, weil die tatsächliche Erfahrung nicht ihren Vorstellungen und Erwartungen entspricht.«[21]

Wir kommen dem vielfältigen und feinnuancierten Erleben des sexuellen Höhepunktes am nächsten, wenn wir den Orgasmus als *eine* mögliche Erfahrung in einem unendlichen Spektrum orgasmischen Erlebens begreifen. Damit öffnen wir uns neuen Erfahrungen, die wir bislang vielleicht gar nicht zugelassen oder wahrgenommen haben, weil unsere persönliche Definition des Orgasmus sie ausschloß. Die meisten von uns haben nie erfahren oder davon gehört,

- daß der Orgasmus kein einmaliger Höhepunkt sein muß, sondern in lang andauernden, sanften Wellenbewegungen verlaufen kann;
- daß der Orgasmus nicht allein durch genitale Stimulierung hervorgerufen und ausschließlich genital erlebt wird, sondern durch Streicheln des ganzen Körpers ausgelöst und am ganzen Körper erfahren werden kann;
- daß wir – wie einige Indianerstämme es ihren Jugendlichen zeigen – allein durch den Atem unsere eigene orgasmische Energie wecken und lenken können, ohne uns mit einem Partner genital zu vereinigen;
- daß die Intensität, mit der wir den Orgasmus erleben, davon abhängig ist, wie offen und ehrlich wir mit unseren Gefühlen und Gedanken umgehen;
- daß der Weg zum Orgasmus uns noch weitaus mehr erotische Freuden und sinnliche Genüsse bereiten kann als der Orgasmus selbst.

Wir alle können lernen, unsere sexuelle Energie zu entfachen und bewußt zu lenken, auch ohne daß wir mit einem Partner zusammen schlafen. Wir können erfahren, daß es unser Geburtsrecht ist, orgasmisch zu sein und unser ganzes Leben sinnlich zu erfahren, mit glänzenden Augen, mit Körpern, die vor Freude vibrieren, lachend und verliebt in das Leben – allein oder mit einem Geliebten zusammen, Tag für Tag. In unserer Beziehung war der erste Schritt zu einer veränderten Einstellung zum Orgasmus und einem neuen sexuellen Erleben, daß der Zwang zum Orgasmus wegfiel. Der zweite Schritt war die Erfahrung, daß jeder von uns bei sich selbst beginnen kann. Ich kann für mich allein orgasmisch sein, ohne jede sexuelle Stimulierung durch einen Partner. Dabei geht es uns nicht um das Erlernen raffinierter Techniken und spezieller Liebespraktiken, sondern um den Weg, uns selbst und den anderen ganz verstehen- und liebenzulernen, Körper und Geist, Gefühle und Seele. Dann verbirgt sich hinter dem Wort »Orgasmus« kein körpertechnisch-reduzierter Vorgang mehr, sondern ein breites Spektrum von lustvollen Erfahrungen, die jeder Mensch auf seine individuelle Art erlebt. Dann wird aus der einfachen Gleichung Stimulus – Spannungsaufbau – Entladung eine unendliche Vielfalt möglicher Erfahrungen sexueller Höhepunkte. Der Orgasmus wird zum Ausdruck unserer gesamten Energie im Augenblick des Erlebens – unserer Gefühle, Gedanken und Empfindungen in diesem Raum und in dieser Umgebung, allein oder mit diesem Menschen zusammen. Die Grenzen zwischen »dem« Orgasmus und orgasmischem Erleben sind aufgehoben.

Andere Kulturen haben für das Wort »Orgasmus« poetische Wendungen erfunden. Die Chinesen beschreiben ihn mit dem Sprachbild »im Vollmond verweilen«. Wir können von »Lustgewittern« und »Sternensegeln« sprechen, von »Wellenreiten« und »Feuertänzen«, um die einzigartige Form unserer orgasmischen Energie wiederzugeben. Damit werden wir der Verschiedenartigkeit gerechter, in der sich unsere Individualität und Freiheit des Erlebens ausdrücken kann. Oft wissen wir selbst nicht, wie viele Erfahrungsmöglichkeiten uns in diesen intimen Bereichen unseres menschlichen Daseins offenstehen. Wir haben uns einer Routine unterworfen, mit der wir uns fraglos zufriedengeben und denken: »Dieses Stöhnen, diese Bewegungen des Körpers, dieses Gefühl – das ist mein Orgasmus.« Darüber vergessen wir, daß der Orgasmus jedesmal – gestern, heute und morgen – eine völlig andere Form des Ausdrucks annehmen kann. Wir verlieren die Freude am Experimentieren, vielleicht aus Scheu vor dem Neuen, dem Unbekannten oder weil wir einen technischen Aufwand damit verbinden, gegen den wir Abwehr verspüren. Auf dem Weg zu neuen Formen unserer Sexualität und einer Vertiefung unseres Zusammenseins war es faszinierend für uns, zu erleben, welch breites Spektrum von Stille und Sanftheit, von Leidenschaft und Feuer, Wildheit und Verspieltheit sich für uns auftat.

Das Wichtigste für uns ist, auf unser Herz zu hören und uns nicht neuen Ansprüchen oder einem Standardmodell orgasmischen Erlebens zu unterwerfen. Lachen und herumtoben, spielerisch Neues ausprobieren, ohne allzu ernst zu nehmen, was wir erleben oder was mit uns geschieht – diese Haltung hat uns oft völlig unerwartet zu überraschend neuen Erfahrungen in der Begegnung geführt. Wenn wir im folgenden auf einige Formen des Orgasmus näher eingehen, proklamieren wir damit keine neuen Modelle, sondern möchten lediglich einige Aspekte dieses komplexen Geschehens vorstellen, um Anstöße zu geben, wie jeder seinen eigenen Weg finden kann. Für uns gleicht dieses Geschehen einem unendlichen Sternenhimmel – und wir können uns die Sterne vom Himmel holen!

Der Gipfelorgasmus

Hast du schon einmal zwei Katzen beim Liebesspiel beobachtet? Wie sie sich jagen, balgen, ineinander verknäulen, auseinanderspringen, geh weg – komm her spielen? Tiere folgen einem instinktiven Programm. Die menschliche Sexualität dagegen ist kein rein biologischer Vorgang. Körper und Geist, seelische Verfassung und Gefühle wirken zusammen, und wir erleben den Orgasmus auf diesen unterschiedlichen Ebenen unseres Seins. Das gilt für den »explosiven« Orgasmus, die körperlich aktive, nach außen gerichtete Entladung von Energie durch Bewegung und Töne ebenso wie für ein sanfteres sexuelles Beisammensein, bei dem wir unsere Energie bewußt durch den Körper lenken und den Augenblick der Explosion verzögern oder ganz vermeiden und auf die Stimme unseres Herzens hören. Dieses Wechselspiel zwischen der psychischen Verfassung eines Menschen und seiner Fähigkeit zum Orgasmus wird von Wilhelm Reich besonders hervorgehoben.

Wilhelm Reich war auf dem Gebiet der sexuellen Energie ein Pionier unseres Jahrhunderts. Er hat die Sexualität enttabuisiert und zutiefst bejaht. Er war ein »intuitiver Tantriker«, der den Orgasmus als die Basis von Gesundheit und Selbstheilung betrachtete. Ziel des »explosiven« Orgasmus ist die vollständige Entladung der aufgebauten Erregung, die mit lustvoller Pulsation des ganzen Körpers einhergeht. Für Reich[22] ist auch dieser Orgasmus nicht auf die genitalen Reaktionen – die Ejakulation des Mannes und die vaginalen Kontraktionen der Frau – beschränkt, sondern erfaßt den ganzen Menschen. Über aktive Körperbewegungen, Atmung, Stimulierung der Genitalien und erogenen Zonen entsteht sexuelle Erregung.

Wenn wir uns dieser Erregung überlassen, baut sie sich auf, bis sie den Spannungspegel erreicht hat, der für die vollständige Spannungsentladung im Orgasmus notwendig ist. Unsere Gefühle als wichtiger Aspekt unseres Seins sind ebenso Teil des orgasmischen Geschehens wie der spontane, vollständige körperliche Ausdruck der Hingabe durch Bewegung, Atmung und Stimme. In der reichianischen Therapie ist der körperliche Ausdruck für die Befreiung bislang verdrängter Gefühle von wesentlicher Bedeutung. Laut Reich hat der Orgasmus eine tief harmonisierende Wirkung auf den körperlichen, geistigen und seelischen Zustand des Menschen, der ihn erfährt. Und ebenso spielen all diese Ebenen unseres Seins zusammen, damit wir den Orgasmus als ein tief befriedigendes Erlebnis erfahren können. Er ist – wie Reich betont – kein »Akt«, sondern ein unwillkürliches Geschehen der Hingabe, in dem der Mensch die Verbindung zu seinem kosmischen Ursprung wiedererlebt und sich als Teil der Schöpfung erfährt.[23] J. Pierrakos, der in der Nachfolge von Reich dessen Arbeit weiterentwickelte, sagt dazu: »In der totalen sexuellen Vereinigung erleben die Menschen die Erweiterung ihres Bewußtseins, und sie strahlen wie Sterne ... Der Mensch wird zur kreativen Bewegung, zum Kosmos und zu einem Universum, das sich mit dem äußeren Universum verbindet.«[24]

Barbara: »In dem Maße, wie wir lernten, uns unsere Gefühle direkt mitzuteilen, wurde auch unser Sex immer besser. Es gab viele Situationen, in denen wir zu zweit auf Kissen einschlugen und uns unsere Wut, unseren Ärger und unsere Traurigkeit zeigten. Unser Sex wurde leidenschaftlicher – nicht selten endete ein scheinbarer Kampf in einem wilden Liebesspiel. Der Orgasmus war der Höhepunkt, ein letzter explosiver Ausbruch. Und dann wurde es ganz still.«

Wenn wir Angst, Wut, Zweifel und Eifersucht verbergen, hindert dieses Zurückhalten auch den freien Fluß unserer sexuellen Energie. Laut Powell ist es für eine erfüllende sexuelle Begegnung Voraussetzung, daß wir unserem Partner unsere intimsten Gefühle, unsere geheimen Ängste und Taktiken zeigen, mit denen wir uns üblicherweise vor anderen verstecken. »Du und dein Geliebter sollten gefühlsmäßig vorbereitet sein, denn was du gefühlsmäßig bist, wirst du auch sexuell sein.«[25] Der spielerische Umgang mit unseren »Dämonen« – unseren dunklen Seiten, die wir oft auch vor uns selbst verbergen – war für uns der wichtigste Schlüssel, der uns den Zugang zu unseren geheimsten Gefühlen eröffnete. Immer wieder machten wir die Erfahrung, daß sich unsere Lust im Gewand der Dämonen Wut, Ärger und Frustration versteckte. Je häufiger wir unseren Dämonen erlaubten, sich in spielerischer Übertreibung zu zeigen, sich darzustellen und hinter Rednerpulten aufzutreten, desto häufiger endete auch unser »Dämonentanz« in befreiendem Lachen über die Komik dieser nur scheinbar so dunklen, bedrohlichen Gestalten. Unsere Energie verwandelte sich. Aus Wut und Ärger, Traurigkeit und Eifersucht wurden Lachen und Lust.

All diese anfänglich »dämonischen« Gefühle nahmen die verschiedensten Ausdrucksformen der sexuellen Energie an: Die Wildheit des angreifenden Tigers, das blitzschnell geschmeidige Gleiten der Schlange, die schnurrend sanfte Zärtlichkeit der Katzen. Wir lernten, uns diesem Wechsel immer mehr zu überlassen und mit diesen Kräften zu spielen. Ein weiterer wichtiger Schlüssel für die Erschließung unserer sexuellen Energien ist der körperliche Ausdruck. Unser Körper möchte sich bewegen, ausdehnen, mitteilen, besonders in der Sexualität. Unser Körper ist weise. Er weiß, was er tun muß, um unserer Lebendigkeit und Spontaneität Gestalt zu geben. Und wie oft schränken wir unseren Körper ein, indem wir uns den Normen unserer Zeit und Kultur beugen, diesen eingeimpften »Du sollst, du sollst nicht«, die uns weismachen wollen, daß kreischen und sich balgen »Kinderkrams« ist, daß man »wildfremde« Menschen nicht einfach umarmt und daß nur »Verrückte« oder »Negerstämme« zu wilder Trommelmusik ekstatische Tänze aufführen. Oft nehmen wir uns nicht genügend Zeit für den natürlichen Aufbau der sexuellen Energie. Wir verkürzen das Vorspiel auf eine simple Routine, als ginge es darum, unser »Ziel« schnell zu erreichen. Wir wagen es nicht, laut zu sein, weil wir die Nachbarn fürchten oder uns – obwohl wir doch »intim« zusammen sind – vor unserem Partner schämen.

Die Balztänze der Tiere zeigen uns ein faszinierendes Bild davon, wie sich Erregung natürlich aufbaut. Ihr Vorspiel ist reich an Bewegungen, mit denen der ganze Körper sich ausdrückt, und sie folgen ohne Eile ihrer eigenen Zeit. Auch Wilhelm Reich betont die Wichtigkeit des Vorspiels und widmet ihm ausführliche Beschreibungen. Erst wenn beide Partner ein hohes Maß an sexueller Erregung erreicht haben, ist ein Orgasmus möglich, der uns ganz erfüllt und befriedigt. Die Qualität unserer sexuellen Energie erhöht sich, wenn wir den ganzen Körper in unser Liebesspiel mit einbeziehen und nicht auf die Genitalien fixiert bleiben (s. a. Körperkapitel). Steuern wir zu schnell auf den Orgasmus zu, bleibt die sexuelle Spannung niedrig und ist zumeist ausschließlich auf die Genitalien beschränkt. Wir erleben nur Bruchstücke einer umfassenden Intensität des »explosiven« Orgasmus und fühlen uns »irgendwie« unbefriedigt, ohne zu wissen, warum. Wir können vom Vorbild der Tiere lernen: uns langsam annähern wie zwei geschmeidige Tiger, in deren lauernden Bewegungen schon die ganze Kraft ihrer Wildheit wartet. Wir können auch ohne sexuelle Vereinigung laut und wild sein, uns aneinander reiben, wieder auseinanderrollen, die Hüften und das Becken schwingen – das ist die beste Vorbereitung auf den explosiven Orgasmus. Viele sogenannte »Orgasmusstörungen« beruhen auf einem mangelnden Aufbau der sexuellen Erregung aus Angst davor, unseren ganzen Körper zu bewegen und zu berühren. Nicht selten erfahren Männer frühzeitige Ejakulationen, Frauen schwache oder gar keine Orgasmen, weil sie Angst vor diesem inneren »wilden Tier« haben und ihm nicht erlauben, sich auszudrücken. Der Ausdruck leidenschaftlicher Wildheit unter Einbeziehung all unserer Gefühle und unseres ganzen Körpers ist einer der wichtigsten Schritte auf dem Weg zu einer tantrischen Sexualität. Erst wenn wir wissen, wie wir unser inneres Feuer entfachen können und seine Hitze kennen, sind wir vorbereitet, seine Kraft zu nutzen und unsere sexuellen Energien bewußt zu lenken. Dann können wir uns entscheiden, ob wir mit unserer sexuellen Erregung auf den explosiven Orgasmus zusteuern wollen oder ihre Kraft in stillere, sanftere Bahnen lenken möchten. Wir erleben beide immer wieder Zeiten, in denen jeder von uns sich körperlich ausdrücken und aktiv sein will. Dann freuen wir uns an dem heftigen Tanz dieser expressiven Yang-Kraft, die vielleicht in einem intensiven Orgasmus explodiert. Dieses Zusammensein gleicht dem Spiel zweier Instrumente, die sich – jedes klar und kraftvoll seiner eigenen Melodie folgend – gegenseitig anfeuern, um sich dann in einem gemeinsamen Crescendo zu treffen. Dann wieder führte uns die Vision, daß es noch mehr gibt als diesen leidenschaftlich-expressiven Tanz, zum Innehalten. Und dieses

Stillwerden wurde zur Brücke für ein Zusammenspiel, das einem endlos gleitenden, sanften Fliegen gleicht und uns in neue, innere Welten führte.

Der Plateauorgasmus

Wie ein Feuervogel »Im Gras der Dünentäler liegt mein Nest, im warmen, weichen Sand. Endlos blau dehnt sich das Meer zum Horizont, und dies ist meine Stunde. Ich richte mich auf und spreize meine Schwingen. Kraftvoll und breit sind meine Flügel. Sie tragen das flammende Zeichen des Sonnenfeuers. Es spricht vom Bündnis zwischen mir, dem Feuervogel, und der Sonne, die mit ihrer Wärme alles Leben nährt. Ja, ich bin bereit zum Flug. Ich springe auf und ab und spüre meine Kraft, die in warmen Wellen meinen Körper durchläuft. Dann tief im Inneren meines Körpers ein kleiner Ruck – und meine Flügel öffnen sich. Ich laufe dem Wind entgegen. Ein Sprung – mein Atem wird schneller, und schon tragen mich meine kräftig schlagenden Flügel empor. So schwinge ich mich auf, höher und höher, der Sonne entgegen. Unter mir bleiben das Meer und der helle Strand zurück. Ein lauer Wind streicht über mich hinweg. Ja, jetzt ist es der Wind, der mich auf seinen luftigen Schwingen höher trägt, und meine Flügel folgen seinem Weg, hoch in die Lüfte. So komme ich der Sonne näher, dem roten Feuerball, der meinem Herzen so verwandt ist. Meine Flügel bewegen sich im sanften Auf und Ab von Tun und Nicht-Tun. Ein feines Zittern durchläuft meinen Körper. Weit öffnen meine Augen sich und schauen der Sonne entgegen. Zwei-, dreimal noch schlage ich kräftig mit meinen Flügeln – und plötzlich halte ich in der Bewegung inne. Die Zeit bleibt stehen und wird zum Augenblick der Ewigkeit. Meine weitgeöffneten Flügel überlassen sich der Führung eines sanften Aufwinds. Jetzt bin ich frei, mich hinzugeben. Durch lichthelle Farben gleite ich in eine unendliche Stille, in der ich eins mit allem Leben bin. Der Wind streicht über meine Flügel und gibt mir neue Kraft. Unendlich viele Himmel öffnen sich für mich, und die feuerrote

Sonne ist so nah! Und mein Herz dehnt sich aus, als wolle es die ganze Welt umschließen. Das Leben selbst wird mein Geliebter. Um uns ist Stille. Meine Flügel zittern. Weite Kreise ziehend, sinke ich langsam tiefer. Ich spüre jeden zarten Lufthauch. Der Wind trägt den Geruch und den Geschmack vom Salz des Meeres zu mir hoch. Und die geliebte Sonne trage ich in meinem Herzen mit hinunter in mein Nest im weißen Sand des Dünentals – dorthin, wo mein Flug begann.«

Der Gleitflug des Feuervogels ist ein Bild für das, was wir den tantrischen Orgasmus nennen könnten. Es gibt die unterschiedlichsten Varianten von dieser sanften Form der Kunst des Liebens. So sprechen die Taoisten vom »Tal-Orgasmus«, die indischen Tantriker vom »Plateauorgasmus« und Margo Naslenikov, die Pionierin des »neuen Tantra«, vom »Reiten der Welle«. Bei all diesen verschiedenen Formen wird die sexuelle Energie bewußt entfacht und gelenkt. Das Geheimnis liegt in der Kunst, uns im Zustand hoher Erregung entspannen zu können und dadurch in die zeit- und raumlosen Sphären einer ekstatischen Stille getragen zu werden, wie der Feuervogel sie bei seinem oben geschilderten Flug erfährt. Die Cherokee-Indianer sprechen der orgasmischen Kraft, die auf bestimmte Weise durch den ganzen Körper geleitet wird, heilende Kräfte zu. In der indischen Tradition des Tantra gilt die bewußte Lenkung der sexuellen Energie als ein Weg zu Erleuchtung. Der Weg zum tantrischen, orgasmischen Erleben beginnt mit einem neuen Verständnis vom Orgasmus. Statt einen Höhepunkt anzustreben, bewegen wir uns auf wellenförmige Höhen zu. Wir können diesen Zustand viel länger genießen als die sekundenschnelle Energieentladung im Orgasmus. Unser Zusammensein mit dem Partner rückt in den Vordergrund des Geschehens. Beide Partner bleiben bewußt aufeinander eingestimmt, während sie sich dem Strom und dem Rhythmus der sexuellen Energie überlassen. Sie wissen, wie sie die sexuelle Erregung in Harmonie mit dem Geliebten ansteigen lassen und sie von den Genitalien ausgehend in andere Körperzonen lenken können; wie sie in Augenblicken großer Erregung innehalten und die sexuelle Energie nach innen fließen lassen können, damit sie sich verfeinert. Das ist die Kunst, die den Erfahrungen einer tiefen Vereinigung mit dem Partner in einem unendlichen Raum zeitloser Stille zugrunde liegt. Als wir anfingen, uns mit Tantra zu beschäftigen, fragten wir uns, wie wohl die geheimen Tricks und Techniken aussehen mochten, mit denen die ekstatischen Höhenflüge zu erreichen waren, von denen die tantrische Poesie uns vorschwärmte. In der Literatur fanden wir alle praktischen Anweisungen eingebettet in ein religiöses, spirituelles System vor, dessen Terminologie für uns zunächst sehr verwirrend war. Da ist von Göttinnen und Göttern die Rede, von verschiedenen Lernstufen und Zeremonien, von Gebetsanweisungen und speziellen Meditationen, die mit Sexualität oft gar nichts zu tun hatten. Bald wurde uns klar, daß Tantra einen radikal ganzheitlichen Weg geht, der alle Aspekte unseres Seins mit einbezieht und sich nicht auf rein sexuelle Praktiken beschränkt. Erst wenn der Schüler Körper, Geist, Seele und Gefühle als Einheit erfahren hat, weist der Meister ihn in Praktiken ein, die sich unmittelbar auf die Sexualität beziehen.

In unserer heutigen Zeit und Kultur müssen wir uns neue Wege erschließen. Aber immer noch umfaßt der tantrische Weg unser ganzes Dasein. Je mehr wir unsere »inneren Kinder« befreien, unseren Gefühlen und den »Dämonen« erlauben, sich auszudrükken, und unseren eigenen Körper annehmen- und liebenlernen, desto intensiver erfahren wir auch die transformierende, magische Kraft der tantrischen Liebeskunst. Die ersehnten tantrischen Ekstasen erschließen sich uns aber nicht allein durch das technische ABC wie Atmung, Ejakulationskontrolle und Lenkung der sexuellen Energie. Viele dieser Techniken hatten wir selbst praktiziert und lange geübt. Aber erst als wir bereit waren, unser heimliches Ziel wirklich loszulassen und uns rückhaltlos aufeinander und auf den Fluß der eigenen Energie zu beziehen, öffnete sich uns die Tür zu der unendlichen Weite ohne Zeit und Raum, die mit Worten kaum noch beschrieben werden kann.

Diese Augenblicke sind wie ein Mysterium – sie sind nicht machbar, sondern werden uns geschenkt. Wenn wir unser eigenes Wollen vergessen und völlig im abenteuerlichen Spiel dieser Entdeckungsreise aufgehen, die uns bei jedem Schritt neue Welten eröffnen kann.

Zur Ejakulationskontrolle

Um für längere Zeit mit seiner Geliebten in der sexuellen Vereinigung zusammensein zu können, muß der Mann lernen, seine Ejakulation zu kontrollieren, das heißt, er muß in der Lage sein, ein hohes Maß an Erregung beizubehalten, ohne zum Samenerguß zu kommen. In den taoistischen und tantrischen Schriften gibt es verschiedene Meinungen zur Zeitspanne der Sameneinhaltung während des Liebens bis hin zur absoluten Sameneinhaltung für Monate oder sogar Jahre. Um den Drang zum Ejakulieren beherrschen zu lernen, gibt es die unterschiedlichsten Techniken, die vor allem in östlichen Abhandlungen sehr ausführlich beschrieben werden. Alle diese Techniken basieren auf dem Verständnis, daß Kontrolle der Gedanken, der Genitalmuskeln und des Atems nötig sind, um den Ejakulationsreiz meistern zu können. Die nun folgende klassische Methode beschreibt, wie die Samenflüssigkeit durch Fingerdruck von außen, Anspannen der Muskeln und Atemkontrolle zurückgehalten werden kann. Sie wird in der taoistischen Schrift, Klassiker der Unsterblichen, wie folgt beschrieben: »... Wenn ein Mann spürt, daß er gleich ejakulieren wird, sollte er mit Zeige- und Mittelfinger der linken Hand sehr fest auf die Stelle zwischen Hodensack und Anus drücken, gleichzeitig sehr tief einatmen und mit den Zähnen knirschen, ohne jedoch den Atem anzuhalten. Diese Aktion wird den Samen aktivieren, aber nicht ejakulieren lassen. Er wird statt dessen vom Jade-Stab abgelenkt und zum Aufsteigen veranlaßt, um das Gehirn zu stimulieren ...«[26]

Der alte taoistische Meister Tung gibt folgende Hinweise für eine weitere Methode: »Der Mann sollte die Augen schließen und seine

Gedanken konzentrieren. Er sollte die Zunge gegen den oberen Gaumen drücken, den Rücken krümmen und den Hals recken. Nachdem er die Nasenflügel weit aufgebläht und die Schultern zurückgezogen hat, sollte er den Mund schließen und den Atem durch die Nasenflügel einziehen. Das wird ihn vor einer Ejakulation bewahren und seinen Samen veranlassen, nach oben zu steigen.«[27]

Sehr hilfreich und wirkungsvoll ist auch folgendes Vorgehen: Der Mann drückt bereits bei den ersten Anzeichen des Ejakulationsdranges die Zunge fest an den oberen Gaumen und zieht die Luft kräftig mit einem saugenden Geräusch durch den inneren Kanal nach oben (vergleiche dazu: Kapitel 2; Sexuelles Atmen). Er wiederholt dies so lange, bis der Ejakulationsreiz abgeklungen ist und die übermäßige Hitze sich abgekühlt hat. Weitere detaillierte Beschreibungen finden sich in den Schriften von Mantak Chia, einem modernen Lehrer des Tao Yoga, des taoistischen Weges der Liebe (vgl. dazu sein Buch *Tao Yoga der Liebe,* vor allem S. 180–211[28]).

In der praktischen Anwendung der Ejakulationskontrolle ist die Haltung der Frau von großer Wichtigkeit. Indem sie sich einstimmt auf die Signale des Mannes und ihn aktiv unterstützt, wird die Verlängerung des orgasmischen Plateaus zur gemeinsamen Reise und bleibt nicht allein dem Mann überlassen. Zuviel Tun ist dabei allerdings ebenso hinderlich, wie gar nichts zu tun.

Während der Mann seine Ejakulation einhält oder hinauszögert, kann die Frau ihren orgasmischen Wellen freien Lauf lassen. Sobald wir mehr über die tiefere Gesetzmäßigkeit sexueller Energien erfahren, werden wir wissen, daß diese Rollenverteilung nur scheinbar »ungerecht« ist. Indem die Frau ihre Orgasmen zuläßt, wird sie zur aktiven Kraft, die dem Mann ihr Lebenselixier gibt. Die natürliche orgasmische Kurve der Frau verläuft eher in vielen wiederkehrenden Wellen, während der Weg des Mannes zum Orgasmus einem steil ansteigenden und ebenso steil wieder abfallenden Berg gleicht. Wird der Mann rezeptiv, kann er die orgasmische Energie der Frau empfangen. So erfahren beide Partner sowohl die eigene Energie als auch die des anderen. Beide sind aktiv und passiv, geben und empfangen. Die innere Frau des Mannes und der innere Mann der Frau nehmen Teil an der intimen Begegnung. Nachdem wir die Sameneinhaltung über einen längeren Zeitraum praktiziert hatten, stellten wir fest, daß sich die sexuelle Energie zwischen uns erhöhte. Wir hatten viel mehr Lust, sexuell zusammenzusein und vor allem auch länger zusammenzusein. Allein der bewußte Entschluß, gemeinsam dafür zu sorgen, daß er keine Ejakulation hat, ließ uns erfinderisch werden. Wir zwinkerten uns zu, wenn wir innehalten wollten, atmeten laut oder gaben ein feines »Uh« von uns. Oft löste sich der Druck auf, einen Orgasmus erfahren zu müssen, wenn wir zum richtigen Zeitpunkt einfach laut wurden, wie Löwen brüllten und dazu den ganzen Körper bewegten.

Wir spielten öfter zusammen, schmusten, erfanden neue Zärtlichkeiten, denn plötzlich hatten wir viel mehr Zeit. Wir beobachteten, daß unsere Beziehung sich vor allem im Gefühlsbereich tiefgehend veränderte. Es war, als würde die Energie, die sich sonst im Orgasmus entlud, uns jetzt zur Verfügung stehen, um bislang verborgene Gefühle freizusetzen. Die häufigen Ausbrüche von

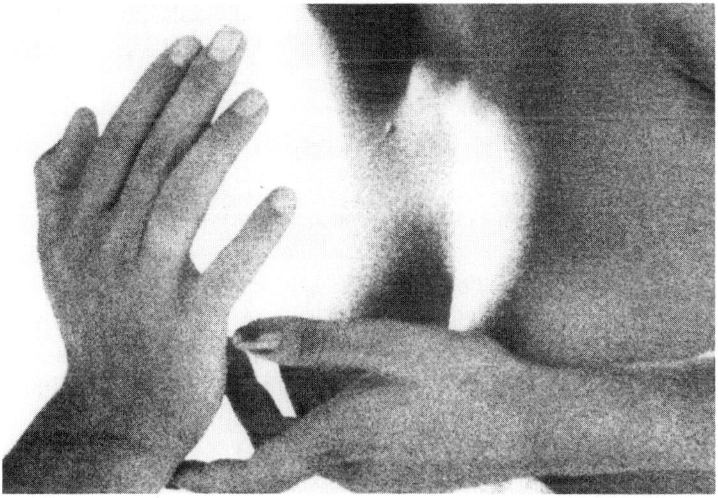

Trauer, Schmerz oder Wut ließen sich bis in die Kindheit zurückverfolgen. Löste sich dann ein solcher Knoten aus bislang verdrängten Schmerzen, war unsere Begegnung offener denn je, und wir erlebten eine neue, intensive Nähe. Wir hatten mehr Energie in allen Lebensbereichen. Nicht nur die sexuelle Energie erhöhte sich, sondern unsere gesamten vitalen Lebenskräfte wurden gestärkt. Wir spürten eine tiefere Harmonie in unserem Beisammensein, so als würden sich nicht nur unsere physischen Körper vereinigen, sondern auch unsere Gedanken, unsere Gefühle und unsere Sehnsucht nach Stille zu einem neuen Gleichklang zusammenfinden. Oft fühlten wir uns nach einem sexuellen Zusammensein ohne »Orgasmus« einander besonders nah und innig verbunden.

Die Reise zum orgasmischen Plateau

Die Reise zum orgasmischen Plateau ist ein Weg, der durch die verschiedensten Etappen führen kann, so wie auch der Feuervogel auf den verschiedenen Ebenen verweilt, bevor er in großen Höhen gleiten kann. Die folgende Beschreibung ist als erste Orientierung gedacht und nicht als festgelegter Ablauf, der zu befolgen wäre.

Einstimmen

So wie zwei Instrumente gestimmt werden müssen, bevor sie zusammen spielen, können wir uns auf uns selbst und auf den anderen einstimmen, bevor wir ihm wirklich begegnen. Oft sind es ganz einfache Dinge, mit denen wir uns vorbereiten können: ein Gespräch, ein schönes Essen zu zweit, Musik, ein Glas Wein. Die Sorgen des Alltags, unterschwellige Konflikte, die nicht besprochen wurden, und stumm gebliebene Gefühle wirken in der Liebe bremsend. Das heißt nicht, daß wir jede »Störung« bis tief auf den Grund verfolgen müssen. Oft reicht es schon, wenn wir uns einfach mitteilen und der andere hört zu. So können wir uns »leer« machen, uns von hemmenden Gedanken und Gefühlen reinigen und unseren Körper entspannen. Nach einem achtstündigen Arbeitstag zum Beispiel braucht unser Körper Entspannung. Wir können uns massieren oder eine heiß-kalte Dusche nehmen, uns strecken und räkeln und ein paar Yoga-Übungen machen. Für uns ist das Duschritual fester Bestandteil eines tantrischen Liebesabends. Sich gegenseitig einzuseifen, zu rubbeln und abzuspritzen macht einfach Spaß. Anschließend trinken wir einen Tee und hören unsere Lieblingsmusik. Meditation, Massage, Körperübungen, Tanz oder Dämonendialog – jeder kann seine eigene Form finden, sich auszubalancieren, um dann für die Begegnung mit dem anderen dazusein.

Erwecken der Energie

Wie selten wir uns Zeit für erotische Berührungen und für ein ausgedehntes Vorspiel nehmen, wird deutlich, wenn wir tantrische Rituale kennenlernen. Da wird die zärtliche Berührung des ganzen

Körpers, die andächtige Begrüßung aller Tore des Körpers geschildert. Da ist Zeit für 1001 Küsse und die erotische Massage der Zehen. Da entfalten sich Düfte und Klänge, die behutsam alle Sinne öffnen. Ganze Zeremonien werden abgehalten, um unsere feinstofflichen Energiezentren zu stimulieren und zu öffnen, raffinierte Entkleidungstänze zu orientalischer Musik vorgeführt. Die Liebenden singen, balgen und kitzeln sich. Der Mann überreicht seiner Liebsten ein Geschenk, während sie ihn mit einer Hymne begrüßt, in der sie seine guten Eigenschaften lobt. Sie streicheln sich mit Fellen und Pfauenfedern und erschnuppern sich mit verbundenen Augen einen ganzen Garten voller exotischer Düfte.

Aufbau der Erregung

Liebespartner können einander zeigen, wie ihre Sehnsüchte aussehen, wie sie berührt, gestreichelt werden möchten. Wir alle sind so individuell verschieden, daß es keine festgelegten Regeln für stimulierende Berührung geben kann. Wir brauchen den Mut, unseren Partner liebevoll zu unterweisen. Und wenn unsere Sinne so phantasiereich geöffnet werden, beginnt das Herz schneller zu klopfen und es »knistert« zwischen den Liebenden. Durch langsame, sanfte Berührungen der erogenen Zonen steigt die sexuelle Empfindsamkeit und Bereitschaft. Durch Streicheln der Innenseiten der Beine (nicht zu leicht!), der Brust und Berührungen des ganzen Körpers öffnet sich unser größtes erogenes Organ – die Haut. Die sexuelle Energie, die sich zunächst im Beckenbereich konzentriert, wird durch Bewegungen und tiefe Atmung entfacht und steigert sich. Liebesseufzer und -töne regen unseren Partner an und stimulieren erotische Wünsche.

Tiefe Beckenatmung und die Lustpulsation (siehe Körperkapitel) unterstützen das Fließen der sexuellen Energie. Der Körper wird darauf vorbereitet, die Energie zu halten. Er wird zum Gefäß, das sich mit dem kostbarsten Elixier füllt – mit unserer Lebensenergie.

Sicherheitsvorkehrungen treffen

Im Zeitalter von Aids stellt sich die Frage, wie wir das Risiko der Ansteckung so gering wie möglich halten können. Die praktische Antwort besteht in der Anwendung von Kondomen und »sicherem Sex« (kein Oral- und Analverkehr). Die Benutzung von Kondomen kann zum spielerischen Teil der intimen Begegnung werden. Wir befinden uns mitten in einer Phase des Umdenkens und Neulernens. Besonders beim ersten intimen Zusammensein mit einem neuen Partner müssen wir die Rolle des Aufklärers und Initiatoren übernehmen, um dafür zu sorgen, daß die oben genannten Sicherheitsvorkehrungen getroffen werden.

Dazu brauchen wir:

1. Die klare Entschlossenheit, Kondome zu benutzen und »sicheren Sex« zu praktizieren.
2. Kondome griffbereit zu haben.
3. Das Wissen, wie sie benutzt werden.
   Und nicht zuletzt Einfühlsamkeit für unseren Partner und den Mut, zu unserem eigenen Entschluß zu stehen.

Aus den Teilnehmerberichten unserer Seminare zum Thema Sicherheitsvorkehrungen wird sehr deutlich, daß eine Hemmschwelle, dieses Thema anzusprechen, die Angst ist, »zuviel von sich zu zeigen«, »mißverstanden« oder »abgelehnt« zu werden. Wenn wir aber den Mut aufbringen, diese Hemmschwelle zu übertreten, das Thema anzusprechen und den Partner liebevoll mit Kondomen und sicherem Sex vertraut zu machen, liegt darin eine große Chance: Wir lernen, ehrlich und bewußt mit unserem Partner zusammenzusein.

Die Notwendigkeit, für unsere Sicherheit zu sorgen, ermöglicht uns, offen zu unserem eigenen Körper und unserer Überzeugung zu stehen. Wir sind dann nicht Opfer eines Gefühlsmoments von Leidenschaft, sondern treffen eine bewußte, freie Entscheidung, für die wir selbst die Verantwortung übernehmen. Selbst wenn beide

Regeln für den »Sicheren Sex«:

1. Jeglichen direkten Kontakt mit genitalen Flüssigkeiten vermeiden (zum Beispiel auch auf kleine Wunden an den Händen achten).
2. Auf Anal- und Oralverkehr sowie jegliche sexuelle Praktiken verzichten, bei denen es zum Austausch von genitalen Körperflüssigkeiten kommen könnte.
3. Immer ein Kondom dabeihaben (zum Beispiel im Portemonnaie).

Zum Erwerb und Gebrauch von Kondomen:

Es ist wichtig, beim Kauf auf die Qualität zu achten. Hilfreich ist, sich bei der Auswahl zum Beispiel an die im Warentest geprüften Kondome zu halten. Die Kondome sollten in jedem Fall die Bezeichnung »elektronisch geprüft« aufweisen. In den meisten Fällen ist eine ausführliche Gebrauchsanweisung beigefügt.

Aufziehen:

1. Die Verpackung öffnen (nicht mit den Zähnen oder mit einer Schere, da das Kondom dadurch beschädigt werden könnte).
2. Die richtige Seite finden, so daß sich das Kondom nach unten abrollen läßt.
3. Aufsetzen und die Luft aus dem Reservoir drücken.
4. Den Lingam entlangrollen, bis das Kondom völlig ausgerollt ist.
5. Falls gewünscht ein Gleitmittel benutzen.

Abziehen:

1. Wenn die Erektion nachläßt, den Lingam vorsichtig aus der Yoni nehmen und dabei das Kondom festhalten.
2. Vorsichtig abstreifen (zum Schutz für die Umwelt verknoten und in Papier einwickeln. Nicht in die Toilette werfen!).
3. Hände mit Alkoholtüchern abwischen oder heiß mit Seife waschen.
4. Jeden Kontakt von Yoni und Lingam jetzt vermeiden.

Partner dafür sind, Kondome zu benutzen, kann der Augenblick vor der genitalen Vereinigung, indem wir innehalten, um das Kondom überzustreifen, uns helfen, noch einmal bewußt zu überprüfen: »Will ich/wollen wir wirklich die sexuelle Vereinigung? Ist das wirklich unser gemeinsamer Wunsch?« Das bewußte Ja für die Intimität mit diesem Partner, in dieser Situation, schafft die Basis für eine beglückende Begegnung für beide. Sind sich beide Partner einig, kann dieser Augenblick zu einer spielerischen Variante des Liebesspiels werden – eine kleine Verzögerung, welche die Spannung steigert; eine zärtliche, verführerische Geste der Frau, die behutsam und sicher das Kondom aufsetzt; ein besonderer Augenblick von Nähe, in dem beide Partner nach ihrer Übereinstimmung handeln. In dieser Situation sind wir verletzlich und offen, und gerade in einer ersten Nacht mit einem neuen Geliebten oder einer neuen Geliebten fühlen sich oft beide unsicher und scheu. Statt diese Empfindungen zu übergehen oder sie wegzuwünschen, können wir in ihnen auch die Herzensqualität erkennen, den Respekt vor einem anderen Menschen, der uns für diese Begegnung sein Vertrauen schenkt.

Es hilft uns in dieser Situation, wenn wir mit dem Umgang von Kondomen und ihrer Anwendungsweise vertraut sind.

Verweilen in der Energie

Im Augenblick der sexuellen Vereinigung, wenn Lingam und Yoni sich verbinden, können wir uns in die Augen schauen und unseren Geliebten auch mit dem Herzen empfangen. Für den Mann bedeutet dieser Augenblick oft die erste Schwelle, seine Erregung zu kontrollieren. Die Frau kann ihn hier unterstützen, indem sie sich auf seinen Atemrhythmus einstimmt. Hier beginnt das Spiel, sich den spontanen Bewegungen der Körper zu überlassen und zugleich die sexuelle Energie bewußt zu lenken. Phasen mit heftigen und dann wieder zarten Bewegungen können sich mit Phasen absoluter Stille ablösen. Hier gibt es keine festgelegten Tanzschritte bis auf die gemeinsame Wachheit, den Punkt ohne Wiederkehr beim Mann zu erkennen und gemeinsam in Bewegung und Atmung innezuhalten. Jetzt können beide Partner mit der Atmung die sexuelle Energie von den Genitalien aus im Körper aufwärts steigen lassen (Sexueller Atem, siehe 2. Kapitel). Die Frau überläßt sich ihren orgasmischen Wellen, die der Mann bewußt empfängt.

In vielen tantrischen Schriften wird die Verschmelzung der feinstofflichen Energien beider Partner beschrieben, die frühestens nach einer halben Stunde der körperlichen Vereinigung geschehen kann. Manchmal drückt sich diese Verschmelzung durch feine Vibrationen aus, ein leichtes Zittern, das den ganzen Körper durchläuft. Diese Vibrationen können im Rhythmus von Ebbe und Flut kommen und gehen. Die feinstoffliche Verbindung beider Partner kann jedoch auch andere Formen annehmen. Sie kann begleitet sein von tiefen Glücksgefühlen und einer überströmenden Liebe füreinander. Lichterlebnisse, Farben oder Bilder können auftauchen. Die sexuelle Energie breitet sich manchmal wie eine Implosion innerhalb des Körpers aus und erreicht verschiedene Energiezentren, wodurch sich neue Ebenen der bewußten Wahrnehmung öffnen.

Geschehen lassen

In jedem Augenblick folgen wir unserer Energie. Wenn die Erregung ein hohes Maß erreicht hat, kann uns Innehalten und Nichtstun in jene grenzenlosen Weiten tragen – so wie den Feuervogel, der seine Flügel stillstehen läßt, vom Wind getragen wird. Ein letzter tiefer Atemzug – und dann gemeinsam innehalten. Die Pause spüren, das Intervall zwischen zwei Augenblicken gemeinsam tief erfahren. Zusammenliegen und nach innen lauschen, sich von den Atemwellen tragen lassen. Der Gipfelorgasmus wird weder angestrebt noch vermieden. Wenn jetzt auch der Mann einen Orgasmus erfährt, ist dies ein unwillkürliches Ereignis. Es geschieht ohne sein Zutun, erfaßt den ganzen Körper, und neue Räume der Ekstase können sich auftun.

Nachspüren

Das sanfte Landen ist genauso wichtig wie der behutsame, liebevolle Aufstieg. Erst wenn das Wasser der Fontäne, die in einer funkelnden Tropfenkrone explodiert, in tausend kleinen Perlen wieder zur Erde zurückkehrt, ist der Kreis geschlossen. Die Rückkehr geschieht feiner, subtiler als der Aufstieg. Wir brauchen Zeit, um den Zyklus unserer orgasmischen Energie abzuschließen. Und wir versäumen kostbare Augenblicke, wenn wir uns diese Zeit nicht nehmen. Die Rückkehr ist die Zeit, das Erlebte ganz in uns aufzunehmen. Jetzt kann die orgasmische Energie im Ausebben unser ganzes Wesen durchdringen. Für uns selbst zeigte sich immer wieder, daß wir für die Rückkehr genausoviel Zeit brauchen wie für das Liebesspiel. Das heißt nicht, daß wir endlos lange Zeit umarmt im Bett liegen bleiben. Eine halbe Stunde so verweilen – das ist der Rat der Tantriker. Und anschließend alles langsamer, bewußter, liebevoller tun. Oder auch: in inniger Umarmung zusammen einschlafen.

Je näher wir den Geheimnissen des orgasmischen Gleitfluges kamen, desto größer wurde das Vertrauen, uns länger und höher aufschwingen zu können. Manchmal verwandelte sich unsere Vision von immer größeren Höhen, das Wissen, »es gibt noch so viel mehr als üblichen Sex«, in einen »Gierdämon«, der immer mehr Ekstase wollte – und wurde so zur Falle. Manchmal weinten wir gemeinsam, weil die köstlichen Augenblicke so flüchtig sind und wir sie nicht festhalten können. Sie wieder gehen zu lassen und wach zu sein für das, was hier und jetzt für uns da ist – das ist die radikale Herausforderung, vor die uns Tantra stellt. Tantra schenkt uns keine Träume, sondern wirkliche Erfahrungen, Erlebnisse, die frei sind, zu uns zu kommen – und auch wieder zu gehen – und manchmal auch zu bleiben.

Wu-Wei in der Kunst des Liebens

Jeder von uns kennt Zeiten, in denen er keine Lust auf Sex hat, Zeiten, in denen wir uns nicht so energiegeladen fühlen wie sonst und sexuell weniger erregbar sind. Wir haben unseren eigenen körperlichen, geistigen und seelischen Rhythmus, und ebenso unterliegt unser inneres Feuer bestimmten Gezeiten. Wir erleben Phasen körperlicher Überanstrengung oder Krankheit, beruflichem Streß, innerer oder äußerer Veränderungen. Unsere ganze Kraft wird verlangt, und das beeinflußt unsere sexuelle Energie. Manchmal wissen wir selbst nicht genau, ob wir diesem inneren Rhythmus folgen oder die »Dämonen« unsere sexuelle Lust vermindern, besonders dann, wenn unser Partner auf unser sexuelles Desinteresse mit Enttäuschung reagiert.

Auch wir waren enttäuscht und frustriert, als unsere Lust auf sexuelles Beisammensein abnahm und wir nicht mehr so häufig zusammenkamen wie in den »Flitterwochen«. Und immer wieder trat die Frage auf, was zu tun sei, wenn einer von uns oder wir beide »keine Lust« hatten, die Sehnsucht nach Intimität aber vorhanden war. Da stießen wir bei unseren Experimenten auf eine ganz einfache Lösung, die viele vielleicht schon kennen und die für uns eine Erweiterung des Spektrums von intimen Begegnungen war: Wu-Wei, sexuell zusammensein ohne Tun. Ohne sexuell erregt zu sein oder auch nur den Anspruch, es sein zu müssen, vereinigten wir uns genital. Wenn beide Partner in der Scherenposition zusammenliegen oder wenn die Frau auf dem Mann liegt, ist es durchaus möglich, auch den nicht eregierten Lingam in die Yoni einzuführen. So lagen wir dann eng beisammen, waren einfach still und schliefen oft in dieser Haltung zusammen ein. Wir bewegten uns nur ganz sanft, gerade genug, um den Lingam in der Yoni zu halten. Je häufiger wir auf diese Weise zusammen waren, desto deutlicher wurde uns, daß dadurch etwas Phänomenales geschah. Manchmal wachten wir morgens auf und hatten beide das Gefühl, eine Nacht mit intensivem, sexuellem Austausch zusammen verbracht zu haben. Häufig hatten wir gleiche oder ähnliche Träume. Und immer fühlten wir uns eng verbunden. Bald fanden wir heraus, daß wir spontan etwas entdeckt und praktiziert hatten, das Tantra und anderen Kulturen und sogar der westlichen Forschung schon lange bekannt war.

So gibt es in alten tantrischen Schriften den Hinweis darauf, daß in der genitalen Vereinigung nach etwa 30 Minuten ein Austausch feinstofflicher Energien stattfindet, auch ohne daß die Geliebten sexuell aktiv sind. »Karezza« – die Liebeskunst, die im Westen entstand, ist eine Form dieser Liebeskunst (das Wort ist italienischen Ursprungs und heißt »liebkosen« und wurde im 19. Jahrhundert in Amerika publik). Alice B. Stockham, eine amerikanische Ärztin aus dieser Zeit, beschreibt, wie sich durch Karezza körperliche Spannungen auflösen können und neue spirituelle Dimensionen eröffnen. Das Bewußtsein beider Partner erhält neue Kräfte, die sich in Bildern, Visionen und neuen Erfahrungsebenen äußern können. J. Noyes gründete in Amerika eine Kommune, in der Karezza praktiziert wurde.[29] Bei dieser Form des Liebesspiels sind die Genitalien verbunden, aber die Partner bewegen sich nur sanft, wenn der Mann Stimulierung braucht, um seinen Lingam in der Yoni halten zu können. Noyes sprach von einer besonderen magnetischen Kraft, die zwischen Menschen während der sexuellen Vereinigung vorhanden ist.

Ein weiterer Forscher auf diesem Gebiet der Liebe war Dr. Friedrich v. Urban, der zu Beginn des 20. Jahrhunderts in Amerika seine »elektromagnetische Feldtheorie« entwickelte. Er beschreibt, wie die Energiefelder der Liebenden sich aufeinander einschwingen, wenn sie mindestens 27 Minuten in genitaler Vereinigung still beisammengelegen haben. Bei diesem Einschwingen erfahren beide Partner eine tiefe Harmonisierung ihres ganzen Wesens bis hin zur Auflösung emotionaler und körperlicher Blockierungen. Von Urban stellte weiterhin fest, daß durch die Überlagerung der Energiefelder von Mann und Frau ein weitaus stärkeres gemeinsames Energiefeld entsteht. Mann und Frau seien wie die zwei Pole einer Batterie, die aus Minus und Plus den Strom erzeugt.

Das kann vor allem dann geschehen, wenn beide Partner sich den verfeinerten Empfindungen und Energieströmen öffnen.[30] Der »Tal-Orgasmus« der Tantriker und Taoisten beruht auf dem gleichen Prinzip. Durch sanften Aufbau der sexuellen Erregung können sich die Liebenden feinsten Energiewellen hingeben, ohne auf einen Höhepunkt zuzusteuern, der hierbei sogar sorgfältig vermieden wird.

Während wir weiterexperimentierten, stellten wir uns die Frage: Wie können wir uns gegenseitig am besten darin unterstützen, daß wir bewußt und offen füreinander bleiben? Was hilft uns, im »Nicht-Tun« zum Beispiel nicht einzuschlafen, sondern den Prozeß der Verschmelzung und die Intensität dieser Form des Zusammenseins voll auszuschöpfen und zu genießen? Der Schlüssel, den wir von unseren Lehrern auf dem Weg mit Tantra erhielten, ist Meditation – die Bereitschaft, unsere Gedanken und Empfindungen zu beobachten. Wir nehmen Verbindung auf mit unserem inneren Zentrum, in dem wir wach und still zugleich sind. Dann durchziehen uns nicht ständig Gedanken, und wir sind jeden Moment präsent. Durch diese Wachheit verstärkt sich der Energieaustausch allmählich ganz von selbst. Auch hier liegt das Geheimnis im bewußten Geschehenlassen und nicht im Erlernen der »richtigen« Technik.

Diese Form des Zusammenseins ist nicht als Ersatz für die anderen Liebesspiele gedacht. Sie ist eine weitere Variante des unendlichen Spektrums tiefer Begegnungen, die zwischen Liebenden möglich sind. Im Nicht-Tun eröffnet sich uns ein Raum, in dem wir alle erlernten Techniken und methodischen Vorbereitungen wieder fallenlassen können. Wenn diese dann im Spiel zurückkehren und sich ohne unser Tun und Wollen zu einem spontanen Tanz der Energien beider Liebenden verbinden – dann geschieht Tantra, »die Kunst des Verwebens«!

Die Verbindung von Meditation und Sexualität

Kapitel 8

Sinnlichkeit und Selbstliebe

Gérard: »Wenn ich mich mit mir selbst zu einem Liebesritual treffe, dann habe ich ein ähnliches Gefühl, als wäre ich mit einer Geliebten für einen Abend verabredet. Ich räume mein Zimmer auf, zünde eine Kerze an, wähle meine Lieblingsmusik aus, hole mir ein besonders gut duftendes Öl und bade ausgiebig. Ich nehme mir viel Zeit und lasse mich von mir selbst überraschen. Inzwischen liebe ich es, einfach nackt dazuliegen, mich am ganzen Körper zu berühren und mich dabei immer mehr zu entspannen. Oft fühle ich mich anfangs gar nicht sexuell erregt oder erotisch, sondern genieße es, so entspannt alleine dazuliegen, meinen ganzen Körper mit dem duftenden Öl einzureiben und der Musik zuzuhören. Ich streichele dann lange meinen Bauch, meine Brust, meine Beine, und manchmal vergesse ich dabei die Zeit. Irgendwann auf einmal fühle ich mich sinnlich und erregt, ein schönes, leichtes Gefühl ist das. Wie von selbst streicheln meine Hände mich dann weiter, so sanft und einfühlsam, als wären es die Hände einer Geliebten. Manchmal sehe ich sie richtig vor mir, ihren Körper, ihr Gesicht, ihren liebevollen Blick. Meine Erregung wird dann stärker und stärker. Ich habe Zeit. Ich entspanne mich und spiele mit dem Gefühl der Erregung, ohne gleich auf den Orgasmus zuzusteuern. Dann nehme ich einige meiner Lieblingsduftöle, trage ein, zwei Tropfen Rose auf meinen Solarplexus, Lavendel auf mein Herz und Pfefferminze zwischen die Augenbrauen auf mein Drittes Auge. Ich genieße das leichte Brennen der Essenzen auf meiner Haut und atme die Düfte tief ein. Wenn ich dann eine Hand auf mein Herz lege und die sexuellen Lustgefühle in mein Herz atme, dorthin, wo der Lavendel duftet, wird es in mir ganz weit und lebendig. Es ist, als ob die Lust nach und nach meinen ganzen Körper füllt. Ich atme weiter, atme in mein Drittes Auge, in den Duft der Pfefferminze – plötzlich habe ich das Gefühl, als würde ich fliegen, leicht und lustvoll.

Anfangs war es für mich schwierig innezuhalten. Ich war es gewohnt, schnell so lange weiterzumachen, bis ich zum Orgasmus kam. Doch jetzt genieße ich es sehr, die Erregung gehen und kommen zu lassen und die Energieströme einfach zu spüren, die meinen ganzen Körper durchlaufen. Ich atme die Lustgefühle in mein Herz und genieße es, wie sie im Körper pulsieren. Nach so einem Liebestreffen mit mir selbst fühle ich mich frisch und gestärkt. Ich spüre, wie ich weicher geworden und fester in meinem Körper verankert bin. Und gleichzeitig fühle ich mich mit meiner Umgebung und den Menschen verbunden. Ich nehme alles, was mir begegnet eher mit dem Herzen und dem Bauch wahr und weniger mit dem Verstand. Diese liebevollen Begegnungen mit mir selbst verlaufen ganz unterschiedlich.

Mal fühle ich mich einfach sinnlich und genüßlich und will mich lange streicheln; dann wieder lasse ich mich von den Wellen sexueller Erregung mittragen. Mein Verhältnis zu Frauen hat sich seither geändert. Ich fühle mich weniger abhängig von ihrer Zuneigung und ihrer Lust oder Unlust auf Sex. Ich weiß jetzt, daß ich mit mir selbst viel erleben und mir selbst viel schenken kann. Das gibt mir Selbstvertrauen. Ich brauche nicht mehr hinter der Zuwendung anderer herzujagen oder sie mir mit Kompromissen zu erkaufen. Ich kann jetzt auch besser auf Frauen eingehen, spüren, was ihr Herz sich wünscht und was sie sexuell genießen, ganz einfach weil ich weiß, was mir selbst guttut. Berühren, lange streicheln, mir Zeit lassen, fühlen – das alles ist mir auch im Zusammensein mit Frauen wichtiger geworden, als schnell ›zum Ziel‹ zu kommen und danach frustriert zu sein. Irgend etwas geschieht in mir, nachdem ich mich selbst geliebt habe. Manchmal muß ich plötzlich weinen, wenn ich z. B. Musik höre, die mich tief berührt. Es ist ein Gefühl, als ob

Dämme brechen würden, die mich lange Zeit behindert haben, und mein Herz wird wieder ein Stück größer. Dann wieder verspüre ich einen unbändigen Drang zu rennen, zu brüllen, eine ungeheuer vitale Kraft in mir, die sich ausdrücken will. Das liebe ich auch sehr. Manchmal vermischen sich auch alle Gefühle und Empfindungen, und ich beobachte, wieviel Energie ich habe, Dinge anzupacken und Menschen zu begegnen, ohne unbedingt aktiv zu werden. Es kommt auch vor, daß ich den Impuls verspüre, zu meiner Freundin zu gehen und ihr zu erzählen, wie es mir früher als Kind ging. Ich schütte ihr mein Herz aus und fühle mich danach wie gereinigt von alten Schlacken.«

Tantrische Liebeskunst beginnt bei der Liebe zu uns selbst, zu unserem eigenen Körper. Nimm dich ganz an und liebe deinen Körper, so wie er ist und nicht, wie er sein sollte. Lerne, dich selbst körperlich zu lieben. Laß deine Hände deinen ganzen Körper berühren, als wären es die Hände deiner Geliebten. Wenn ihr euch aus dieser Liebe zu euch selbst heraus begegnet, dann steht ihr euch nicht wie Bettler gegenüber, die voneinander fordern, sondern könnt die Schätze miteinander teilen, die ihr im Alleinsein entdeckt habt. Selbstliebe ist eine Entdeckungsreise zu dir selbst, die den ganzen Menschen, Körper, Geist, Seele und Gefühle mit einschließt. Sinnliche Berührung wird zum tiefen Genuß, wenn wir mit ganzem Herzen dabei sind. Viele Menschen vermeiden es, ihre Genitalien zu berühren. Dabei sind Lingam und Yoni keine isolierten »Sonderbereiche« mit eingeschränkter Funktion. Sie brauchen genauso viel Berührung und Zärtlichkeit wie der ganze Körper. Aus tantrischer Sicht ist unser Körper ein Tempel zum Göttlichen, und Lingam und Yoni sind die geheiligten Tore.

Auch die Cherokee-Indianer in Nordamerika wissen um die heilende Kraft der Selbstliebe. Sie empfinden Selbstliebe als einen natürlichen Weg, um unsere Selbstachtung und das Vertrauen in unsere eigene Kraft zu stärken. Selbstliebe erfreut das Herz – und so nennen die Cherokee-Indianer auch das Ritual der Selbstliebe:

»Das Ritual, das das Herz erfreut.« Auch im alten indischen Tantra waren die sogenannten »Alleinrituale« wichtiger Teil der tantrischen Praxis. Die Schüler lernten in diesen Ritualen, sich selbst zu stimulieren und den Orgasmus zu kontrollieren, wobei sie spezielle Kontrollformeln, die Kontrollmantras, verwendeten. Sie übten zunächst Tage, Wochen, ja Monate für sich allein, ehe sie mit einem Partner oder einer Partnerin zusammenkamen.[31] Indem wir mit uns selbst »Liebe machen«, lernen wir die Wege unserer Lust und sexuellen Energie besser kennen. Wir erfahren, wie wir unseren sinnlichen Genuß steigern und intensivieren können.

Wir nehmen uns Zeit, entspannen uns und beobachten aufmerksam, was mit uns geschieht. Auf diese Weise können uns die sexuellen Erfahrungen tief nach innen führen und zum meditativen Erleben werden. Auch auf dieser inneren Entdeckungsreise warten zu Beginn unsere Dämonen, die versuchen, uns an der Schwelle zu Lust und Freude zurückzuhalten. Uralte Schuldgefühle, Ängste und nagende Selbstzweifel – »Bin ich jetzt pervers?«, »Ist das nicht krankhaft?«, »Werde ich jetzt zum Narzißten, der nur sich selbst lieben kann?« – tauchen auf. Diese Konditionierungen sind in aller Regel alte Verbote, Vorurteile oder Verurteilungen, die wir von anderen übernommen haben und die jetzt wieder ans Licht unseres Bewußtseins gelangen.

Sei behutsam und kämpfe nicht gegen die »Dämonen« an. Es kann Zeit brauchen, ehe sie sich im Licht neuer Erfahrungen auflösen. Gehe lieber mit kleinen Schritten voran, mit denen du dich gut und entspannt fühlst. Diese »Dämonen« sind uralt, haben sich tief in deine Psyche eingegraben und glauben, sie tun ihr Bestes, wenn sie deine innersten Energiequellen beschützen. Der Weg, ihnen zu begegnen ist liebevolle Wachheit. Entspanne dich beim Selbstlieberitual, nimm dir Zeit und beobachte, was geschieht. Lausche den Dämonen, ohne sie zu verurteilen und wegzuschicken – und dann geh einfach weiter. So werden sie allmählich ihre Macht über dich verlieren, und du gewinnst ein Stück Freiheit und innere Stärke zurück: Denn es ist unser Geburtsrecht, unseren Körper lustvoll zu genießen, uns ekstatisch und voller Freude zu fühlen. Und niemand außer uns selbst kann uns diese Empfindungen wieder erschließen und uns von den Schuldgefühlen und Skrupeln aus der Vergangenheit befreien. Wir können die Selbstliebe auch von einer ganz anderen Seite betrachten: Stelle dir vor, das Selbstlieberitual zu deiner Meditation werden zu lassen. Du nimmst dir bewußt Zeit dafür, dich mit wachen Sinnen zu erforschen und kennenzulernen.

Die Kraft, die wir als »triebhaft« vielleicht lange Zeit schuldbeladen ins Dunkle und Geheime verbannt haben, lernen wir im Licht des von uns selbst gestalteten Rituals als ein wunderschönes Geschenk der Natur neu schätzen und genießen. Viele Traditionen der spirituellen Sexualität in Ost und West sehen unsere sexuelle Energie als einen wertvollen Edelstein, den wir zu einem funkelnden Diamanten schleifen können. Das Ritual der Selbstliebe ist ein Schritt von vielen auf dem Weg zu dieser Transformation: Wir lernen, unsere sexuelle Erregung bewußt zu steuern und ihre Kraft mit der unseres Herzens zu verbinden. Wir stärken unser Selbstvertrauen und gewinnen Zugang zu einer inneren Zufriedenheit, die nicht von äußeren Bedingungen oder anderen Menschen abhängig ist. Wenn wir uns selbst umfassend erforschen- und liebenlernen, schließen wir damit den Kreis unserer Energien, der unterbrochen wurde, als wir noch Kinder waren.

»Das Kind kommt mit seinem eigenen Energiekreislauf, mit dem Gefühl der ozeanischen Welle, die ihm den Zustand tiefen Glücks und innerer Zufriedenheit gibt, zur Welt«.[32] Diesen Zustand können wir uns von neuem erschließen: Wir werden wieder »heil« und ganz. Jeder von uns kennt aus eigener Erfahrung die automatischen und mechanischen Verhaltensmuster, in die wir bei der körperlichen Liebe mit einem Partner verfallen. Wir stellen uns nicht auf den anderen ein oder nehmen nicht wahr, was wir selbst brauchen und gerne hätten. Wir fühlen uns enttäuscht und betrogen und werfen dem anderen insgeheim vor, daß er uns nicht »das Richtige« gegeben hat. Im Ritual der Selbstliebe lernen wir begreifen, daß wir uns selbst geben können, was wir an liebevoller Zuneigung brauchen. Wir können die routinierten Muster sexueller Verhaltensweisen hinter uns lassen, mit denen wir oft fremden Vorstellungen und sexuellen Normen folgten. Wir können entspannt und ohne Ablenkung durch die Erwartungen eines Partners erforschen, wie unsere sexuelle Erregung sich aufbaut und wie wir mit ihr spielen können. Dabei fällt es den Männern allmählich immer leichter, vor dem »Punkt ohne Wiederkehr« bewußt zu verharren, ohne die Energie durch die schnelle Ejakulation gleich wieder zu verlieren. Frauen können sich hier, ohne Druck von außen die Zeit nehmen, das Tempo, die Bewegungen und die Körperstellen zu erforschen.

»Der tiefe Kontakt zur eigenen Liebe wird mit dem freien Fluß der Libido intensiver erlebt, und in gleichem Maß entwickelt sich ein Gefühl der Selbstachtung und Zufriedenheit ... Ein Mensch mit seinem eigenen vollständigen Libido-Fluß hat es nicht nötig, die Energie von anderen ›abzusaugen‹. Er kann geben und nehmen wie eine reife Persönlichkeit.«[33]

Das Selbstlieberitual

Dieses Ritual folgt einem einfachen Ablauf. Schmücke deinen Raum mit schönen Dingen, die eine harmonische, entspannte Atmosphäre schaffen: Blumen, Kerzen, Kristalle, Duft- und Massageöle, Räucherstäbchen, Bilder und deine persönlichen Lieblingsgegenstände.

1. Beginne das Ritual mit einem OM. Dann fange an, dich am ganzen Körper (Gesicht, Haare, Brust, Arme, Beine, Bauch usw.) mit zarten, sinnlichen Berührungen zu streicheln. Reibe dich mit Massageöl ein, wenn du magst. Fühlst du dich dann entspannt, wohlig und bereit, beginne langsam deine Berührungen auf Brustwarzen, Genitalien und andere erogene Zonen auszudehnen. Lasse deine Hände spielen und selbst bestimmen, wohin sie wandern wollen. Du kannst auch deine PC-Muskeln an-

spannen und wieder lockern, mal schnell, mal langsamer (vgl. Kapitel 2). Phantasiere, wenn du Lust dazu hast, schwelge in erotischen Bildern und Szenen. Aber verliere dabei nicht den Kontakt zu deinen Körperempfindungen.

2. Kurz bevor du den »Punkt ohne Wiederkehr« erreicht hast, halte inne. Lasse jetzt die Energie von deinen Genitalien in dein Herz fließen. Ziehe sie mit dem »sexuellen Atem« (siehe Kapitel 2) von unten nach oben und lasse dabei die Hände auf deinem Herzen ruhen. Spüre, wie du die Energie in dein Herz holst. Bleibe aufmerksam für alle deine Empfindungen und lasse dir Zeit. Zur Ejakulationskontrolle kannst du jetzt auch die Übungen aus Kapitel 2 ausprobieren.
3. Wenn du dich dann bereit dazu fühlst, beginnst du wieder damit, dich sinnlich und erotisch zu streicheln (siehe 1). Wiederhole die Phasen 1–2 mindestens dreimal, wenn du möchtest, auch öfter, bis du das ganze »Reservoir« deiner sexuellen Energie ausgekostet hast. Setze dir nicht als Ziel, zum Orgasmus zu kommen, aber wenn der Orgasmus jetzt geschehen will, dann lasse ihn zu. Anschließend verteilst du die Energie mit abwärtsstreichenden Berührungen im ganzen Körper. Beginne mit dem Kopf, Hals, Nacken und Schultern. Streiche die Energie an Händen, Armen, Beinen und Füßen nach außen. Schließe das Ritual mit einem OM.
4. Wenn du möchtest, ruhe dich jetzt etwas aus und drehe dich dazu auf deine linke Seite.

Es empfiehlt sich, das Selbstlieberitual anfangs regelmäßig zu »feiern«. Versuche jedesmal ein Stück weiter zu gehen, neue Berührungen auszuprobieren und Bereiche deines Körpers zu erforschen, die du vielleicht bislang noch gar nicht beachtet hast. Es liegt uns auch am Herzen zu betonen, daß du dir keinen Druck machen sollst. Du mußt nicht sexuell erregt sein oder es werden. Entspanne dich und gib dich deinen Berührungen hin, genieße deine Gefühle und Empfindungen, ohne dir ein Ziel zu setzen, daß du erreichen mußt. Erst wenn du dich sexuell erregt fühlst, gehst du zu den Stufen 2–4 über. Wenn du dich über einen längeren Zeitraum mit dem Selbstlieberitual vertraut gemacht hast, dann kannst du in diese Übung auch den Lotusatem mit einbeziehen. So kannst du für dich allein die Erfahrung machen, die sexuelle Energie durch die verschiedenen Energiezentren bis zum Scheitelpunkt hinaufzuziehen. Nimm dir möglichst auch Zeit, dich auf das Selbstlieberitual vorzubereiten, deine Sinne zu öffnen und dich zu entspannen. Ein – nicht zu langes – heißes Bad hilft, alle Muskeln zu lockern. Vergiß nicht, alle Teile deines Körpers liebevoll zu berühren, auch die, die du normalerweise vernachlässigst oder nicht berühren magst (siehe auch Kapitel 3; Das Baderitual).

Sinnliche Kommunikation

Selbstliebe, wie wir sie hier beschrieben haben, wird dich deinem Partner nicht entfremden – ganz im Gegenteil. Sie schenkt dir neues Selbstvertrauen und damit eine wichtige Voraussetzung, um den Raum tantrischer Sexualität mit einem Partner zusammen betreten zu können. Viele unserer sexuellen Probleme haben ihre Ursache darin, daß wir nicht wissen, was wir brauchen, um unsere Sinnlichkeit zu wecken. Und den meisten von uns fällt es schwer, einem Partner mitzuteilen, wie wir uns fühlen und was wir gerne haben. Wir setzen stillschweigend voraus, daß der andere weiß, was gut für uns ist und uns unsere sexuellen Wünsche von den Augen abliest. Aber diese Überantwortung unserer sexuellen Befriedigung an den Partner ist Ursache vieler Frustrationen und Vorwürfe, die zu aufreibenden Konflikten führen können. »Wenn ich sage, was ich möchte, verschwindet ein Druck, der sonst oft dazu führt, daß ich mich verschließe. Ich werde dann wacher und bin eher bereit zu dem, was ich bekomme, ja zu sagen«, meinte neulich ein Freund, als wir ihn zum Thema sinnliche Kommunikation befragten. Wenn wir unsere Sexualität weiterentwickeln wollen, brauchen wir eine kreative Haltung. Wir müssen lernen, unserem

Partner ehrlich und klar mitzuteilen, was wir als lustvoll empfinden und wie wir Lust empfangen möchten. Unterschwellige Ängste, nicht »das Richtige« zu bekommen, können uns so beschäftigen, daß wir gar nicht mehr »da« sind, um mit unserem Partner zu tanzen und mitzufließen.

Uns mitteilen – das heißt nicht, daß wir wortreiche Gespräche führen. Als kleine Kinder haben wir unsere Gefühle und körperlichen Empfindungen ungehindert und unmittelbar ausgedrückt. Wir haben geweint, geseufzt, gelächelt und laut herausgelacht. Wir haben gejuchzt und uns gewunden, wenn wir nicht angefaßt werden wollten, oder wie die Katzen geschnurrt, wenn Berührungen uns angenehm waren. Auch in der tantrischen Liebe kommunizieren wir mit unserem ganzen Körper, mit Tönen und Lauten. Das »tantrische« Klima bei Begegnungen mit anderen oder mit uns selbst ist spielerisch. Wir albern, lachen und geben Töne und Laute von uns. Wir »sprechen« zu und mit dem Körper. Wir umgeben uns mit schönen Dingen, die Luft ist von Wohlgerüchen durchzogen, und wir fühlen uns wohlig und entspannt. Wir lassen unseren Geliebten daran teilhaben, wie wir uns fühlen und was wir erleben. Mit dieser sinnlichen Kommunikation bauen wir eine Brücke für unseren Partner, damit er das Feuer unserer Sexualität mitempfinden kann. Da uns dieses Mitteilen oft schwerfällt, können wir es zunächst alleine »üben«. Der Übergang zur sinnlichen Kommunikation mit unserem Partner wird dann allmählich wie von selbst geschehen. Denn es ist lustvoll, sich so auszudrücken!

Wenn wir die Kunst der sinnlichen Kommunikation allein üben, können wir unbekümmert um mögliche Reaktionen unseres Partners mit der ganzen Bandbreite von Geräuschen und Tönen experimentieren. Wir brauchen dazu keine besonderen Bedingungen – versuche es unter der Dusche, beim Fahrradfahren, Laufen oder Schwimmen. Auch wenn du allein im Auto fährst, ist das eine gute Gelegenheit: Laß dich beim Ausatmen seufzen, lache und kichere, stöhne und knurre, brülle wie ein Löwe. Wenn du im Bett liegst, kannst du dich geräuschvoll strecken, räkeln, strampeln und herumwälzen. Kurzum – erlaube dir alles, wonach dir ist und nimm dabei »kein Blatt vor den Mund«. Es kann sein, daß du dir anfangs bei dieser Übung dumm vorkommst und dich verlegen fühlst. Das geht den meisten Menschen so. Genieße einfach das Gefühl, dich mit Tönen und Lauten auszudrücken. Wenn du zu Hause bist und denkst, du wirst zu laut, dann halte dir ein Kissen vor das Gesicht. Du kannst die Kunst der sinnlichen Kommunikation auch mit deinem Partner zusammen üben. Hierbei gelten einige Grundregeln, und wir haben in einem längeren Prozeß herausgefunden, daß es wichtig ist, sich an sie zu halten. Verabredet euch speziell für die sinnliche Kommunikation und trennt diese Zeit von eurem »normalen« Liebesleben. Nach einiger Verwirrung in unserem Liebesleben wurde uns auch klar, daß diese Übung nicht unterbrochen werden sollte, um zum üblichen Sex überzugehen, wenn ihr erregt seid. Diese Vereinbarungen helfen euch, herauszufinden, welche Berührungen ihr als lustvoll empfindet und eurem Partner mit Lauten und Tönen fortwährend mitzuteilen, wie ihr euch fühlt. Wenn ihr diese Grundübung über einen längeren Zeitraum mit eurem Partner gemacht habt und euch vertraut und sicher damit fühlt, könnt ihr allmählich die Berührung der Genitalien und anderer erogener Zonen mit einbeziehen. Nehmt euch im Anschluß an die Übungen Zeit, mit eurem Partner zu besprechen, was ihr erlebt habt. Dann kann die sinnliche Kommunikation ihre sanfte Wirkung entfalten und eure Begegnungen bereichern und vertiefen.

Übungsablauf sinnliche Kommunikation

1. Die Partnerin liegt nackt auf dem Bauch auf einem Bett oder einer Matratze. Sie hat die Augen geschlossen und richtet ihre Aufmerksamkeit auf Körperempfindungen und Atem. Der Partner beginnt sie langsam und sanft zu streicheln, zuerst den Kopf, dann Arme, Hände, Beine, Füße, dann die Schultern, den Rücken und das Gesäß. Die Partnerin drückt nur durch Laute wie Seufzen und Stöhnen und durch die Atmung aus, wie sie

sich bei seinen Berührungen fühlt. Sie teilt ihrem Partner ohne Worte die genußvollen Erfahrungen mit und auch, wenn ihr etwas nicht gefällt.

2. Dann drehe deine Partnerin sanft auf den Rücken und beginne, die Vorderseite mit zarten, sinnlichen Berührungen »aufzuwecken«. Lasse die Genitalien aus und berühre die Brust nur ganz leicht. Sie antwortet weiter mit Lauten auf deine Berührungen und genießt es ansonsten, passiv und rezeptiv zu sein. Erlaube dir als Gebender, mit deinen Händen zu spielen, die Berührungen zu variieren, selbst mitzuatmen und den Austausch zu genießen. Laß dich dabei von den Geräuschen deiner Partnerin inspirieren.
3. Wenn du als Nehmende spürst, wie dein Körper sich unwillkürlich bewegt und ein Zittern oder Vibrieren ihn durchläuft, erlaube diese Vorgänge. Überlaß dich ganz diesen Energien und nimm alle Empfindungen wahr, die dabei in dir auftreten. Diese zarten Berührungen können innere Kanäle öffnen und feinste Energien ins Fließen bringen. Als Gebender gibst du diesen unwillkürlichen Empfindungen deiner Partnerin Raum. Halte einen Moment lang mit deinen Berührungen inne und gehe erst weiter, wenn die Energiewellen deiner Partnerin im Abebben sind. Stimme dich erneut auf sie ein.
4. Dann lasse als gebender Partner deine Hände langsam zur Ruhe kommen. Decke deine Partnerin mit einem Laken oder einer Decke zu und laß sie ein paar Minuten auf der linken Seite liegend ausruhen. Anschließend hilfst du ihr, sich aufzusetzen, und ihr beendet diesen Teil der Übung mit einer stummen Umarmung. Jetzt wechselt die Rollen: Die Partnerin gibt, der Partner entspannt sich und antwortet ihren Berührungen mit Lauten. Erst nachdem ihr beide Teile der Übung gemacht habt, sprecht ihr über eure Erfahrungen.

Oft ist es bei dieser Übung so, daß wir uns nur so lange sicher fühlen, wie wir der Gebende sind und damit meinen, die Situation »im

Griff« zu haben. Anfangs mag es dem passiven Partner schwerfallen, einfach nur anzunehmen, zu genießen und dies auch dem gebenden Partner zu zeigen. Aber nach und nach werdet ihr vertrauter mit dieser Übung, könnt euch leichter in die Berührungen hinein entspannen, fühlt euch wohlig und lustvoll. Vielleicht spürt ihr dabei auch feine orgasmische Wellen, die den ganzen Körper durchlaufen und nicht auf die Genitalien beschränkt sind. Genießt dieses »Wellenreiten«. Wenn ihr diese Übung über einen längeren Zeitraum einmal pro Woche gemacht habt, könnt ihr die sanften Berührungen auch allmählich auf die Genitalien ausdehnen. Viele Menschen wagen nicht, mit sinnlicher Berührung zu experimentieren und zu spielen, weil sie Angst haben, dabei etwas falsch zu machen. Wenn dein Partner dir aber – wie in dieser Übung – klar signalisiert, wie er deine Berührungen empfindet, kannst du gar nichts falsch machen. Er leitet dich mit seinen Tönen und sinnlichen Lauten. Du kannst Neues ausprobieren und das Spiel deiner Hände genießen. Ihr könnt auf spannende Entdeckungsreise gehen und neue Bereiche eures Körpers erforschen, die auf Berührungen lustvoll reagieren. Als Nehmende kannst du dich ganz auf die Hände deines Partners einstellen und ihm ohne Worte bedeuten, wie du berührt werden möchtest und wie nicht. In diesem Spiel des Gebens und Nehmens sinnlicher Berührungen tauscht ihr subtile Energien miteinander aus. Je intensiver ihr euch auf diese einfache Übung einlaßt, desto mehr kann sie über die rein körperliche Berührung und Stimulierung hinausgehen: Sie öffnet eure Herzen, und aus dem Tanz zweier Körper wird ein Tanz zweier Herzen und Seelen. Ein weiter innerer Raum tut sich auf, in dem alles Wollen und Tun zum Stillstand kommt.

Dieses intime Liebesspiel ohne genitale Vereinigung kann euch tiefe Glücksgefühle schenken, einen Zustand von ruhiger Verbundenheit jenseits von Zeit und Raum.

Diese – scheinbar so einfache – Übung kann auch wieder unsere Dämonen auf den Plan rufen. Männern fällt es meistens nicht so leicht, sich einer Frau hinzugeben und sich von ihr neue sinnliche

Wege jenseits ihrer Sexroutine zeigen zu lassen. Frauen hingegen tun sich oft schwer, ihre sinnlichen Reichtümer, ihr instinktives erotisches Wissen offen auszubreiten, den Mann bei der Hand zu nehmen und ihn dieses Wissen zu lehren. Diese Übung gibt Frauen den Raum, bewußt initiativ zu werden, ebenso wie Männer die Erfahrung machen können, sich hinzugeben und empfänglich zu sein. Teilnehmer aus unseren Seminaren berichten immer wieder, daß gerade diese Übung ihnen half, Beziehungsschwierigkeiten abzubauen. Wenn der Mann die Angst verliert, sein Nein mitzuteilen, öffnet er sich zugleich der Möglichkeit, Liebe anzunehmen. Wenn die Frau riskiert, initiativ zu werden und klar zu signalisieren, was ihr gefällt und was ihr nicht gefällt, kann ihr Feuer geweckt, können ihr Herz und ihre Seele berührt werden.

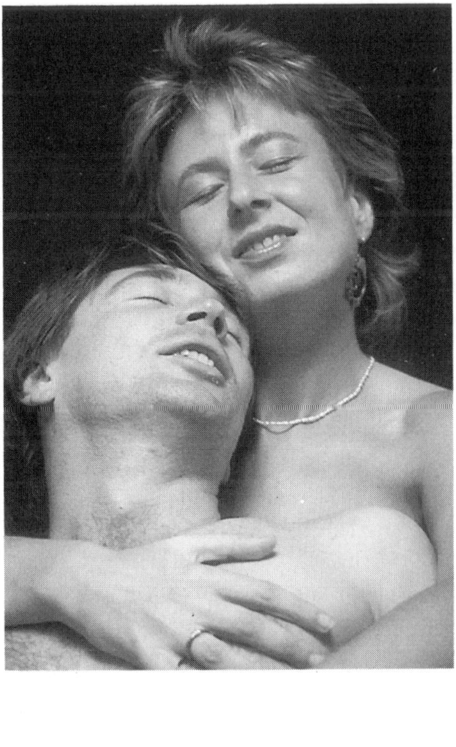

Kapitel 9

Chakren und der feinstoffliche Körper

Kerstin beschreibt die Empfindungen und Bilder, die auftauchen, während sie nacheinander vier ihrer Chakren berührt und ihre Aufmerksamkeit auf diese Energiezentren richtet: »... Ich legte mich hin, atmete ein paarmal tief durch und rieb mir kräftig die Hände, bis sie schön warm waren. Dann legte ich beide Hände übereinander auf mein Sexzentrum. Deutlich nahm ich die Wärme meiner Hände dort wahr. Sie steigerte sich, wurde zu glühender Hitze, und ich atmete tief in mein Sexzentrum. Als B. mich fragte: ›Welche Farbe siehst du?‹, kam meine Antwort ohne jede Überlegung: ›Eine orangerote Kugel, die beim Einatmen anschwillt, beim Ausatmen wieder kleiner wird.‹ Wieder rieb ich mir kräftig die Hände und legte sie dann auf mein Solarplexuszentrum. Es fühlte sich völlig anders an. Wärmer, heller, fließender, so als ob von diesem Punkt die Kraft aufwärts strömte, die Kraft einer Sonnenblume. Weiter gab es hier für mich nichts zu entdecken – nur das Gefühl einer starken Helligkeit blieb. Als ich meine erwärmten Hände jetzt auf mein Herzzentrum legte, geschah zunächst gar nichts. Es war, als lägen meine Hände auf einer Mauer, die jeden Kontakt mit meinem Herzen verhinderte. Nach einigen Minuten wurde ich traurig. Ich sah weder Farben noch Formen, sondern spürte einfach diese Traurigkeit, bis plötzlich ein klares Bild vor mir aufstieg. Es war das Bild meines Freundes, der mich vor gar nicht langer Zeit verlassen hatte. Jetzt spürte ich mein Herz. Es war traurig. Ich hielt es mit meinen warmen Händen und weinte. Das tat gut. Als ich dann meine Hände zwischen meine Augenbrauen zum Dritten Auge wandern ließ, wurde ich ganz still. Meine ganze Aufmerksamkeit wanderte zu diesem Punkt zwischen meinen Augenbrauen. Ich löste meine Hände, so daß sie in kurzem Abstand über diesem Punkt verweilten. Ich spürte ganz deutlich, daß meine Hände dort bleiben wollten und trotz des Abstands wie magnetisch mit meinem Stirnzentrum verbunden waren. Ich sah ein weißes Licht – und spürte eine feine Stille. Das Licht nahm die Form eines Tunnels an, der tief nach hinten in meinen Kopf lief und den ganzen Kopfraum immer heller werden ließ. Ich genoß einfach diese helle Stille ...«

Die intensive Wahrnehmung der feinstofflichen Energiepunkte führt jeden Menschen zu seinen individuellen Erfahrungen, die sich von Kerstins Erlebnissen unterscheiden können. Das Wissen um die Existenz eines feinstofflichen Energiekörpers, der neben unserer physischen Form existiert, ist Jahrtausende alt. Ägypter, Chinesen, Griechen, die nordamerikanischen Indianer und afrikanische Stämme sowie die europäischen Mystiker beziehen feinstoffliche Energiebahnen, Chakren und die Aura des Menschen in ihre spirituelle und heilende Praxis mit ein. Für das normale Auge nicht sichtbar, zeigte uns doch die Kirlian-Fotografie erste Bilder dieser Energieformen. Durch eine spezielle fotografische Technik gelang es, die wechselnden Energiefelder sichtbar zu machen, die z. B. die Hand eines Menschen umgeben, während er verschiedene Gefühle erlebt. Eine besondere, verdichtete Form dieser feinstofflichen Energien sind die Kraftzentren, die wir »Chakren« nennen.

Das Wort »Chakra« stammt aus dem indischen Sanskrit und bedeutet »Rad«. Die Chakren verlaufen wie sich drehende Räder auf einer senkrechten Achse in geringem Abstand zu unserer Wirbelsäule. Hellsichtig begabte Menschen nehmen die Chakren als radförmige Energiewirbel wahr, die sich – je nach ihrer Vitalität und Offenheit – in verschiedenen Richtungen und Geschwindigkeiten drehen und dabei das Farbspektrum abstrahlen, daß unsere Aura bildet. Eine andere bildliche Vorstellung der Chakren, wie sie auf tantrischen Gemälden immer wieder auftaucht, ist die von sieben verschiedenförmigen Lotusblättern.

Ein Chakra ist ein Ort der Transformation, der Aufnahme und Umwandlung von Energien, mit denen wir ständig verbunden sind. Das gilt sowohl für die kosmische Energie, deren Licht durch unseren Scheitelpunkt die Bahn der Chakren hinabfließt, wie auch für die Kräfte der Erde, die durch unser Basischakra (am Ende unserer Wirbelsäule) in unseren Körper eintreten und von dort aufwärts steigen. Die sieben Chakren stehen in enger Verbindung mit unseren endoktrinen Drüsen (Adrenalindrüse, Geschlechtsdrüsen, Bauchspeicheldrüse, Thymusdrüse, Schilddrüse, Hirnanhangdrüse, Zirbeldrüse), die für das innere Gleichgewicht von Körper, Geist und Gefühlen verantwortlich sind. Ist der Energiefluß durch ein Chakra gestört, beeinflußt das auch die Funktion der entsprechenden Drüse. Feinste Unausgewogenheiten können innerhalb kürzester Zeit den hormonalen Ausscheidungsprozeß der Drüsen negativ beeinflussen, was wiederum das gesamte Stimmungsbild eines Menschen beeinflußt. Unsere Fähigkeit, uns zu entspannen, aber auch körperliche Abläufe wie Verdauung und Schweißabsonderung sind in diese Prozesse mit einbezogen.

C. G. Jung nennt unsere Chakren »die Tore des menschlichen Bewußtseins«[34]. Die verschiedensten östlichen und westlichen, traditionelle sowie neuere esoterische Schulen lehren das Öffnen und Ausbalancieren der Chakren als einen Weg, um die Ganzheit des Menschen, das harmonische Wechselspiel von Körper, Gefühlen, Geist und Seele, wiederherzustellen. Unsere Chakren sind wie die Saiten einer Mandoline, die wir stimmen müssen, ehe sie harmonisch zusammenklingen. Je aufmerksamer wir dem feinstofflichen Körper und seinen subtilen Abläufen gegenüber werden, desto leichter können wir ihn ausbalancieren und desto besser sind wir in der Lage, uns auf unseren Partner empfindsam einzustimmen. Wir lernen, unausgesprochene Botschaften zu empfangen. Wir wissen intuitiv, ob der andere Nähe wünscht oder nicht. Wir spüren genau, wann wir ihm durch das wortlose Auflegen unserer Hand im richtigen Augenblick helfen können, seinen Gefühlen freien Lauf zu lassen.

Es gibt die unterschiedlichsten Erklärungsmodelle für die Chakren. Unserer Erfahrung nach ist es nicht wichtig, welches Modell du benutzt. Vielmehr kommt es auf deine Bereitschaft an, mit diesen unsichtbaren Kraftfeldern Kontakt aufzunehmen und deine eigenen Erfahrungen mit ihnen zu machen. Für manche Menschen ist es ganz selbstverständlich und einfach, diese feinstoffliche Ebene zu spüren, bis hin zu körperlichen Empfindungen wie Hitze, Kälte oder Kribbeln. Andere Menschen nehmen die Chakren eher über Farben, Formen und Bilder wahr, und es gibt auch Menschen, die einfach »wissen«, in welchem Zustand ihre Chakren sich befinden, ohne dieses Wissen unbedingt in Worte kleiden zu können. Wieder andere Menschen brauchen ihre Zeit, ehe sie einen Bezug zu diesen Ebenen der Energie finden können. Für unsere Arbeit hat sich das indische Modell der sieben Lotusblüten als einfache Orientierungshilfe für Ort und Wirkungsweise der Chakren am besten bewährt.

Wir können unsere feinstofflichen Zentren durch das Singen von Tönen, durch zarte Berührungen, bewußtes Atmen und weitere einfache Methoden öffnen und ausbalancieren. Am faszinierendsten ist die Wirkungskraft unserer bewußt gerichteten Gedanken und Vorstellungen auf unsere Chakren. Die Kraft harmonischer Bilder, Töne und Farben, die wir mit unserer Phantasie gestalten, reicht aus, um diese feinen Ebenen zu erreichen.

Die sieben Chakren

Das erste Chakra – Muladhara –, auch Wurzel- oder Basischakra genannt, befindet sich am unteren Ende unserer Wirbelsäule. Der körperliche Kontaktpunkt ist der Damm (Perineum) zwischen Anus und Genitalien. Dieses Chakra steht für die Kraft des Überlebens in der materiellen Welt, für unsere physische Existenz auf dieser Erde, unseren Willen zum Sein. Das zweite Chakra – Svadhistana – ist unser Sexchakra. Es befindet sich in Höhe des dritten Steißbeinwirbels, der ungefähr mit der Begrenzungslinie der Schamhaare zusammenfällt. Dieses Chakra verkörpert die Kraft unserer Sexualität.

Das dritte Chakra – Manipura – entspricht unserem Solarplexus oder Sonnengeflecht. Es ist der Sitz unserer Stärke und Kraft, eines Ich-Gefühls, das sich in dem Satz »Ich will« ausdrückt. Die ersten drei Chakren werden auch die »vitalen« Energiezentren genannt, denn sie sind Indikatoren dafür, wie wir uns in dieser Welt bewegen und ob wir »mit beiden Beinen im Leben stehen«. Die nächsten vier Chakren sind die sogenannten »spirituellen« Chakren: Das vierte Chakra – Anahata –, unser Herzchakra, befindet sich in Höhe des Herzens in der Mitte unseres Brustbeins (etwa fünfter Rückenwirbel). Hier löst sich unsere Ich-Bezogenheit auf, und wir wenden uns dem »Du« zu. In diesem Zentrum der Liebe heben sich Gegensätze auf. Wir lassen andere Menschen »in unser Herz ein«. Das fünfte Chakra – Vishudda – ist unser Kehlkopfzentrum. Es liegt in Höhe des ersten Halswirbels an der Basis unserer Kehle. Das fünfte Chakra ist das Zentrum für unsere Kommunikation. Hier teilen wir mit und setzen um, was wir im Innersten erfahren haben. Indem wir so von innen nach außen wirken, formen wir auch uns selbst neu. Das sechste Chakra – Ajnna –, auch Drittes Auge genannt, befindet sich zwischen den Augenbrauen über der Nasenwurzel. Hier sitzt unsere Kraft, mehr zu »sehen«, als unsere physischen Augen uns zeigen. Klarheit, Erkenntnis, Hellsichtigkeit sind die Attribute dieses Chakras. Durch dieses Zentrum erleben wir die Einheit von innerer und äußerer Welt. Wir öffnen uns spirituellen Erfahrungen. Das siebte Chakra – Sahasrara –, das Scheitel- oder Kronenchakra, befindet sich am höchsten Punkt unseres Kopfes, dort, wo bei den Neugeborenen die Fontanelle noch zu sehen ist. Das Kronenchakra ist das Tor für die Verbindung zum kosmischen Licht, für die Erfahrung des reinen Bewußtseins und der universellen Weisheit. Es verbindet uns mit dem göttlichen Prinzip und wird im indischen Chakra-Modell der »tausendblättrige Lotus« genannt.

Die verschiedensten Wege stehen uns offen, unsere Chakren zu reinigen, zu öffnen und auszubalancieren. Wie wir in Kerstins Bericht schon erfahren haben, ist eine Möglichkeit der Kontaktaufnahme mit unseren Chakren das Berühren und Hineinspüren,

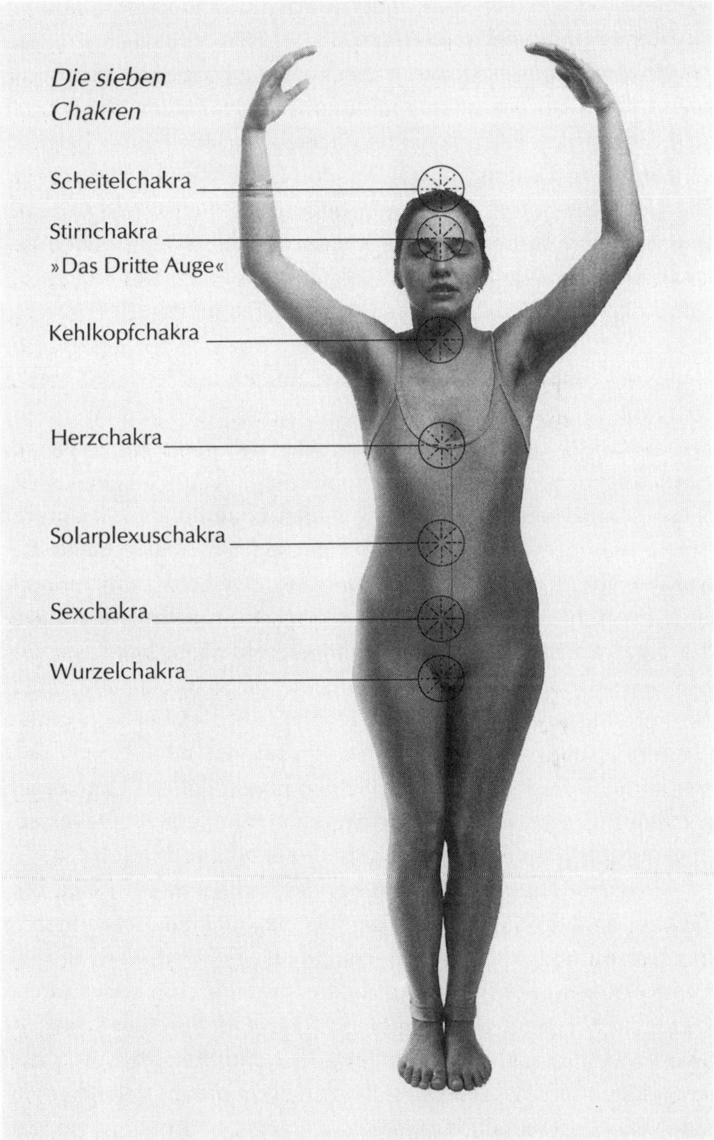

Die sieben Chakren

während wir auftauchende Bilder, Farben und Körperempfindungen aufmerksam beobachten (s. o.).

Wir können unsere Chakren aber auch mit Tönen »ansprechen«. Jedes Chakra vibriert in einer bestimmten Schwingung, die wir mit dem Singen des entsprechenden Tones verstärken und beleben können (siehe Übung Chakragirlande). Die Düfte der ätherischen Öle und Blütenessenzen wirken besonders intensiv auf unseren feinstofflichen Körper, weil sie ebenso wie dieser feinstofflich beschaffen sind (siehe Übung Chakraharmonisierung mit Essenzen). Eine weitere Möglichkeit, die sieben Chakren für den Fluß unserer Energien zu öffnen, ist die gezielte Lenkung unseres Atems. Der Lotusatem (siehe S. 184) ist eine dynamische und dennoch sanfte Form, die sieben Chakren oder Lotusse zu reinigen und zu verbinden. Mit Hilfe unserer Vorstellung wird der Atem zum Vehikel, durch das wir den Energiestrom im Körper aufwärts steigen lassen. Diese Übung kann uns zu völlig neuen Erfahrungen mit unserer eigenen Energie führen, zu Augenblicken eines erweiterten Bewußtseins und ekstatischen Erlebnissen. Der Lotusatem ist auch einer der Schlüssel, mit dem wir zunächst uns selbst neue Wege des orgasmischen Genießens erschließen können. Jeder von uns kann lernen, das Feuer der sexuellen Energie zu wecken und durch die verschiedenen Chakren zu lenken, ohne dabei von einem Partner abhängig zu sein. Nach dieser vorbereitenden Übung können dann die Liebenden zusammenkommen, um das Lotusatmen gemeinsam zu praktizieren und zusammen in neue Höhen aufzusteigen (siehe Kapitel 11, Die Kunst der Energieverbindung).

Wir waren fasziniert, als wir bei den Indianern ein Ritual entdeckten, in dem die genaue Kenntnis der Chakren (deren System uns bislang nur aus östlichen Traditionen bekannt war) und die Kunst der bewußten Lenkung des Atems sich zum sogenannten »Feueratemorgasmus« verbinden (aus der Quoduschka-Lehre des Sweet-Medicinepath). Die »Feuerfrauen« und »Feuermänner« dieses Indianerstammes bringen sich mit diesem bislang geheimgehaltenen Ritual innerhalb kürzester Zeit in einen »orgasmischen Zustand«. Mit Hilfe von Beckenbewegungen und Bewegungen der genitalen Muskeln wird das sexuelle Feuer entfacht und dann durch den ganzen Körper gelenkt, indem alle Chakren durch die bewußte Lenkung des Atems systematisch verbunden werden. Diese Technik wird in Initiationsritualen von Generation zu Generation weitervermittelt. Die Indianer nennen diesen Orgasmus auch den »Seelenorgasmus« und sprechen ihm heilige und heilende Eigenschaften zu. Dieses Ritual setzt positive Kräfte für die eigene Gesundung wie auch die Behandlung anderer Menschen frei. Energetische Blockierungen, die sich in körperlicher Verspannung und Krankheit ausdrücken, sowie depressive und nervöse Zustände können durch den »Seelenorgasmus« aufgelöst und behoben werden. Wir praktizieren diese dynamische Form der Chakraarbeit in unseren Seminaren und halten beim »Feueratemorgasmus« eine erfahrene Begleitung für notwendig. Eine sanftere Form der Verbindung aller Chakren, die wir im Buch wiedergeben, ist der Lotusatem. Die nachfolgenden Übungen könnt ihr einzeln oder in der angegebenen Reihenfolge praktizieren. Als wichtige und bereichernde Elemente könnt ihr sie später dann in einen sinnlichen Liebesabend einflechten.

Die Chakragirlande

Töne und Laute erzeugen bestimmte Schwingungen, die in unserem Körper an verschiedensten Stellen eine Resonanz hervorrufen. So hat auch jedes Chakra seine eigene, spezifische Schwingung. Singen wir bestimmte Laute und richten dabei unsere Aufmerksamkeit auf das entsprechende Chakra, dann kann die Vibration des jeweiligen Tones von diesem Energiezentrum aufgenommen werden. Es wird durch den Ton angeregt, gereinigt und ausbalanciert. Auch für die Töne, die unseren Chakren zugeordnet werden, gibt es verschiedene Systeme und Lautfolgen aus Tibet, Indien oder zahlreichen anderen Kulturen. Vielen Systemen gemeinsam ist, daß sie – mit dem Basischakra beginnend – bei tiefen Tönen anfangen und dann Chakra für Chakra zu den höheren Tönen aufsteigen. Die gesungenen Laute, die den Chakren entsprechen, werden auch »Mantras« genannt. Mantras sind »Beschützer des Geistes und werden dazu benutzt, das Bewußtsein zu steigern«. So gilt das Mantra OM zum Beispiel als »der Ton des Alleinen«, der das Scheitelchakra »weckt« und die Verbindung zu den kosmischen oder göttlichen Kräften herstellen hilft.

Beginn

LAM
VAM
RAM
YAM
HAM
KSHAM
OM

OM
KSHAM
HAM
YAM
RAM
VAM
LAM

LAM
VAM
RAM
YAM
HAM
KSAM
OM

Ende

Während wir das jeweilige Chakra visualisieren und zur Unterstützung mit unseren Händen berühren, singen wir den entsprechenden Ton laut. Mit tiefen Tönen beginnend, können wir Tonhöhe und Lautstärke so lange variieren, bis wir »unseren« Ton getroffen haben. Spüre nach, ob du die Vibration des Tones im jeweiligen Chakra wahrnehmen kannst. Wir beginnen mit dem ersten, dem Basis- oder Wurzelchakra und steigen dann Chakra für Chakra aufwärts, bis wir beim Kronenchakra angelangt sind. Wir singen den Ton für jedes Chakra dreimal, ehe wir weiter aufsteigen, und können dabei wieder ausprobieren, welche Tonhöhe und Lautstärke uns am angenehmsten erscheint und den Kontakt mit dem Chakra am spürbarsten herstellt. Beim Kronenchakra angekommen, steigen wir wieder hinab bis zum Wurzelchakra und dann noch einmal aufwärts bis zum Scheitelpunkt. Durch diesen »Girlandeneffekt« werden alle Chakren angeregt, gereinigt und ausbalanciert. Wir öffnen die Kanäle für den ungehinderten Fluß unserer Energie.

Übungsablauf

1. Setze dich bequem hin und entspanne dich. Laß deine Augen die ganze Zeit über geschlossen. Dann lege eine Hand auf das erste Chakra, spüre dort die Wärme deiner Hand und singe den Laut LAM in einer Tonhöhe und Lautstärke, die angenehm für dich sind. Singe dieses Mantra dreimal hintereinander. Dann laß dir einen Augenblick lang Zeit und spüre nach, ehe du zum zweiten, dem Sex-Chakra übergehst.

   Aufsteigende Girlande:

LAM	1. Chakra
VAM	2. Chakra
RAM	3. Chakra
YAM	4. Chakra
HAM	5. Chakra
KSHAM	6. Chakra
OM	7. Chakra

2. Atme ein paarmal tief durch und beginne jetzt die absteigende Girlande in umgekehrter Reihenfolge. Wieder hältst du einen Augenblick lang inne und atmest tief, ehe du noch einmal die aufsteigende Girlande singst.

Chakraaktivierung mit Essenzen

Da das Aroma von Pflanzenessenzen und ätherischen Ölen dem feinstofflichen Charakter unserer Chakren verwandt ist, kann es von diesen besonders gut aufgenommen werden. Je offener und rezeptiver wir werden, desto feiner sind die Genüsse, die wir uns und unserem Körper bereiten können. Pflanzenessenzen und Öle dringen in tiefe Schichten unseres Energiekörpers ein und entfalten dort ihre feine, spezifische Kraft. Sie wirken reinigend und ausgleichend auf unsere »Blütenpunkte«. »Es gibt eine Überzeugungskraft des Duftes, die stärker ist als Worte, Augenschein, Gefühl und Wille. Die Überzeugungskraft des Duftes ist nicht mehr abzuwehren, sie geht in uns hinein wie die Atemluft in unsere Lungen, sie erfüllt und füllt uns vollkommen aus, es gibt kein Mittel gegen sie.«[35]

Wir benutzen für jedes Chakra eine andere Essenz, die wir mit den Fingern direkt auf die Haut tupfen oder einen Wattebausch damit tränken und ihn auf das Chakra legen. Durch sanftes Atmen unterstützt, kann es nun zu einem Energieaustausch zwischen der Essenz und dem jeweiligen Chakra kommen. Wir beginnen diese Stimulierung unserer Chakren durch Duftessenzen wieder beim Basischakra und steigen schrittweise höher bis zum Scheitelpunkt. Bestimmte Essenzen wirken auf die unteren Energiezentren ein, andere auf die oberen. Aber auch hier kannst du experimentieren und deinen eigenen Duft für jedes Chakra herausfinden. Wenn wir unsere Chakren auf diese sanfte Art geöffnet haben, steigt von den unteren Chakren oft eine zarte Welle sinnlicher Erregung auf und gelangt, betört vom Duft der feineren Essenzen, bis hoch zum Scheitelzentrum. Eine Welt von subtilen Farb- und Formbildern kann sich auftun. Unsere Wahrnehmung und unser Bewußtsein öffnen sich für neue Dimensionen eines feineren Erlebens und Zeitempfindens.

Manchmal finden die duftigen »Seelen« der Essenzen auch direkten Zugang zu unserem Unterbewußtsein und erschließen uns bislang verdeckte Erinnerungen. Bilder und Gefühle tauchen auf, die mit der spezifischen Kraft des jeweiligen Chakras verbunden sind und jetzt an das Licht unseres Bewußtseins gelangen (Kapitel »Tanz der Sinne«). In der folgenden Chakraaktivierungsübung benutzen wir eher »schwere« Duftöle wie Ylang-Ylang (eine Pflanze, der aphrodisierende Wirkung nachgesagt wird), Sandelholz oder Zimt für die unteren Chakren, für die aufsteigende Energie der oberen Chakren leichtere Düfte wie z. B. Melisse oder Minze. Dabei können die Essenzen entweder in 10%iger Mischung mit einem Träger wie Mandel- oder Jojobaöl direkt aufgetragen werden, oder man gibt ein bis zwei Tropfen der reinen Essenz auf einen Wattebausch und legt diesen auf das Chakra.

Folgende Öle können den sieben Chakren zugeordnet werden:

1. Chakra	Zypresse
2. Chakra	Ylang-Ylang, Sandelholz, Zimt
3. Chakra	Verbena, Lavendel, Wacholder
4. Chakra	Melisse, Neroli, Jasmin
5. Chakra	Cajeput, Pinie, Eukalyptus, Rosmarin
6. Chakra	Pfefferminze, Salbei
7. Chakra	Rose, Lotus

Wir verstehen diese Liste als eine Empfehlung aus der noch jungen Praxis der Aromatherapie und nicht als strenge Zuordnung, die einzuhalten wäre. Experimentiere mit der Duftküche und laß dich dabei von deiner Intuition und deiner Nase leiten.[36]

Übungsanleitung zur Chakrenaktivierung mit Essenzen

Ihr sitzt euch gegenüber und begrüßt euch mit einem OM.

1. *Vorbereitung:* Du legst dich bequem auf den Rücken, während dein Partner am Fußende sitzt und deine Füße hält.
2. *Strömungsatmen:* Atme nun mit leicht geöffnetem Mund, so daß der ein- und ausgehende Atem einen leisen Zischton erzeugt. Beim Einatmen hebst du den rechten Arm von der Matratze. Beim Ausatmen läßt du den Arm wieder auf die Matratze sinken. (Der Arm sollte dabei ausgestreckt bleiben.) Wiederhole diesen Ablauf ungefähr viermal. Dann hebe den rechten Arm beim Einatmen und lege ihn mit dem Ausatmen auf die Matratze zurück (ebenfalls viermal). Und jetzt hebe beide Arme beim Einatmen und lasse sie beim Ausatmen langsam neben dich sinken.
3. *Essenzen auftragen:* Jetzt beginnt dein Partner die Essenzen in der oben beschriebenen Reihenfolge auf deine Chakren aufzutragen. Nachdem er den Duft aufgetupft hat, berührt er dein Chakra sanft. Er nimmt sich mindestens 3 Minuten Zeit, ehe er zum nächsten Chakra höhersteigt. Du atmest ohne Anstrengung und gibst dich ganz den Duftempfindungen hin. Sei aufmerksam für Bilder und Farben, Körperempfindungen und Erinnerungen, die auftauchen. Sie können dir viel über den Zustand und die Bedürfnisse des Chakras erzählen, das gerade seine »Duftbehandlung« erfährt.
4. *Abschluß:* Ihr beendet die Übung mit einem gemeinsamen OM (Dauer der Übung: ungefähr 30–45 Minuten). Anschließend könnt ihr die Rollen wechseln.

Anmerkung: Für das erste Chakra einen getränkten Wattebausch benutzen! (Wie oben beschrieben. Der direkte Kontakt mit den Essenzen kann hier die Schleimhäute reizen.)

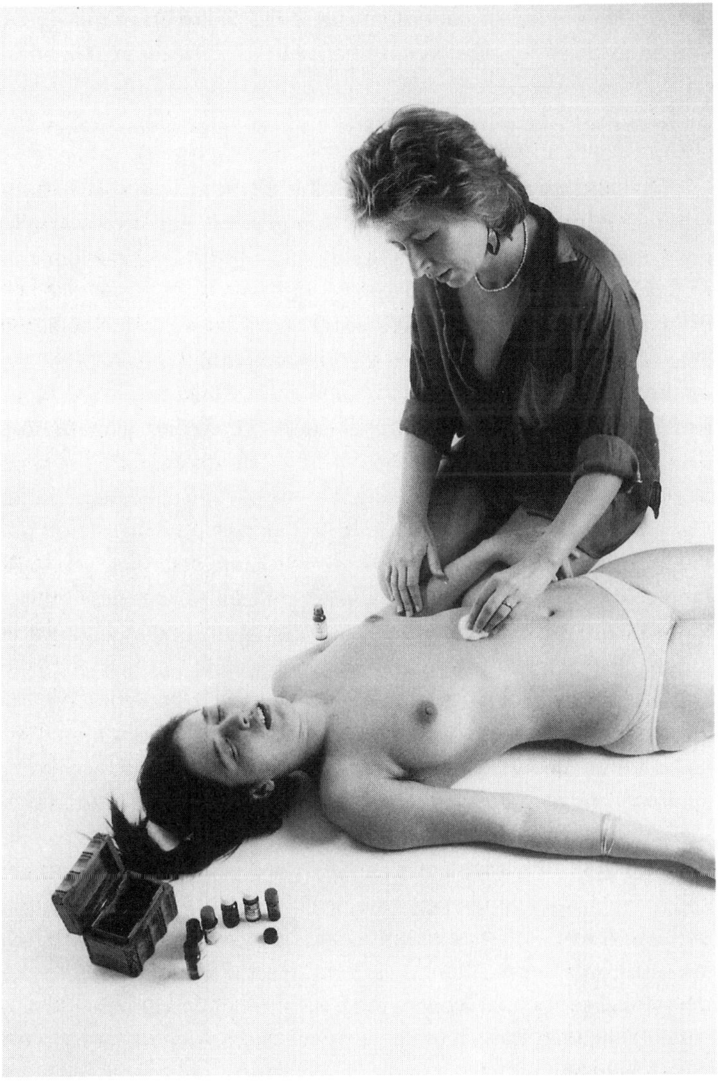

Ähnlich wie mit dem Baderitual (siehe S. 75) könnt ihr mit dieser Übung auch euch selbst verwöhnen. Ihr »badet« eure Chakren in den verschiedenen Düften und überlaßt euch euren Empfindungen, Bildern und Phantasien, so wie Ingrid es im folgenden beschreibt:

»... Ich liege auf meinem Bett und habe neben mir die Fläschchenreihe der Pflanzenessenzen stehen. Wie ein wolkenfein schimmerndes Gewebe, das sich ständig verändert, füllt ihr Duft den ganzen Raum: Zimt, Pinie, Zitrone, Minze, Jasmin – kräftig und würzig, frisch und leicht und dann wieder süß und schwer. Ich tränke einen Wattebausch mit zwei Tropfen Zypressenöl und lege ihn zwischen meine Beine, drücke ihn leicht gegen den Punkt zwischen Anus und Yoni. Ich stelle mir vor, durch diesen Punkt einzuatmen, hole den Atem tief hinein, und er ist wie ein Streicheln, dabei bin ich alleine. Für mein Sexchakra habe ich mir Ylang-Ylang ausgewählt. Der Duft ist süß und erotisch, und ich tupfe ein wenig davon auf meinen Unterleib, dorthin, wo die Schamhaare beginnen. Ich lasse meine Fingerspitzen dort sanft kreisen und spüre, wie sich der betörende Duft mit der leise pulsierenden Erregung verbindet, die von meinem Sexzentrum aufsteigt.

Langsam steige ich weiter: der zitronenfrische Duft von Verbena für mein Sonnengeflecht, die frische Melisse für mein Herz, die herbe Pinie, die zugleich die Atemwege öffnet, für mein Kehlkopfzentrum, und der kühle Duft der Pfefferminze für mein Drittes Auge. Und oben an mein Kopfende habe ich meinen Bergkristall gestellt, der all diese Düfte hochziehen und verbinden soll. Es ist, als ob der zarte Hauch der Pflanzen ganz unterschiedliche, feine Türen öffnet, und Raum wird frei, in dem ihre Düfte sich verströmen können. Ich atme tief, und jeder Atemzug scheint die duftende Wolke, in der ich schwebe, noch zu weiten. Ich bin so viel mehr als mein Körper, den ich anfassen kann. Sanft liebkosend berühre ich meinen Unterleib. Ich ziehe meinen Atem durch das Wurzelchakra ein bis hoch zum Sexchakra und schicke ihn dort mit dem Ausatmen wieder hinaus. So atmend entsteht ein kleiner Kreis, der erstes und zweites

Chakra verbindet, und auch die Düfte mischen sich, Zypresse und Ylang-Ylang, Baum und Blüte. Ich fülle mich mit meinem Atem, spüre in diesen Ort hinein, der langsam die Form eines dunkelroten Sonnenballs annimmt. Ich atme die Düfte ein – atme sie wieder aus, mein Atem und die Düfte werden eins. Ich bin Duft und Atem. Ich genieße es, einfach dazuliegen, mein Becken bewegt sich wie von selbst langsam auf und ab, während ich weiter durch das Wurzelchakra einatme und jetzt den Atem höherziehe bis zum Sonnengeflecht, dem Zitronenduft der Verbena. Mein ganzer Bauch füllt sich mit der Kraft meines Atems.

Wie von selbst wird mein Atem schneller, und ich spüre eine prickelnde Aufregung. Die Düfte hüllen mich ein, und der Atem trägt mich zum Tor meiner Kraft, dem Sonnengeflecht. Ein heftiges Pochen – mir ist, als würde ich auf einem wildgaloppierenden Pferd über endlos flaches Land dahinjagen. Und weiter steige ich mit dem Atem auf bis zum frischen Geruch der Melisse. Durch das Basischakra ziehe ich den Atem hoch über das Sexzentrum und den Solarplexus, verbinde den erdfesten Teil meines Körpers mit meinem Herzen. Und plötzlich spüre ich, wie dieser Atemkreis mich schmerzt. Mir steigen Tränen in die Augen. Es tut weh – und Bilder tauchen auf von meinem Vater, der vor kurzem diese Welt verlassen hat. Ich weine meine Abschiedstränen. Der Duft von Lavendel lockt mich weiter hoch zu meiner Kehle. Ich atme vom Basischakra hoch in meinen Kehlkopf, spüre eine starke, drängende Kraft – und schreie plötzlich laut heraus. Endlich losgelassen, folgt auf diesen Schrei ein Lachen. Wie gut das tut! Ich, die sonst so still bin, schreie einfach los! Ich schreie und lache abwechselnd, während ich weiter den Atemkreis ziehe von meiner Yoni aufwärts bis zur Kehle. Diese Reise wird immer aufregender! Weiter ziehe ich den Atem hoch bis zum Dritten Auge. Dort hat die kühlende Minze ihre Spuren hinterlassen, und ein Licht breitet sich aus an diesem Ort, das mit jedem Atemzug heller wird und meinen Kopf ganz füllt. Hier ist alles fein und zart. Der Atem ist ein frischer Hauch im Rhythmus pulsierender Lichtwellen. Beim Kronenchakra schließe ich den

Atemkreis. Hier, beim tausendblättrigen Lotus angekommen, wird alles einfach still. Keine Farben, keine Bilder, keine Gefühle und Körperempfindungen – es ist, als hätte ich eine Insel des Ausruhens erreicht. Und der größte Lotuskreis von meinen Wurzeln aufwärts bis zur Krone umschließt mich mit seiner leuchtenden Stille. Hier bin ich zuhause.«

Das Lotusatmen

Das Lotusatmen ist eine dynamische Form, unsere sieben Chakren zu öffnen und sie zu verbinden. Wie Ingrid in ihrer oben beschriebenen Duftreise durch die Chakren schon andeutete, lassen wir dabei unseren Atem langsam aufwärtssteigen. Wir ziehen ihn mit dem Einatmen durch unsere Genitalien nacheinander aufwärts in jedes Chakra und schicken ihn mit dem Ausatmen zurück zu den Genitalien. So werden alle Chakren durch immer größer werdende Atemkreise miteinander verbunden. Wenn du das Lotusatmen regelmäßig praktizierst, lernst du deine Chakren immer besser kennen und weißt, in welchem Zustand sie sich befinden und ob sie Energie und Heilung brauchen. Du lernst die Kunst, deinen eigenen feinstofflichen Körper auszubalancieren.

Übungsanleitung: Das Lotusatmen

1. *Vorbereitung:* Halte eine Matratze, Taschentücher, deine Lieblingsdüfte (oder die sieben Chakraöle) in einem Raum bereit, wo du nicht gestört werden kannst.
2. *Bewegen:* Tanze und schüttele dich mindestens fünf Minuten lang. Gehe nach dem »Ja-Schwung«, dem »orgastischen Beckenatmen« vor oder mache andere dynamische, mobilisierende Übungen. Bring deinen ganzen Körper in lebhafte Bewegung.
3. *Einstimmen:* Lege dich auf den Rücken und entspanne dich, winkele deine Beine an und stelle sie auf, so daß die Füße auf der Matratze ruhen. Atme entspannt und stimme dich auf deine

Chakren ein. Du kannst hierfür die Chakragirlande singen, Duftöle auftragen oder einfach mit deiner Aufmerksamkeit durch alle sieben Chakren wandern und Kontakt mit ihnen aufnehmen (später kannst du das Lotusatmen auch im Stehen machen).

4. *Der Lotusatem:* Laß für diese Atmung deinen Mund leicht geöffnet. Stelle dir nun vor, du atmest durch deine Genitalien ein und ziehst den Atem durch einen inneren Kanal hoch bis zum zweiten Chakra, dem Sexchakra (siehe auch sexuelles Atmen, Kapitel 2). Von dort atmest du aus und schickst deinen Atem in geringem Abstand zur Bauchvorderseite wieder hinunter zu den Genitalien. Ein Atemkreis zwischen erstem und zweitem Chakra entsteht. Atme diesen Kreis mehrmals, bis du ein Gefühl von Fülle hast. Dann ziehst du den Atem, wieder bei den Genitalien beginnend, im inneren Kanal weiter hoch in dein drittes Chakra, das Sonnengeflecht, und schickst ausatmend den Atem wieder an der Bauchvorderseite hinunter zum Basischakra. Der Atemkreis hat sich vergrößert und verbindet jetzt dein erstes und dein drittes Chakra. So steigst du langsam und deiner eigenen Zeit folgend in größer werdenden Atemkreisen immer höher über das Herzchakra, Kehlkopfchakra, das Dritte Auge bis zum Scheitelpunkt. Jetzt hast du in einem einzigen großen Atemkreis alle sieben Chakren miteinander verbunden. Erlaube alle Bilder, Gedanken, Gefühle, Farb- und Körperempfindungen und beobachte sie still. Du kannst mit deinen Händen der kreisenden Bewegung des Atems folgen und ihn damit unterstützen. Folge deiner Intuition.

Anmerkung: Zu Beginn des Lotusatmens ist es gut, langsam zu atmen und den Schwerpunkt mehr auf das Ausatmen zu legen (etwas mehr aus- als einatmen!). Ein gleichmäßiger Atemrhythmus ist hier am besten. Es ist auch wunderschön, den Lotusatem im Sitzen als eine Meditation zu praktizieren. Und ein besonderes Erlebnis ist es, wenn du dabei im Freien die aufgehende Sonne betrachtest, die sich wie deine Lotusse immer weiter öffnet.

Kapitel 10

Energieverbindungen – die Kunst, sich einzustimmen

Sie lud mich für diese Nacht zu sich ein. Sie war eine erfahrene Kabbazah, eine Hohepriesterin der Liebe. Sie hatte bei eingeweihten Lehrern in Indien, China und Japan gelernt – ich spürte, daß sie viele der geheimnisvollen Künste kannte, mit deren Hilfe sich sexuelle Energie wie in einem alchimistischen Prozeß in Ekstase verwandelt. Neben ihrem Bett standen Früchte und herrliche Getränke bereit. Überall brannten Kerzen und tauchten den Raum in ein weiches, ungewisses Licht. Sie schlug goldene Klangschalen von verschiedenen Größen für mich an und führte sie an mein Ohr – ich war wie verzaubert von dem schwingenden Ton, der mich in die Gegenwart bannte. Schön geformte Duftlampen, mit Wasser, feinen Essenzen und Rosenblättern gefüllt, verströmten den Duft eines Blumengartens, den ich mit jedem Atemzug aufnahm und mich dabei immer mehr entspannte. Es war, als würden sich durch die Gegenwart dieser Frau alle meine Sinne öffnen. Ich wurde weicher, gelöster und auch ein wenig ängstlich. Sie berührte mich ganz langsam, strich über meine Haut, ohne etwas zu sagen und sah mich dabei lange an. Dann entkleidete sie mich ebenso langsam und wies mich an, mich auf ihr Bett zu legen und mich zu entspannen. Ihre Hände waren zart und warm, kräftig und sanft zugleich. Sie rieb mich mit duftenden Ölen ein und schien mit jeder Berührung zu ahnen, was mir gut tat und was meine Erregung steigerte. Ich verspürte eine stürmische, ungeduldige Lust, wollte sie mir nehmen und sie ›besitzen‹ – da hielt sie plötzlich in der Bewegung inne und legte ihre Hand auf mein Herz. Dann nahm sie meine Hand und führte sie zu ihrem eigenen pochenden Herzen.

Langsam beugte sie ihr Gesicht ganz nah an meines, als wollte sie mich küssen – doch es geschah anders. Unendlich behutsam bettete sie ihre Hände neben meinen Kopf, und ihr Gesicht lag jetzt so dicht neben meinem, daß ich ihren Atem hören konnte. Warm, ruhig und voller Leben. Während ich noch überlegte, was das alles zu bedeuten hatte, wies sie mich an, auszuatmen, hörbar, langsam und bewußt, während sie gleichzeitig einatmete. ›Stimm dich auf mich ein, auf meinen Atem. Laß dich von mir leiten. Du brauchst nichts zu entscheiden. Geh einfach mit.‹ Wir lagen jetzt eng aneinandergeschmiegt, unsere Körper kribbelten vor Wärme und Erregung. Ohne Worte signalisierte sie mir den Rhythmus unseres Wechselatems, in dem alles Feuer unserer Lust sich auf geheimnisvolle Art verfeinerte, sich ausweitete und im Körper langsam aufwärts stieg. Langsam vergaß ich meinen brennenden Wunsch, sie ›haben‹ zu wollen. Wir waren sanft gefangen in der Macht unseres Atemkreises, wurden Teil von ihm, verschmolzen mit ihm. Es war, als ob ihr Herz mir eine wortlose Botschaft klopfte: ›Laß es einfach, wie es ist. Laß uns das Feuer spüren, uns von ihm mitnehmen und es mit unserem Atem nähren, so daß es hoch aufflackert und Licht werden kann, hörst du? Mehr brauchen wir nicht zu tun. Wir sind eins.‹

Dieser Wechsel von Ein- und Ausatmen, dicht aneinandergeschmiegt, verband uns mit unserem innersten Sein, schuf einen Kreislauf von Geben und Nehmen, der alle sexuellen Gefühle mit einschloß und uns zugleich über sie hinauswachsen ließ. Wir tauchten in einen Energiewirbel, der immer stärker wurde, auf dem wir tanzen, gleiten, fliegen konnten. Das Universum nahm uns auf und spielte mit unserem Atem. In manchen Augenblicken wurde mir schwindelig, und ich hatte Angst. Sie wußte es. Sie öffnete ihre Augen und bat mich, sie wissen zu lassen, was mit mir sei. Ich wurde gehört, verstanden. Ich faßte mehr Vertrauen und fühlte mich ihr zugleich immer näher, ich war nackt vor ihr. Auch meine Ängste waren Teil unseres Spieles, es gab nichts, was es nicht mit einschloß in seinen Kreis. Ich spürte eine große Freude und Kraft in mir aufsteigen. Hellwach nahm ich ihre vorsichtigen Bewegungen und noch die subtilsten inneren Impulse wahr, und auch sie antwortete in ihrem Inneren auf jede meiner unausgesprochenen Regungen. Der Kreis unseres Atems wurde zum Kreis des Verstehens, eines Vertrautseins, in dem die Trennung von Du und Ich aufgehoben war. Er war unendlich lebendig, still und ekstatisch zugleich. Ein uralter Durst wurde gestillt. Wir gaben uns gegenseitig Nahrung, unsichtbare Nahrung, empfangen aus den Kräften des Kosmos und wieder zu ihm zurückkehrend.

Alles war einfach und vertraut. Und wann immer mein Kopf Zweifel und Bedenken anmelden wollte, empfing ich von ihrem Herzen eine Botschaft: ›Höre, was dein Herz sagt. Kannst du ihm vertrauen?‹ Und mein Herz antwortete mit einem anfangs zögernden, dann immer freudiger werdenden Ja. Ja, ich bin bereit, mich fallen zu lassen, mich zu geben, mich aufzulösen und gefunden zu werden. Und irgendwann, als die Zeit stillstand, passierte dieses Loslassen, und wir wurden mitgetragen von einem feinen, spiralförmigen Strudel, in dem wir uns mit Bäumen, Ozeanen, Sternen und Galaxien wiederfanden und mit ihnen tanzten. Es war, als hätte sich in ihrer Gegenwart eine Tür in mir geöffnet, und ich war mit ihr, meiner Shakti, meiner Lehrerin, auf dem Weg zurück zu mir selbst, auf dem Weg zurück nach Hause …« Tantra lädt uns ein, zu unseren Quellen zurückzukehren.

Wir alle kennen Situationen, in denen diese Verbindung wie von selbst geschieht: Ein Funke springt über. Du schaust jemandem in die Augen und findest dort ein Aufblitzen, das du erkennst, das zugleich auch deines ist, und ihr versteht euch ohne Worte. Oder plötzlich beim Tanzen geschieht es, daß ihr euch in einem Rhythmus dreht, euch von den gleichen Schritten tragen laßt, ohne euch abzusprechen. Und es gibt Augenblicke, da hast du das Gefühl, zusammen mit deinem Geliebten an einen Stromkreis angeschlossen zu sein. Eine zarte Berührung, ein gemeinsamer tiefer Atemzug – und »etwas« beginnt zwischen euch zu pulsieren. In der tantrischen Liebeskunst geht es darum, unsere Energie bewußt und entspannt mit der eines Partners zu verbinden. Diese Verbindung geschieht auf einer feinstofflichen Ebene und kann auch ohne genitalen Kontakt zum Beispiel durch Berührungen, Bewegungen, gemeinsames Atmen und Blickkontakt ausgelöst werden. Dieser Austausch hat oft eine heilende, klärende und harmonisierende Wirkung. Feinstoffliche Energiezentren (Chakren) können sich dabei öffnen, und eine intensive Nähe entsteht zwischen den Partnern, ein spontanes Verstehen, das keine Worte braucht. Die sexuelle

Verbindung ist für viele Menschen die einzige Möglichkeit, ihre Sehnsüchte nach Zärtlichkeit, Geborgenheit und Nähe zuzulassen und zu verwirklichen. Als folgten sie einem ungeschriebenen Gesetz, das lautet: »Wenn ich dir nah sein will, muß ich mit dir ins Bett gehen.« Die Übungen in diesem Kapitel zeigen einmal mehr, daß uns außer der genitalen Vereinigung noch unendlich viele Möglichkeiten offenstehen, uns diese Nähe, dieses Einssein mit einem anderen Menschen zu erlauben. Die geheimen Lehren von der tantrischen Energieverbindung gehen seit uralten Zeiten von dem Wissen aus, daß tiefgehende Erfahrungen von Intimität, Ekstase und sinnlichem Erkennen mit einem Partner auch ohne die gewohnte genitale Vereinigung möglich sind.

Gerade angesichts der Bedrohung durch Aids gewinnt dieses Wissen eine neue, lebenswichtige Bedeutung. Einige der Übungen in diesem Kapitel weisen uns im Sinne einer neuen Erotik den Weg zur Nähe mit unserem/einem Partner ohne oralen, analen oder genitalen Sex, bei dem die Verbindung der Herzen im Mittelpunkt steht. Diese Übungen können uns zeigen, wie wir uns auf bewußte und spielerische Weise für neue Dimensionen der erotischen Liebe öffnen können. Dabei geht es weniger um das Erlernen neuer, energetischer Liebestechniken. Die Anweisungen sollen uns vielmehr helfen zu lernen, wie wir uns bewußt auf einen Partner einstimmen können. Tantra betont das entspannte Geschehenlassen: das Liebesspiel drängt dann immer weniger aktiv und zielgerichtet auf einen Höhepunkt zu, vielmehr gestalten wir einen Raum, in dem sich Liebe entfalten kann. Wenn wir unsere Erwartungen fallenlassen und bereit sind, unsere Herzen zu öffnen, bereit sind, Ängste und Zweifel mitzuteilen, die oft als Hindernisse auftauchen, wenn wir neue Wege gehen, kurz, wenn wir es erlauben, daß alles Störende und Trennende ans Licht unseres Bewußtseins dringen kann – dann bereiten wir den Boden für eine wirkliche Begegnung vor. Unsere inneren Selbstgespräche, die uns von unserem Partner trennen und uns in der Dualität gefangenhalten, können aufhören. Wir können den Raum wortlosen Verstehens betreten, die Stille,

das Verströmen und Durchströmtwerden, das Aufgehen in einem größeren Ganzen. Unsere Herzen werden befreit, und wir können die energetischen Verbindungen der Lust in unserem Inneren wieder fühlen. Einer Lust, die immer feiner, immer weiter wird und uns in unbekannte Räume der Liebe führen kann, dorthin, wo Du und

Ich aufhören, getrennt zu sein und etwas Größeres uns in Besitz nimmt, in dem das alte Selbst stirbt. Dann wird die Begegnung mit unserem/unserer Liebsten zum Weg, der uns zurück zu unserer eigenen inneren Quelle führt.

Stelle dir vor, du sitzt deinem Geliebten gegenüber. Ihr spürt das Schlagen eurer Herzen. Dann atmet jeder von euch bewußt und sanft in sein eigenes Herz – das Einstimmen auf den anderen beginnt damit, daß wir zu uns selbst Kontakt aufnehmen. Langsam stellt sich der »Funkkontakt« zum Herzen des Geliebten her. Eure Herzen sind wie durch feine, unsichtbare Fäden verbunden. Ihr schaut euch wortlos in die Augen, und dieser Blickkontakt verstärkt die Energieverbindung. Jetzt nehmt euch an den Händen und spürt die Wärme eurer Handflächen. Wenn ihr dann langsam einen gemeinsamen Atemrhythmus findet, habt ihr einen Energiekreislauf hergestellt, einen fein vibrierenden Austausch, der mit unseren physischen Augen nicht erkennbar ist.

Viele denken bei Tantra an eine Ansammlung von Liebesstellungen und exotischen Sexualpraktiken aus vergangenen Zeiten. Die Wiedergabe von Tempelskulpturen aus dem heutigen Indien, auf denen Shiva und Shakti sich körperlich umschlingen, könnte diesen Eindruck fördern. Dabei zeigt sich gerade auf diesen Abbildungen ein tiefes Wissen um die vielfältigen Wege des Energieaustauschs zwischen Liebenden, die in ihrem Spiel Hände, Arme, Beine und Füße schöpferisch miteinander verbinden.

Wir können uns auf unseren Partner innerlich nicht einstellen und uns mit ihm verbinden, wenn wir mit einem Problem beschäftigt sind oder unentwegt unseren Gedanken nachhängen. Sind wir dagegen bereit, uns mitzuteilen, uns innerlich zu reinigen und dann auf den anderen einzustimmen, kann die gemeinsame Reise beginnen. Wenn die Geliebten sich dann entspannen, sich anschauen, sich berühren und umarmt halten und einen gemeinsamen Atemrhythmus finden, wird Energie ausgetauscht. Ein Energiekreislauf entsteht zwischen beiden, dem sie sich bewußt überlassen können. Es ist, als ob aus der unterschiedlichen Musik zweier Instrumente eine gemeinsame Melodie entsteht. Je besser die Spieler mit ihrem eigenen Instrument vertraut sind, desto leichter fällt es ihnen, aufeinander einzugehen und sich auf das gemeinsame Spiel einzulassen.

Ein weiterer Schlüssel, um diese Verbindungen zu fördern, ist die Kraft der Visualisation. Mit Hilfe unserer Vorstellung können wir die feinen Energien durch unseren ganzen Körper fließen lassen und die Verbindung mit unserem Partner intuitiv lenken und bewußt herstellen (siehe »Herz-Licht-Atmen«). Und der bedeutsamste Schlüssel der Energieverbindung zwischen Liebenden ist die Meditation. Wenn beide einen Sonnenuntergang oder einen Sternenhimmel betrachten und einer der beiden dabei still wird, überträgt sich diese Stille. Beide werden Teil der Stille. Konflikte und Probleme treten in den Hintergrund, und die Stille erfüllt beide. Je öfter wir diese Stille erleben, desto schneller erinnern wir uns daran und können inmitten von Lärm und Getobe dorthin zurückkehren. Wenn beide Partner den Kontakt mit diesem inneren Ort wachsen lassen, fällt es ihnen zunehmend leichter, auch in der Liebe einen gemeinsamen Kreislauf herzustellen.

Der Herz-Augen-Kreislauf

In diesem Kreislauf verbinden wir unsere Energie über unsere Herzen und über den Blickkontakt. Er kann in einen tantrischen Liebesabend eingeflochten werden als Einstimmung oder zur Vertiefung der Vereinigung. Ihr könnt ihn auch jederzeit mit einem unbekannten Partner herstellen und euch von der Intensität der Begegnung überraschen lassen.

1. Setzt euch einander so dicht gegenüber, daß eure Knie sich fast berühren.
2. Jeder von euch legt seine rechte Hand auf das Herz des Partners.
3. Eure linke Hand legt ihr über die Hand eures Partners auf euer eigenes Herz.

4. Atmet ein paarmal tief durch und nehmt Blickkontakt auf. Während ihr so verbunden seid, atmet leise hörbar und findet langsam einen gemeinsamen Atemrhythmus (Dauer: zwischen 5 und 20 Minuten).

Das tantrische Pulsieren

Das tantrische Pulsieren ist eine Energiemeditation, bei der wir unseren pulsierenden Lebensstrom direkt mit dem unseres Partners verbinden, indem wir einige Hauptenergiezentren berühren. Diese Art, die Energie zwischen zwei Partnern zirkulieren zu lassen, ist von tibetanischen Heilmethoden abgeleitet. Deeraj Murley, Wissenschaftler und Psychologe, den wir im Gespräch als einen engagierten Physiker, Heiler und Tantra-Lehrer kennenlernten, arbeitet mit verschiedenen Variationen dieser Energieverbindung, um den Energiekörper von alten Schlacken zu befreien. Unsere Hände und Füße tragen die sogenannten Nebenchakras, weitere Energieknotenpunkte unseres Körpers. So können alle lebenswichtigen Organe unseres Körpers energetisch an den Händen und Füßen über die sogenannten Reflexzonen berührt werden. (Die Fußreflexzonenmassage beruht auf diesem Wissen, ebenso wie die Akupunktur.) Diese Zonen sind über Energielinien (Meridiane) mit den einzelnen Organen verbunden und sind somit so etwas wie eine Landkarte, über die wir jeden Körperbereich energetisch erreichen können.

Beim tantrischen Pulsieren verbinden wir uns über diese Energieknotenpunkte unseres Körpers, indem ein Partner mit den Füßen den Genitalbereich des anderen Partners berührt und mit den Händen seine Fußgelenke umfaßt. Ein Energiekreislauf wird hergestellt, bei dem ein Partner yang (aktiv) und der andere yin (rezeptiv) ist. Die Yin- und Yang-Kräfte beginnen nun, im ganzen Körper zu zirkulieren und zu verschmelzen. In tantrischen und taoistischen Traditionen finden wir viele Körperhaltungen, bei denen sich die Liebenden über Hände und Füße miteinander verbinden. Sie können dadurch die feinen Energieströme gezielt anregen und zirkulieren lassen. Sind Hände und Füße mit einem Partner verbunden, ist der Kreislauf geschlossen, da nun die Energie des Herzens über ihren Fluß durch Hände und Füße direkt zum Partner gelangen kann. Eine weitere Verbindung geschieht über den Pulsschlag, den Rhythmus unseres Herzens, der sich im Körper ertasten läßt. Durch leichten Druck der Finger in der Nähe einer Ader spürst du den Pulsschlag deines Partners auf und bist über den klopfenden Rhythmus direkt mit seinem Herzen verbunden. Das tantrische Pulsieren kannst du jederzeit mit einem Partner machen, ohne daß ihr sexuellen Kontakt habt.

Anleitung zum »tantrischen Pulsieren«:

Diese Übung kannst du mit jedem Partner machen, auch zwei Frauen oder zwei Männer können diesen gemeinsamen Energiekreislauf herstellen. Ihr könnt dabei Kleidung tragen, wenn euch das lieber ist. Das »tantrische Pulsieren« ist auch eine wunderschöne Möglichkeit, andere Rituale (siehe Kapitel Lotusritual) damit zu bereichern oder einen Liebesabend mit deinem/deiner Geliebten zu beginnen.

Vorbereitung: Bereitet eine große Liegefläche vor, zwei Matratzen oder ein Doppelbett (ihr könnt auch eine Matratze mit ein paar Kissen verlängern). Legt Kissen und Taschentücher bereit und tragt bequeme Kleidung (keine engen Hosen). Wählt zwei energetische Musikstücke von jeweils ca. 30 Minuten.

Einstimmen: Setzt euch gegenüber und begrüßt euch (mit einem OM oder einer anderen Begrüßungsformel, die euch gefällt). Jeder Partner hat ungefähr 5 Minuten Zeit, seinem Gegenüber zu erzählen, was ihn im Augenblick bewegt (Ängste, Befürchtungen, Erwartungen), während der andere Partner aufmerksam zuhört. Entscheidet nun, wer zuerst den passiven und wer den aktiven Teil übernimmt. Verneigt euch (mit einem weiteren OM) voreinander und schaltet die Musik ein.

Position finden: Der rezeptive Partner legt sich auf den Rücken, stellt die Beine auf und entspannt sich.

a) Fußgelenke umfassen
Der aktive Partner legt sich mit ebenfalls angewinkelten Knien auf den Rücken (siehe Foto). Er umschließt mit beiden Händen die Fußgelenke des/der Liegenden und versucht, den Pulsschlag aufzuspüren. (Oft ist es leichter, ihn an den Innenseiten der Gelenke zu ertasten.) Experimentiere mit unterschiedlich starkem Druck deiner Hände und Finger, ohne daß dein Griff jedoch für den rezeptiven Partner unangenehm ist. Wenn du ein leichtes Klopfen spürst, konzentriere dich darauf. Zu Anfang wirst du vielleicht deinen eigenen Puls nicht vom Puls deines Partners unterscheiden können. Das ist in Ordnung. Konzentriere dich darauf, was deine Hände spüren. Alles andere geschieht von selbst.

b) Füße plazieren
Plaziere nun deine Füße sanft und vorsichtig seitlich der Genitalien deines Partners (siehe Foto). Laß dir vom rezeptiven Partner zeigen, ob der Druck und die Position der Füße angenehm ist. (Es darf nicht schmerzhaft sein.) Der rezeptive Partner kann die Position der Füße mit seinen eigenen Händen korrigieren. Achtet darauf, bequem zu liegen. Legt euch Kissen unter, wenn das angenehmer ist.

In die Position hineinentspannen: Richtet nun beide eure Aufmerksamkeit auf euren Atem und beginnt, leise hörbar für den anderen zu atmen. Entspannt euch und fallt mit Hilfe der Musik tiefer in euch selbst.

Wechselspiel von Fuß und Händen: Der passive Partner liegt entspannt und gibt sich dem Geschehen hin. Der aktive Partner löst jetzt langsam (im Zeitlupentempo) seinen linken Fuß, während der rechte Fuß seitlich der Genitalien stehen bleibt. Dieser Fuß bleibt die ganze Zeit als fester Kontaktpunkt dort liegen. Während der aktive Partner den einen Fuß löst, konzentriert er sich auf den

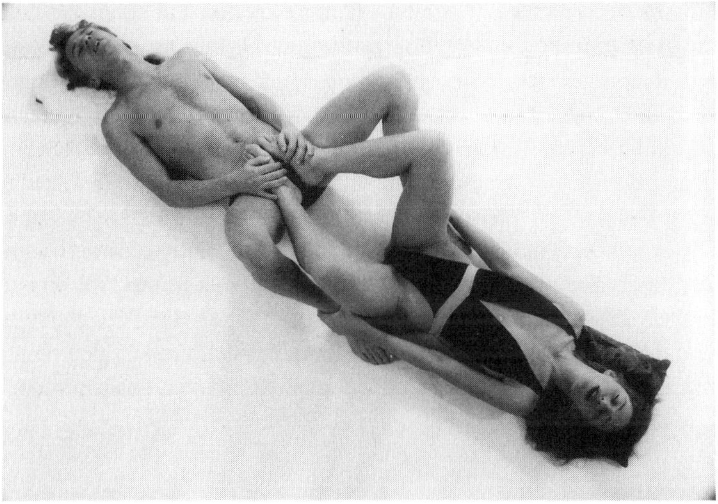

Position des tantrischen Pulsierens

Pulsschlag, den er mit seinen Händen an den Fußgelenken des passiven Partners ertastet. Ebenso langsam bringt er seinen linken Fuß wieder zurück. Während er nun den Druck mit seinem linken Fuß ganz allmählich verstärkt, löst er gleichzeitig und ebenso allmählich seine Hände von den Fußgelenken des liegenden Partners, bis er sie kaum noch berührt. Dann löst er wieder den Druck seines Fußes im Genitalbereich und verstärkt gleichzeitig den Druck seiner Hände, die die Fußgelenke erneut umfassen. Im Zeitlupentempo führt er dieses Wechselspiel nun fort, verstärkt und lockert abwechselnd den Druck seiner Hände an den Fußgelenken und den Druck seines Fußes seitlich der Genitalien. Ein gleichmäßiger Rhythmus zwischen Druckgeben mit dem Fuß, Loslassen und Druckgeben an den Fußgelenken entsteht.

Inneres Loslassen: Während die Partner im oben beschriebenen Rhythmus weiter miteinander verbunden bleiben, sind sie aufmerksam für ihre inneren Impulse und Gefühle und folgen ihnen, ohne die Energieverbindung zu unterbrechen.

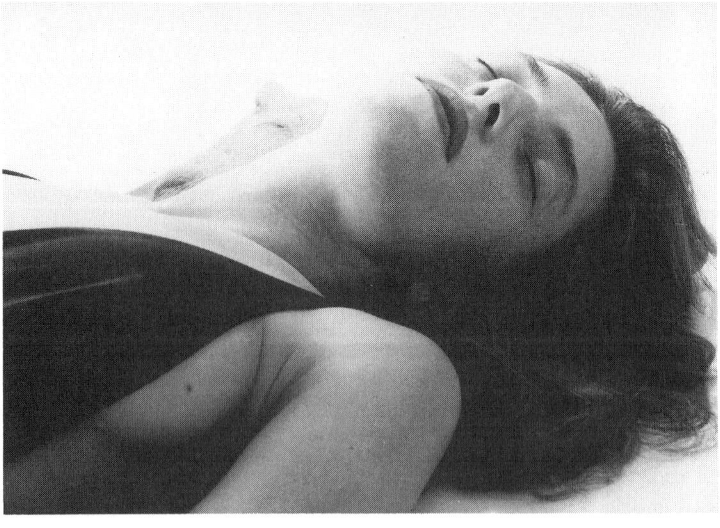

Ausklingen und Kontaktaufnahme: Sprecht möglichst nicht miteinander, wenn ihr die Rollen wechselt (ca. 20–30 Min.). Laßt den Übergang sanft und fließend vor sich gehen. Tauscht eure Erfahrungen erst später aus.

Abschließen: Wenn ihr möchtet, könnt ihr euch jetzt erzählen, wie ihr den Austausch erlebt habt und euch dann (mit einem OM) bedanken und verabschieden.

Erlebnisbericht

Jürgen: »Ich hörte, wie Barbara ein paarmal tief durchatmete, als ob sie seufzte, und spürte, wie ihr Körper leicht vibrierte. Mir war zum Lachen, und etwas in mir entspannte sich. Die Berührung ihrer Füße war sehr lustvoll für mich, von den Genitalien aufsteigend durchlief ein warmer Schauer meinen Körper. Ich fühlte mich mehr als Frau denn als Mann, weich und aufnehmend, ihre Berührungen aufnehmend. Während sie den Druck ihrer Füße langsam verstärkte, spürte ich, daß mehr von ihr in mich eindrang, und ich konnte das zulassen und war zuerst ganz erstaunt darüber. Mir kamen Tränen, und ich streichelte ihren Fuß. Ich atmete laut und lustvoll und dachte: »Ich höre mich ja an wie eine Frau beim Liebesakt!« Die Musik berührte mein Herz und wieder kamen mir Tränen, ich weiß nicht, ob vor Schmerz oder Freude. Ich glaube, ich empfand beides zugleich. Dann war es, als seien wir an einen Stromkreis angeschlossen und erbebten beide. Und dann brach plötzlich eine unbändige Freude aus mir heraus, ich stieß einen lauten Schrei aus, der alles enthielt: die Kraft des Mannes und die Lust der Frau, das wilde Tier und das jauchzende Kind. Dieser Schrei kam aus meinem innersten Wesen. Und dann gab es keine Grenzen mehr zwischen uns. So lagen wir noch eine Weile zusammen, ohne zu sprechen. Ich hatte mich immer danach gesehnt, so mit ihr zu liegen, ohne jedes Getrenntsein.«

Barbara: »Zuerst hatte ich Angst, mit meinen Füßen seinen Hoden wehzutun. Aber er zeigte mir genau, wie es angenehm für ihn war, und ich war ganz erstaunt, wie fest ich drücken durfte. Eine weiche Wärme stieg mir in den Bauch, gar nicht sexuell. Und dann zitterten wir beide und waren nicht mehr getrennt. Er wurde dann ganz still, aber ich spürte, daß sich in seinem Inneren etwas zusammenbraute, wie die Ruhe vor dem Sturm, so deutlich spürte ich das, als ob es in mir selbst geschähe. Und mein Herz und sein Puls schlugen beide ganz schnell, obwohl es so still war. Als er dann schrie, erfüllte seine Stimme den ganzen Raum und vibrierte in meinem Bauch. Es war wie ein Orgasmus, der in Wellen durch meinen Körper bis in den Kopf hochstieg, und dort explodierte ein Licht.«

Das Herz-Licht-Atmen

Das Herz-Licht-Atmen ist eine Meditation, bei der wir uns auf verschiedenen Energieebenen mit unserem Partner verbinden, unser inneres Feuer erwecken und es bewußt durch den Körper lenken. In dieser Meditation lenken wir unseren Atem von den Genitalien bis zum Herzen. Dabei benutzen wir die Kraft der Visualisation und stellen uns einen goldenen Lichtstrahl vor, mit dessen Hilfe wir uns mit unserem Partner energetisch verbinden. Während beim üblichen Liebesakt die Atmung meistens chaotisch, schnell und unbewußt verläuft, lebt die tantrische Sexualität von der Kunst, den Atemfluß und damit unser genitales Feuer bewußt durch den Körper zu lenken. So können wir unsere genitale Energie direkt mit der Kraft des Herzens verbinden. Die sexuelle Lust und die Liebe des Herzens beider Partner verschmelzen zu einem gemeinsamen Energiekreislauf. In dieser Aufwärtsbewegung der Energie richtet sich das Bewußtsein nach innen und verbindet sich mit dem Atem. In dem »Buch der Geheimnisse des Vigyana Bhairava Tantra« werden die lange Zeit geheimgehaltenen Methoden beschrieben, mit deren Hilfe wir Bewußtheit und Atmen eins werden lassen: »Gehe voll bewußt mit dem Atem mit. Wenn du mit dem Atem tief nach innen gehst, bleibe am Ball. Eile ihm nicht voraus, folge ihm nicht nach wie ein Schatten, sondern gehe mit ihm. Atem und Bewußtheit müssen quasi eins werden.«[37]

Die folgende Übung solltet ihr zunächst allein machen, bevor ihr dann mit einem Partner zusammenkommt.

Das Herz-Licht-Atmen (allein)

Beginne mit einem OM. Finde eine bequeme Stellung im Sitzen, bei der dein Rückgrat gerade aufgerichtet ist, und bekomme das Gefühl, sanft durch deine Genitalien einzuatmen. Dann stelle dir einen goldenen Lichtstrahl vor: Er fließt mit dem Einatmen durch deine Genitalien, und du ziehst ihn mit dem Atmen hoch bis in dein Herz (vgl. das sexuelle Atmen in Kapitel 2). Mit dem Ausatmen sendest du den goldenen Lichtstrahl wieder bis hinunter in deine Genitalien, mit dem nächsten Einatmen steigt er von deinen Genitalien wieder hoch bis in dein Herz. So schaffst du in dir einen Kreislauf des goldenen Lichtes. Lege eine Hand zur Unterstützung auf deine Genitalien, die andere auf dein Herz. Nimm Körperempfindungen und Gefühle wahr, die beim Atmen aufkommen, aber lasse den Lichtstrahl weiterhin sanft und ohne Anstrengung in deinem Körper kreisen (ca. 20 Minuten). Beende die Übung mit einem OM.

Herz-Licht-Atmen (Partnerübung)

1. Ihr sitzt euch gegenüber. Zur Begrüßung verbeugt ihr euch mit einem OM voneinander.
2. Ihr stimmt euch auf eure Chakren ein und weckt sie mit einem OM für jedes Chakra, oder ihr singt vom Wurzelchakra aufwärtssteigend die Laute LAM – VAM – RAM – YAM – HAM – KSHAM – OM und bildet so die Chakragirlande, um eure Chakren anzuregen (5 Minuten, vgl. auch Chakra-Kapitel).
3. Spürt die Herz-zu-Herz-Verbindung zu eurem Partner.
4. Jetzt stellt ihr euch beide einen goldenen Lichtstrahl vor, der mit

dem Einatmen durch eure Genitalien in den Körper dringt. Beide Partner ziehen den goldenen Lichtstrahl mit dem Atem hoch bis zum Herzen. Mit dem Ausatmen sendet ihr den goldenen Lichtstrahl nun sanft in das Herz eures Partners und weiter hinunter zu seinen Genitalien. Von dort fließt er zurück in eure eigenen Genitalien, und mit dem Einatmen beginnt ein neuer Herz-Licht-Kreis. So seid ihr beide durch den Kreislauf des goldenen Lichts miteinander verbunden. Schaut, daß ihr einen gemeinsamen sanften Atemrhythmus findet (ca. 5 Minuten).

5. Jetzt könnt ihr euch so nahe zusammensetzen, daß eure Herzen sich berühren. Die eine Hand legt ihr auf den Rücken eures Partners in Höhe seines Herzens, die andere auf das Steißbein (Beginn der Wirbelsäule). Atmet jetzt weiter den Energiekreislauf und spürt die Energiezentren eures Körpers (ca. 5 Minuten).
6. Ausruhen und mit einem gemeinsamen OM zum Abschluß kommen.

Der ganze Übungsablauf dauert ungefähr 20 Minuten. Versuche, den Energiekontakt mit deinem Partner mit allen Sinnen wahrzunehmen. Wenn du dich sexuell erregt fühlst, lasse das zu und atme trotzdem im gleichen sanften Rhythmus weiter. Wenn Gefühle auftauchen, erlaube sie dir und setze das kreisförmige Atmen fort, sowie du wieder bereit dazu bist. Unterbricht dein Partner den Kreislauf, dann atme allein weiter (wie in der Übung Herz-Licht-Atmen allein), bis dein Partner wieder bereit ist, zum gemeinsamen Atemrhythmus überzugehen. Solltest du Vibrationen und Energieströme wahrnehmen, atme weiter und bleibe bei der Visualisierung des goldenen Lichtstrahls, der eure Herz- und Sexchakren miteinander verbindet. Atme wieder den Kreislauf des Lichtes, sobald die Energiewellen abgeflaut sind. Es gibt beim Herz-Licht-Atmen keine starren Regeln, was zu tun ist, wenn einer der Partner den Atemkreis unterbricht. Der andere Partner bleibt am besten offen für den unterbrechenden Partner und weiter auf die Energieverbindung mit ihm eingestimmt.

Das Herz-Licht-Atmen ist eine Meditation, die wie ein Instrument oft geübt sein will, ehe ihr besonderer »Klang« sich ganz erschließt. Aber schon beim ersten Mal könnt ihr eine Ahnung von der Schönheit dieses Klanges bekommen. Du kannst das Herz Licht Atmen auch im sexuellen Beisammensein mit deinem/deiner Geliebten praktizieren. Es kann dadurch viel Energie frei werden, und lange verschüttete schmerzliche Gefühle können in deinem Herzen wachwerden. Begrüße es, daß diese alten Wunden aufbrechen, um endlich heilen zu können. Es kann aber auch sein, daß eine ungeahnte lustvolle Freude in energetischen Wellen deinen ganzen Körper durchströmt.

Habt ihr diese Meditation über einen längeren Zeitraum praktiziert und fühlt euch sicher damit, könnt ihr mit der folgenden Variante weitergehen: Nach der 3. Phase setzt ihr euch so nah beisammen, daß ihr euch mit Sex- und Herzchakra und dem Dritten Auge berührt. Dann laßt den Lichtstrahl von den Genitalien in euer Herz und weiter bis hoch zum Dritten Auge fließen. Stelle dir vor, wie du den Lichtstrahl von deinem Dritten Auge in das Dritte Auge deines Partners sendest, von dort aus mit dem Ausatmen in sein Herz und bis hinunter in die Genitalien. (Auch diese Übung kannst du allein machen, um dein Drittes Auge zu erwecken.)

Manchmal liegen wir mittags in den Pausen zwischen unseren Lehrstunden Arm in Arm und lassen den goldenen Lichtstrahl zur stillen Brücke werden, die unsere Herzen miteinander verbindet. Nichts Aufregendes geschieht. Wir liegen einfach da und atmen den Kreislauf, der sich allmählich ganz von selbst herstellt. Manchmal ist alles ganz leicht und still, manchmal »hakt« es, und unsere Atemrhythmen kommen nicht zusammen. Meistens jedoch trägt uns der goldene Lichtstrahl zueinander, und unsere Herzen werden zu Magneten, die ein unsichtbares Kraftfeld schaffen, in dem wir innerlich hellwach einfach »nur« mit allen unseren Sinnen in der Gegenwart des Augenblicks sind. Dieses Kraftfeld trägt jeden von uns in sein innerstes Alleinsein zurück, an diesen Ort, aus dem wir neue Kräfte schöpfen.

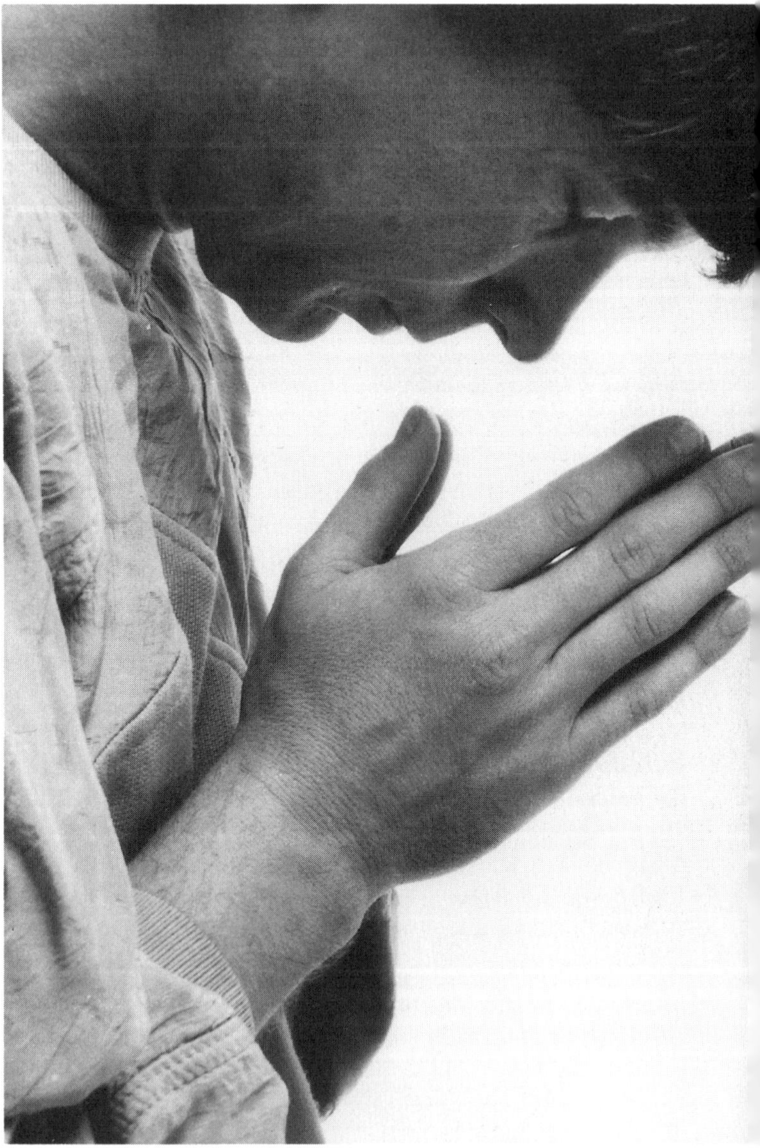

Kapitel 11

Vom Feuer der Sinnlichkeit zum Licht des Herzens

Das Lotusritual

Hast du dir schon einmal eine Liebesbegegnung wie in 1001 Nacht ausgemalt? ... Oder eine wunderschöne Liebesnacht verbracht? Schließ einen Moment lang deine Augen und stell dir vor, wie du dich vorbereitest, schminkst und schmückst – wie du Blumen bereitstellst, einen auserlesenen Wein kühl stellst und deine Liebste erwartest. Dein Herz klopft vor Aufregung so laut, daß du glaubst, deine Liebste könne das Pochen hören, als sie den Raum betritt. Stell dir die Geschichte eines Liebesabends in einer märchenhaften Welt vor, in der der andere zur Königin/zum König, das Schlafzimmer zum orientalischen Liebesgemach wird, und wo die Zeit zur Illusion zerfällt. Dort beginnt die Sinnlichkeit bei der kleinsten Berührung. Ihr schaut euch an und seid wie verzaubert.

Wie oft träumen wir von dem aufregenden Erlebnis einer besonderen Liebesnacht. Möchtest du einmal mit deinem/deiner Geliebten in die sinnliche Welt von 1001 Nacht eintauchen? Wir schlagen dir einen tantrischen Liebesabend vor, für den du die verschiedenen Übungen aus diesem Buch zu einem festlichen Ritual verweben kannst.

Stellt euch vor ... Durch Blumen, Räucherstäbchen, Seidentücher, Kristalle und Kerzenlicht ist das Zimmer in einen Tempel verwandelt worden. Köstliche Früchte und Wein stehen bereit. Es duftet zart nach verschiedensten Essenzen: Ylang-Ylang, Minze, Rose und Jasmin. Und mit glänzenden Augen steht ihr Hand in Hand da, bereit für diesen, euren Abend.

Shakti setzt sich auf das Kissen in die Mitte des Raumes, und Shiva schlägt den Gong. Langsam wie eine Welle verebbt der Klang, und Shiva beginnt mit klaren Worten zu sprechen: »Kräfte des Südens, Kräfte des Herzens, der inneren Kinder, wir laden euch ein, heute hier zu sein und uns in diesem Ritual zu unterstützen.« Ein weiterer Gongschlag ertönt. Ihr spürt, wie euer Blut rascher pulsiert. Euch wird warm, ein angenehmer Schauer läuft euch über den Rücken – so begrüßt ihr die Sonnenkinder, die ihr euch eingeladen habt, die Lichtwesen unberührter Weisheit. Shiva fährt fort: »Kräfte des Westens, unseres physischen Körpers, wir laden euch ein, heute unser Tempel zu sein, den wir mit Liebe und Respekt betreten.« Der Gong füllt mit seinem Ton den Raum, als Shiva sich nun nach Osten wendet. Und ihr beide lauscht dem langsam verhallenden Klang. Ja, es ist der Ort der aufgehenden Sonne, der Kräfte der inneren Erhellung, die ihr zu euch ruft, der Intention, der inneren Schönheit, »... wir laden euch ein«.

Und dann tritt Shiva auf seine Geliebte zu, nimmt sie in den Arm und flüstert leise: »Spürst du's?« – »Was denn?« – »Wie anders der Raum jetzt ist, wie hell.« – Und dann sind beide still. Ihr setzt euch einander gegenüber, und du, Shakti, reichst Shiva dein symbolisches Geschenk, ein Glas mit einer schwimmenden Rose. Mit dieser Rose zeigst und bekräftigst du ihm deine Vision von Liebe an diesem Abend, einer fließenden Liebe voller Geborgenheit und Vertrauen. Shiva zieht ein Buch unter seinem Kissen hervor. Er schlägt es auf, und du schaust ihn erwartungsvoll an. Er schenkt dir ein Gedicht, das Symbol seiner Vision dieses Abends mit dir.

»Zerreiß den Schleier,
der mich von meiner Ganzheit trennt,
und zerstöre das Gebäude,
das meine Göttlichkeit verhüllt!
Gib mir Flügel,
damit ich zu dir fliege
in die weiten, unbegrenzten Räume!«

Da sagte Almitra: Sprich uns von der Liebe
»... Wenn die Liebe dir winkt, folge ihr,
Sind ihre Wege auch schwer und steil.
Und wenn ihre Flügel dich umhüllen, gib dich ihr hin,
Auch wenn das unterm Gefieder
versteckte Schwert dich verwunden kann.
Und wenn sie zu dir spricht, glaube an sie, ...
Liebe gibt nichts als sich selbst
und nimmt nichts als von sich selbst.
Liebe besitzt nicht, noch läßt sie sich besitzen,
Denn Liebe genügt der Liebe.
Liebe hat keinen anderen Wunsch als sich zu erfüllen.
Aber wenn du liebst und Wünsche haben mußt,
Sollst du dir dies wünschen:
Zu schmelzen und wie ein plätschernder Bach zu sein,
der seine Melodie der Nacht singt.
Den Schmerz allzu vieler Zärtlichkeit zu kennen.
Vom eigenen Verstehen der Liebe verwundert zu sein,
Und willig und freudig zu bluten.
Bei der Morgenröte mit beflügeltem Herzen
zu erwachen und für einen weiteren Tag
des Liebens Dank zu sagen,
Zur Mittagszeit zu ruhen und über die Verzückung
der Liebe nachzusinnen,
Am Abend mit Dankbarkeit heimzukehren;
Und dann einzuschlafen mit einem Gebet
für den Geliebten im Herzen
und einem Lobgesang auf den Lippen«.[38]

Khalil Gibran

Dann rückt ihr näher, bis sich eure Knie fast berühren. Ihr legt euch gegenseitig die Hand auf eure Herzen und seht euch in die Augen. Ihr hört eure Lieblingsmusik, eine Musik, die dem Klang des Herzens folgt. Und eure Augen und Herzen verbinden sich mit dieser

Melodie, die euch in eine andere Welt trägt. Wenn die Musik sich verändert und zu schnelleren Rhythmen übergeht, faßt ihr euch an den Händen. Ihr beginnt den Ja-Tanz der Hände. Shiva ist zuerst der Aktive, der Yang-Teil, der Leitende, und Shakti läßt sich von ihm führen. Sie empfängt seine Bewegungen und folgt ihnen. Sein »Ja, Ja, Ja« ist kraftvoll, und ihres folgt wie ein zartes Echo. Und dann wechselt ihr die Rollen. Denn auch Shiva trägt in sich das weibliche Empfangende, passiv Aufnehmende, und jetzt läßt er sich von seiner Geliebten leiten. Shakti genießt ihre Stärke, ihre Kraft zu geben und zu führen.

Immer schneller wird der Tanz eurer Hände, und Shakti lacht auf, während ihre Hände wild herumwirbeln – wieviel Kraft sie heute hat! Shiva geht mit, überläßt sich ihren Händen, läßt sich tragen, bis die Bewegungen langsam verebben. Ihr ruht euch aus – doch nur für einen kurzen Augenblick, denn schon geht es weiter. Ihr steht auf und bewegt euch gemeinsam zur Musik. Geben und Nehmen lösen sich auf im Tanz, bis keiner mehr weiß, wer führt und wer Bewegungen empfängt. Euer Tanz ist lustvoll, verwegen und spielerisch leicht. Mit dem »Ja, Ja, Ja« erweckt ihr alle Geister in euch zum Leben und tanzt weiter den ziellosen Tanz des Ja.

Wenn die Musik stoppt, nehmt ihr euch liebevoll in den Arm und beginnt gemeinsam zu atmen. Ihr laßt den Atem durch den inneren Tunnel mit jedem Atemzug weiter aufwärts steigen. Und Shakti spürt, wie Shivas Hände über ihren Rücken streichen, dem Fluß ihres aufwärtssteigenden Atems folgend, höher und höher. Ihr steht eng umschlungen, euer Atem, euer Herzschlag und das leichte Pulsieren eures Blutes folgen dem gleichen Rhythmus. Ihr habt die Augen geschlossen, ein warmer Schauer durchläuft eure Körper. Irgendwann öffnet ihr die Augen – ein Schluck von dem köstlichen Wein, ein paar Trauben, eine Erdbeere. Ihr eßt langsam und genießt jeden Bissen. Und jetzt öffnest du, Shakti, sein Gewand, so daß es ihn locker umhüllt, und bedeutest ihm, sich hinzulegen. Für ihn ist nun die Zeit, sich ganz seiner Weiblichkeit zu überlassen, indem er sich Shakti hingibt. Durch ihre Hände fließt ihr Herz und beginnt, ihn sanft zu streicheln: Arme und Beine, Füße und weiter mit zarten Berührungen Brust, Bauch, Hals und Kopf, mit federleichten Strichen und Küssen. Sie betupft ihn mit Fellen und Federn, luftigen Seidenstoffen und spielerisch neckenden Händen: so erweckt sie Shiva, ihren Geliebten. Aufatmend, seufzend, lächelnd und juchzend antwortet er auf ihr Spiel. Behutsam folgt sie seinen wortlosen Botschaften und Wünschen, und ein feines Vibrieren durchläuft beide. Doch die Reise geht noch weiter, bis hinauf zu feinsten Schwingungen, die den ganzen Körper erwecken. Die Chakraöle stehen bereit, und Shakti betupft behutsam jedes seiner Chakren mit einer Essenz; die Seele dieser feinsten Essenzen ruft nun jedes Chakra wach, langsam höhersteigend. Sie singt dazu die Töne der sich aufwärts windenden Chakragirlande: LAM, VAM, RAM, YAM, HAM, KSCHAM, OM. Das Vibrieren der Töne, der zarte Duft der Essenzen und sein wohliges Atmen verschmelzen miteinander und tragen euch langsam immer höher. Nachdem Shakti das letzte, das Kronenchakra betupft hat, schließt auch sie die Augen. Und ihr seid beide still. Die Stille füllt den Raum, eine Stille, die euch trägt und nährt, eine Stille, aus der Bilder wachsen: Rosengärten blühen, und wie im Märchen sitzt ihr auf einem Brunnenrand und lauscht dem Plätschern und Raunen des Wassers, das euch von wahrgewordenen Wünschen spricht. Ihr seid jetzt beide füreinander da, bereit zu geben und zu nehmen.

Und jetzt, Shakti, legst du dich hin. Jetzt ist deine Zeit, die Köstlichkeiten zu empfangen, die du ihm gegeben hast. Dein ganzer Körper pulsiert leicht vom Scheitel bis zu deiner Yoni, als Shiva beim Kronenchakra angelangt ist. Du bist bereit, ihn aufzunehmen. Doch noch nicht! Euer Flug führt euch weiter. Shiva hebt dich auf seinen Schoß in Yabum, dem ewigen Ort von Verehrung; Hingabe, Verschmelzen und Leere. Dem Ort, wo Sex und Herz und der tausendblättrige Lotus sich treffen. Noch spürt ihr den leicht brennenden Duft der Öle auf euren Chakren. Ihr singt gemeinsam die aufsteigende Girlande der Chakratöne: Lam, Vam, Ram … Ihr singt jeden Ton dreimal. Eng aneinandergeschmiegt, berühren sich eure

klopfenden Herzen. Euer Gesang wird zu einem einzigen Ton und lenkt behutsam das Feuer, das in den Chakren erweckt wurde und brennt. Lam, Vam, Ram ... Und noch einmal für euch, um euch sanft höher zu tragen. Shakti spürt seinen kräftigen Lingam. Jetzt ist sie bereit, sich für ihn zu öffnen. Ihr sitzt entspannt und ruhig und verharrt einen Augenblick lang in köstlich wacher Bewegungslosigkeit. Das entfachte Feuer lodert. Seine Glut steigt in euch auf und rötet eure Wangen – doch ihr bleibt still und rührt euch nicht.

Dann – ganz behutsam – vereinigt ihr euch. Ihr habt unendlich lange Zeit. Jeder Augenblick des Zusammenkommens ist kostbar. Ganz zart und sanft beginnt Shivas Tanz. Er atmet voll und tief, und seine Bewegungen sind leicht. Shakti hält ihn. Zusammen atmet ihr den Atem der sieben Lotusse dreimal, wach und aufmerksam. Euer Atem fließt zusammen wie eine Welle, die sich langsam aufbaut und das Licht des Feuers nach oben trägt. Vom ersten zum zweiten und dann zum dritten Chakra, und das Licht fließt in eure Herzen und verbindet sie. Lächelnd, die Augen geöffnet, steigt ihr langsam, langsam zusammen auf. Ihr gleitet auf dem goldenen Lichtstrahl, dem Aufwind, der den Flug des Feuervogels trägt. Drittes Auge, Kronenchakra ... und noch einmal vom untersten Chakra hochsteigend. Sanft folgen eure Bewegungen den aufsteigenden Wellen. Beim Dritten Auge angekommen, erfaßt euch eine plötzlich strömende, dann zuckende Hitze. Shiva gibt Shakti ein Zeichen, und ihr haltet inne, nehmt eure Bewegungen zurück vor dem Punkt ohne Wiederkehr.

Ihr haltet den Atem an – und müßt plötzlich lachen, unbändig vor Freude. Der wilde Feuertiger ist gezähmt. Sanft atmet ihr weiter. Und dieses Mal haltet ihr, beim Kronenchakra angekommen, mit aufwärtsgerichteten Augen den Atem an. Jetzt könnt ihr im Flug die Erde verlassen, getragen von einer wunderbaren Stille, die sich weitet und alle Begrenzungen zerschmelzen läßt. Mit dem Ausatmen erfaßt euch ein Schütteln, ein vibrierendes Strömen, als ob ihr auf feurig schäumenden Wellen gleitet. Ihr laßt euch fallen, rollt euch auf den Rücken, auf den Bauch, auf die Seiten – bis ihr euch wiederhabt, um zusammen weiter aufzusteigen. Jetzt seid ihr Kinder des tragenden Höhenwindes, der Gleitflug des Feuervogels ist jetzt der eure – und weiter geht die Reise!

Ein Ritual will geplant und vorbereitet sein. Diese Vorbereitungen steigern die Vorfreude. Außerdem neigen wir im Zusammensein mit unseren Liebsten dazu, in altbekannte und oft wenig aufregende Muster zu fallen, wenn wir das Neue nicht als Neues erfassen und anerkennen. Dieses »Planen« schließt nicht aus, daß wir uns auch der Spontaneität des Augenblicks hingeben können. Auch ein Ritual mit einer bestimmten, festgelegten Abfolge läßt zugleich viel Raum, unsere eigenen Gefühle und die unseres Partners/unserer Partnerin außerhalb der Alltagsroutine bewußt wahrzunehmen und darauf eingehen zu können. Und wohin die Energie fließt – ob ihr am Ende

lacht, euch wie zwei wilde Tiger brüllend gegenübersteht oder schüchtern an den Händen haltet wie zwei Kinder, die einen fremden Zaubergarten betreten, auch das läßt sich nicht voraussagen. Entscheidend ist die Bereitschaft, mit dem Partner ein Abenteuer zu wagen. Wir sind dabei die Hauptpersonen und folgen Regieanweisungen, die uns einen weiten Raum für unsere individuellen Eigenarten, Stimmungen und spontanen Einfälle lassen. Wir wecken unsere Energie – das Feuer in uns – und verweben uns dann mit unserem Partner. Wir tanzen gemeinsam einen Tanz, bei dem uns unser Herz leitet. Ein Tanz, der uns vom Boden abheben und in märchenhafte Gefilde tragen kann, bis in die kosmischen Weiten neuer, bislang unerschlossener Welten.

Vielleicht bist du jetzt neugierig geworden und hast Lust bekommen auf einen tantrischen Liebesabend mit deinem Partner. Du fragst dich: »Wie kann ich denn die Übungen aus diesem Buch zu einer festlichen Begegnung mit meinem Partner verbinden?« Oder du fragst dich skeptisch: »Ist das alles nicht etwas künstlich und gemacht und wirkt eher entfremdend auf unser Zusammensein?« Genau diese Fragen haben wir uns vor Beginn unserer Rituale auch gestellt. Die Erfahrung hat uns gezeigt, daß es nicht um vorgefertigte Rezepte geht, nach denen wir uns richten.

Klare Absprachen können helfen, uns neue Dimensionen unserer Sinnlichkeit und neue Türen zu unseren Herzen zu eröffnen. Aber zugleich brauchen wir auch die Bereitschaft und Offenheit, unserer Energie spontan zu folgen und den vorher abgesteckten Rahmen zu verlassen.

Ein Ritual ist für uns die Möglichkeit, wach und bewußt zu sein. Wir bewegen uns in der Polarität von Struktur und Spontaneität, von Disziplin und der Bereitschaft, loszulassen und neuen Empfindungen zu vertrauen und zu folgen. Wir haben in jedem Augenblick die Freiheit der Wahl.

Mit dieser Erkenntnis ist das Ritual keine von außen aufgesetzte und »künstliche« Form mehr, in die wir uns einpassen müssen; sondern es wird zur Herausforderung, aufzuspüren, wohin unsere Energie sich hier und jetzt bewegen will. Wenn wir den Ablauf unserer Begegnung nicht vorher festlegen, ist die Gefahr viel größer, daß wir immer nur Gefangene unserer alten Erfahrungen bleiben. Oft folgen wir unbewußt alten Gefühls- und Verhaltensmustern. Wird die Struktur allerdings zu einem neuen »Gebot«, dem wir gehorchen müssen, dann verfehlen wir die eigene Freiheit. Deshalb begreifen wir alle Rituale wie auch dieses nicht als ein »Muß« mit unwiderruflicher Abfolge. Wir verstehen sie als Einladung in ein wunderschönes Haus, das mit seinen liebevoll eingerichteten Räumen den Rahmen vorgibt, in dem wir uns bewegen. Wie du dann durch das Haus gehst, liegt ganz an dir.

Wir selbst haben in unserer Beziehung alle nur denkbaren Rituale und Formen ausprobiert. Eine Zeitlang machten wir regelmäßig »Übungsabende«. Während einer anderen Phase zelebrierten wir jede Woche ein Ritual. Und wir erlebten ein breites Spektrum von Begegnungen: vom Tanz der Dämonen bis zum Spiel zweier Kinder, sinnliche Erkundigungen vernachlässigter Körperregime bis zum Erlebnis einer tiefen Verbindung. So entwickelte sich ein tantrisches Ritual einmal zu einem lustigen Abend und ein anderes Mal wurde eine Herz-Licht-Begegnung zum wilden Spiel zweier Tiger. Allmählich lernten wir, unseren »Dämonen« den Platz in unserem Leben einzuräumen, den sie brauchten, damit wir sie an Abenden wie solchen draußen »vor dem Tempel«, dem sinnlichen Raum unserer Begegnung, lassen konnten.

Ganz simple Dinge sind dafür ausschlaggebend: Der erste Schritt ist immer die klare Verabredung und das Freihalten eines Abends oder Tages ohne Verpflichtungen. Wie oft schmuggeln sich hier schon unsere Dämonen ein und verhindern mit scheinbar »wichtigen« Gründen die Verabredung.

Für uns war es sehr wichtig, uns die Angst, etwas Besonderes leisten zu müssen, einzugestehen und uns dadurch der Begegnung vorbehaltlos öffnen zu können. Wir nehmen uns zunächst einmal Zeit dafür, einander mitzuteilen, wie es uns geht. Dann erst planen wir den Ablauf des Rituals. Auch wenn wir den Ablauf vorher festgelegt hatten, wurde doch jede dieser Begegnungen zu einem neuen Abenteuer, an dessen Anfang immer wieder die Frage stand: Was passiert wohl heute?

Manchmal erfüllten sich unsere Sehnsüchte, manchmal machten wir völlig neue Erfahrungen. Uns wurde deutlich, daß Rituale in unserer heutigen Zeit mit unserem westlichen Verständnis nicht mehr einem Ablauf folgen können, der aus einem anderen Jahrtausend und einer anderen Kultur stammt. Unser Bewußtsein hat sich gewandelt, die Form der Beziehung zwischen Mann und Frau hat sich grundlegend verändert.

Heute können wir viele Methoden und Übungen moderner körperbezogener Therapie als zeitgemäße Mittel der inneren Reinigung benutzen und sie in unser Ritual integrieren. So ist z. B. der »Dämonendialog« eine gute Vorbereitung auf ein tantrisches Ritual. Rituale führen uns aus unserer Alltagswelt in einen besonderen Raum. Wir begegnen unserem Partner in einer verzauberten Wunderwelt. Dabei spielt unsere Vorstellungskraft eine große Rolle.

Mit Hilfe von Kerzen, Räucherwerk, Blumen und Tüchern oder anderen Lieblingsgegenständen können wir ein normales Zimmer in ein orientalisches Liebesgemach verwandeln. Die äußeren Dinge sind besonders gute Anhaltspunkte, an denen unsere Vorstellung weiterwirken kann; so wie ein Kind Steine auf die Ecken eines Tuches legt und sagt: »Das ist mein Schiff!« und dann auf eine abenteuerliche Reise geht. Mit der Kraft der Vorstellung können wir uns von der alltäglichen Realität entfernen und uns für andere Wahrnehmungsebenen öffnen. Durch die Erfahrung dieser anderen Welt kann sich auch unser Bewußtsein erweitern. Von den Urvölkern und von den lebendigen Religionen wurden und wird die Kraft der Visualisation benutzt, um in höhere Bewußtseinsebenen zu gelangen. In diesen anderen Räumen unseres Seins können wir miteinander verschmelzen und sind zugleich eins mit der universalen Kraft allen Lebens. Wir können der Begegnung mit unserem Geliebten einen positiven Inhalt geben, indem wir uns vorstellen und fühlen: »Ich begegne dir in tiefster Offenheit« oder »Wir begegnen uns, um gemeinsam zu wachsen und unsere Sexualität weiter- und höherzuentwickeln.« Indem wir die Begegnung mit Hilfe unserer Vorstellungskraft so vorherbestimmen, machen wir den ersten Schritt auf dem Weg, unserem Zusammensein eine neue Bedeutung zu geben und uns für innere Räume zu öffnen.

Im Tantra geht es um eine umfassende Wandlung unserer gesamten Energie. Ob diese Umwandlung geschieht, zeigt sich nicht allein in einem einzigen Augenblick der Glückseligkeit, sondern auch darin, ob sich das gesamte Leben mitverändert. War zu Beginn der tantrischen Reise vielleicht Sexualität das Wichtigste, werden nach und nach Liebe, Verständnis füreinander und Meditation im Mittelpunkt stehen. Vielleicht hast du anfangs nach ekstatischen Erlebnissen einer kosmischen Verschmelzung gesucht und findest statt dessen auf einmal die lustvolle Lebendigkeit deines inneren Kindes wieder, die auch deinen Alltag neu prägt und inhaltsreicher werden läßt. Tantra ist ein Weg zu unserer Ganzheit, einer Ganzheit von Körper, Geist und Seele. Rituale sind es, die uns auf diesen Weg bringen.

Ein wichtiger Aspekt in jedem Ritual ist die Bereitschaft, sich für die innere Schönheit des anderen zu öffnen und alle Bewertungen und Bilder, die wir uns vom anderen schon gemacht haben, loszulassen. Jenseits von Charakter und Verhalten liegt in jeder Frau, in jedem Mann eine einmalige Schönheit und Tiefe verborgen, die wir erkennen können. Jetzt sind wir bereit, in der Frau/der Geliebten eine Göttin, Shakti zu sehen; im Mann/dem Geliebten eine Gottheit – Shiva – zu entdecken.

Die Namen Shiva und Shakti stammen aus der östlichen Kultur und Religion und enthalten ein tiefes spirituelles Mysterium. Shiva und Shakti sind Gottheiten der spirituellen Lehre des hinduistischen Tantra. Sie werden als das Urpaar von Mann und Frau dargestellt. Sie sind die kosmischen Archetypen von männlicher und weiblicher Energie. Aus der Vereinigung von Shiva und Shakti ist das ganze Universum erschaffen.[39]

Im hinduistischen Tantra bezeichnet Shiva die Kraft reiner Bewußtheit, das männliche Prinzip. Shakti ist die Kraft des Schöpferischen, des weiblichen Prinzips. Shiva und Shakti sind keine Mythen, die außerhalb von uns liegen. Sie symbolisieren unsere

eigenen inneren Kräfte, mit denen wir uns verbinden können. Auch ohne die Kenntnis dieser umfassenden Lehre können uns Shiva und Shakti heute an die uns innewohnenden Kräfte reiner Bewußtheit (Shiva) und schöpferischer Kreativität (Shakti) erinnern. So kannst du in deiner Frau und Geliebten, Shakti, die Manifestation der schöpferischen Kraft erkennen. Sie hat eine einmalige Ausprägung, eine einmalige Schönheit. Es gibt sie nur einmal, diese Frau, diese Shakti! Öffnest du dich für ihren innersten Kern, der völlig von Persönlichkeit und Verhalten unberührt ist, siehst du sie im Kern ihrer weiblichen Energie und kannst ihre Schönheit, ihr Strahlen erkennen.

In einem – von Margo Naslednikov entwickelten – Ritual[40] begrüßen sich Mann und Frau als Shiva und Shakti. Barbara beschreibt ihre Erfahrung dabei: »... Ich verbeugte mich vor ihm mit einem OM für Shiva und sah ihn lange an. Dann begann ich mit leisen Worten zu flüstern: ›Shiva, Shiva, du Kraft der Bewußtheit, du Schöner, Kraftvoller, Shiva.‹ Je mehr ich mich meinen Worten überließ und ihn zart berührte, desto mehr geschah die Verwandlung. Er saß einfach da und tat nichts, aber mir war, als würde ich verschiedene Männer sehen: Geliebte, Väter, Söhne, Brüder aller Zeiten schmolzen zusammen in ihm in diesem Moment. Er war unglaublich schön, so wie er war, dieser Mann, dieser Shiva, und ich mußte vor Freude weinen.«

In jedem tantrischen Ritual, in jeder Begegnung mit einem Geliebten liegt der mögliche Funke einer ekstatischen Vereinigung oder die Chance zu einer transzendentalen Erfahrung. Für uns sind diese Momente geschehen, wenn wir nichts erwartet und forciert haben. Für uns sind die Momente tiefsten Loslassens geschehen, wenn wir unsere Herzen weit geöffnet haben. Unser Herz ist der Umwandler, die Transformationsstelle unserer Energie. Es ist das vierte Chakra und wandelt die vitalen Energien der ersten drei Energiezentren um. Es ist der Ort, wo sich die Dualitäten vereinigen. Im Herzen kann das Feuer der Sinnlichkeit zu Licht verwandelt werden, das unser ganzes Wesen erfüllt. Dazu gehört, in Liebe für den anderen dazusein. Das heißt jedoch nicht, sich selbst zu vergessen, sondern darin weiterhin bewußt dem Strom der eigenen Energie zu folgen.

Wir haben erlebt, daß die Aufwärtsrichtung unserer Energie zum Kosmos, zur universalen Energie, über unser Herz geschehen kann. Sagen wir rückhaltlos ja zum anderen, zu Shiva und Shakti in diesem Moment, strömt das goldene Licht des Herzens weiter. Wie von selbst erhellt es unser Bewußtsein im Dritten Auge und verbindet uns zurück – mit dem Ganzen im tausendblättrigen Lotus. Das Lotusritual haben wir aus den verschiedenen Elementen der östlichen und westlichen spirituellen Sexualität zusammengewoben.

Für uns ist diese Form ein Weg vom Feuer der Sinnlichkeit zum Licht des Herzens – eine Ausrichtung, die unsere Beziehung geprägt hat.

In diesem Ritual öffnen sich unsere sieben Lotusse (Chakren). Alte Begrenzungen können sich auflösen, wenn du deine sieben Energiezentren in die gleiche Schwingung mit dem Geliebten bringst. Geschieht dies in Resonanz mit unserer Herzensenergie, kann eine tiefe Harmonie entstehen, ähnlich wie es Töne können, die zu einem Klang verschmelzen. Das Ritual besteht aus verschiedenen Teilen und hat auch ohne sexuelle Vereinigung eine tiefe Wirkung.

Praktische Anleitung zum Lotusritual

Das Lotusritual nimmt einige Zeit in Anspruch, und deshalb ist besonders ein freier Tag dafür geeignet. Der eigentliche Ablauf dauert ca. drei Stunden. Nach unserer Erfahrung ist es am besten, wenn beide gut ausgeruht – nach einem meditativen Morgen – den Nachmittag zur Vorbereitung und zur äußerlichen und inneren Reinigung nutzen. Ritualbeginn ist ca. 18 Uhr. Es ist wichtig, während des Tages nur leichte Mahlzeiten einzunehmen.

Mit Blumen, Räucherwerk, Kerzen, Kristallen, Seidentüchern, Spiegeln usw. könnt ihr euren Raum schmücken. Langbrennende Kerzen auf sichere Untersetzer stellen. Bereitet einen Platz mit zwei Kissen vor. Am besten eignet sich ein ausgerollter Futon (oder eine andere weiche Unterlage). Wenn euer Bett nicht zu weich ist, könnt ihr auch das Schlafzimmer als euren Raum wählen. Ihr braucht mindestens eine Duftessenz (z. B. Pfefferminzöl, am besten sind Chakraöle), eine Klangschale (es geht auch ein Gong oder zwei Sektgläser, die ihr aneinanderschlagen könnt). Stellt Früchte, Getränke und eine leichte Köstlichkeit zum Essen für später bereit. Bereitet danach das Symbolgeschenk für euren Partner vor, ohne daß dieser es bemerkt und bringt es in den Raum. Legt eure Lieblingskassette bereit. Denkt auch an Empfängnisverhütungsmittel und Kondome.

Je nachdem, wieviel Zeit ihr habt, überlegt euch eine vorbereitende Übung (z. B. Dämonen- oder Kinddialog). Legt eine Zeit fest und führt die Übung durch. Danach ist es gut, ausführlich zu duschen oder zu baden. Macht euch dann für euren Geliebten schön – leichte Schminke, ein schönes Gewand (die Kleidung sollte möglichst locker sein).

Geht nun – falls möglich – in getrennte Räume und nehmt euch Zeit, euch einzustimmen. (Jede Meditation oder das Strömungsatmen u. v. m. sind hier geeignet.) Trefft euch zur vereinbarten Zeit.

Setzt euch gegenüber und schließt die Augen. Nach einigen Minuten singt drei OMs: ein OM für Ihn, ein OM für Sie, ein OM für die Vereinigung von euch. Verbeugt euch dazu.

Einer steht auf und schlägt die Klangschale (Gong oder Gläser) jeweils vor und nach dem Einladen jeder Himmelsrichtung.

A. »Kräfte des Südens, unsere inneren Kinder und unsere Gefühle – wir laden euch ein, heute hier mit uns zu sein!«
B. »Kräfte des Nordens, der Klarheit unseres Wissens und unserer Erkenntnis – wir laden euch ein, heute hier mit uns zu sein!«
C. »Kräfte des Westens, unseres physischen Körpers – wir laden euch ein, heute hier mit uns zu sein!«
D. »Kräfte des Ostens, unserer Intuition und unserer inneren Stimme – wir laden euch ein, heute hier mit uns zu sein!«

Dies sind unsere Vorschläge. Findet dazu eure eigenen Worte.

Legt sanfte Musik auf. Verbindet eure Herzen, indem ihr eure rechte Hand auf das Herz des Partners legt. Die linke Hand ruht – unter der Hand eures Partners – auf dem eigenen Herz. Schaut euch in die Augen. Atmet ca. 15 Minuten sanft (siehe S. 193).

Wählt jetzt eine andere Musik. Beginnt, ohne zu reden, den Ja-Tanz. Er ist zuerst Yang, der aktive lenkende Teil und führt sie. Anschließend wechselt ihr. Im dritten Teil der Übung stellt ihr euch hin und bezieht den ganzen Körper in eure Bewegungen mit ein (Kapitel »Die Magie von männlich und weiblich«, siehe S. 112).

Der Tanz von Shiva und Shakti, den Personifikationen von männlicher und weiblicher Energie im Tantra

Während ihr in enger Umarmung zusammensteht, atmet den sexuellen Atem (siehe Kapitel: »Unser Körper – und das Erwecken des inneren Feuers«). Wenn ihr wollt, nehmt die PC-Muskelübung hinzu, um das Feuer zu entfachen (siehe S. 35 und S. 48).

Nach einer kurzen Pause gebt ihr euch eine sinnliche Erwekkungsmassage. Laßt dabei eurer Phantasie freien Lauf. Der empfangende Partner sollte möglichst klar – ohne Worte – äußern, was ihm guttut. Danach geht direkt zum Chakra-Einstimmen über. Der gebende Partner trägt das Öl auf und singt die Chakratöne der Girlande (siehe S. 175) je dreimal. Danach ist Rollenwechsel.

Setzt euch nun nahe zusammen, daß eure Herzen sich berühren und beginnt gemeinsam die Chakragirlande aufwärts zu singen (zweimal, siehe S. 176).

Wenn ihr bereit seid, könnt ihr nun die Schutzvorkehrungen für sicheren Sex treffen (siehe S. 147) und euch behutsam vereinigen. Wenn ihr wollt, könnt ihr euch mit Küssen, Streicheln und dem inneren Anspannen und Loslassen der PC-Muskeln stimulieren (siehe S. 48).

Beginnt nun mit dem Lotusatmen, je drei Atemzüge pro Chakra langsam aufwärtssteigend (siehe S. 184). Ihr könnt euch dabei sanft weiterstimulieren. Wenn es nötig wird, wendet die Ejakulationskontrolle an (siehe S. 140). Überlaßt euch den spontanen Energiewellen und probiert immer wieder aus, zum gemeinsamen Atem zurückzukehren.

Bleibt jetzt noch möglichst lange in enger Umarmung, mindestens jedoch 30 Minuten, um die Energiefeldverschmelzung vollständig geschehen zu lassen (siehe auch Kapitel »Vom Orgasmus zum orgasmischen Erleben« S. 151).

Kapitel 12

Resonanz der Stille

»Wie kann ich ich selbst sein und zugleich mit meiner Geliebten eins sein?« fragte ein Schüler seinen Meister. Dieser schloß die Augen und schwieg. Stille war seine Antwort. Wir kennen Stille zumeist nur als negativen Zustand, als das Verstummen von Geräuschen und das Zurückhalten von Bewegung. Aber es gibt noch eine andere, eine lebendige Stille, die mit bewegungsloser Passivität nichts gemein hat. Wenn wir uns entspannen, die Augen schließen und nach innen lauschen, begegnen wir dort einem Raum der Stille, aus dem alle unsere Aktivitäten geboren werden. Sind wir mit dieser Stille in unserer Mitte verbunden, dann verwandelt sich unser Tun allmählich in ein Geschehenlassen. Wu-Wei nennt der Taoismus diese Resonanz der Stille, aus der der Weg des Tuns durch Nicht-Tun entspringt. In dieser inneren Stille sind wir mit der unendlichen Kraft des ganzen Universums verbunden, sind eins mit allem Leben. Alleinsein (oder auch: All-Eins-Sein) ist ein Schlüssel, um uns diesen Ort in uns selbst zu erschließen.

Seit Jahrtausenden gibt es verschiedene Wege, die scheinbar in entgegengesetzte Richtungen laufen, um diesen Zustand der Ganzheit zu erreichen: Die Mönche und Priester, Yogis und Eremiten haben in ihren Klöstern, Einöden und Berghöhlen den Weg des Alleinseins gewählt. Dem Zölibat der Priester und Mönche liegt die Auffassung zugrunde, daß die Kraft der sexuellen Anziehung zwischen Mann und Frau die Suche nach der göttlichen Einheit stören oder gar verhindern kann. Dagegen suchen die Liebenden aller Zeiten die Erfüllung ihrer Sehnsüchte gerade in der Vereinigung mit dem Geliebten.

Für Tantra gibt es diese Trennung nicht, dieses Entweder-Oder, das eine Spaltung in uns selber schaffen kann. Tantra feiert den Tanz allen Lebens: Meditation und in Liebe zusammensein, nach innen gehen und das Leben mit all seinen sinnlichen Freuden genießen.

Auf diesem Weg besteht die Göttlichkeit des Lebens aus einem fließenden Wechsel zwischen nur scheinbar gegenteiligen Polen: Yin und Yang, innen und außen, aktiv und passiv, laut und still. Dies läßt sich mit der Schwingung eines Pendels vergleichen, das sich vor und zurück bewegt. Ausgangspunkt beider Richtungen ist der Augenblick der Stille in der Mitte der Schwingungsbahn. Hältst du das Pendel locker und entspannt über diesen Punkt der Stille und stößt es dann an, wird es nach beiden Richtungen gleich stark ausschlagen. Nur wenn du in diesen Bewegungsablauf eingreifst und den Punkt der Stille verläßt, wird das Pendel unregelmäßig ausschlagen. Verbinden wir uns mit dem Ort der Stille in uns selbst, finden wir dort unser Ge-lassen-sein. Statt angespannt zu wollen und zu tun, können wir Dinge geschehen lassen und uns dem Strom von Ereignissen hingeben. Wir ruhen in uns selbst und können uns entspannen. Der ewige Fluß der Gedanken kann zum Stillstand kommen. Wir nehmen wahr und »beobachten«, was mit uns und um uns herum geschieht, aber wir greifen nicht in das Geschehen ein. Wir halten weder fest, noch schicken wir fort, was uns begegnet. So können wir innerlich still werden, auch wenn wir unter vielen Menschen sind. Ist auch unser Partner still, dann können wir beide in dieser Stille eine tiefe Verbundenheit spüren. Das harmonische Zusammenspiel von Alleinsein und Zusammensein ist für die meisten Liebenden die größte Herausforderung. Wenn die Geliebten zu Meditierenden werden, wenn jeder sich auf die Reise nach innen begibt, dann wird die Liebe zum Weg der Entdeckung immer weiterer Räume der Unendlichkeit des Lebens. Dann erfahren wir, wie Gegensätze sich auflösen: Wir können »zusammen« allein sein. Wir erleben in der Vereinigung mit unserem Geliebten die Stille der Meditation.

»Tantra heißt Ausdehnung, ist ein Zustand unendlicher Ausdehnung. Deine Grenzen und die Grenzen der Existenz sind nicht mehr verschieden voneinander, sie werden eins. Weniger als das wird dich nicht zufriedenstellen. Wenn du allumfassend wirst, kommst du nach Hause. Wenn du zu allem wirst, eins mit allem wirst, wenn du so unendlich weit wie dieses Universum wirst und alles in dir trägst – wenn die Sterne sich in dir bewegen und ganze Welten in dir geboren werden und wieder verschwinden – wenn du diese orgasmische Ausdehnung erfährst, dann ist die Arbeit beendet. Du bist zu Hause angekommen ...«[41]

Die Sehnsucht, mit dem Geliebten zu verschmelzen, führt oft dazu, daß wir uns nicht genug Raum für das Alleinsein und für die eigene Stille nehmen. Wir sind zuviel zusammen, werden voneinander abhängig. In der Hoffnung, dem anderen näherzukommen, geraten wir in eine Sackgasse und erreichen das Gegenteil: unser Zusammensein verliert an Intensität. Über all unseren gemeinsamen Unternehmungen und Aktivitäten, unserem Pläneschmieden und uns Austauschen vergessen wir, in uns selbst hineinzulauschen und verlieren den Kontakt zu uns selbst. Gerade in längerfristigen Beziehungen schleichen sich oft Verhaltensweisen ein, mit denen wir den individuellen Rhythmus unseres Partners nicht mehr respektieren.

Wir erwarten vom anderen, daß er sich unserem Rhythmus anpaßt, ißt, schläft und spazierengeht, wenn es uns gerade paßt. Daraus resultieren Auseinandersetzungen, die uns viel Zeit und Kraft rauben. Die Bedürfnisse nach Alleinsein und Zusammensein verlaufen bei jedem von uns nach einem eigenen Rhythmus. Wenn eine tiefe innere Bereitschaft bei den Liebenden entsteht, die Geheimnisse von sexueller Ekstase und Liebe zu erforschen, ist es besonders wichtig, dem Alleinsein bewußt einen Raum zu geben. Nur dann kann die Beziehung aus der Quelle unserer inneren Stille wieder neu gefüllt und genährt werden, nur dann hat sie Chancen, wirklich zu wachsen. Ebenso wie jeder von uns seinen eigenen Rhythmus von Allein- und Zusammensein hat, unterliegt auch die

sexuelle Energie individuellen Gezeiten. Sie ist nicht berechenbar und unterwirft sich keinem Plan. Mal ist sie ein lebendig loderndes Feuer, mal eine stille Glut.

In unserer Arbeit mit Paaren, die einen Geschmack von spiritueller Sexualität bekommen haben, taucht immer wieder die Frage auf: »Was sollen wir tun, wenn unser sexuelles Interesse abnimmt oder ganz verschwindet?« Die Antwort ist oft ganz einfach: Nichts tun – und zwar im wörtlichen Sinne. Uns eine Zeit geben, in der wir keinen Verpflichtungen und Erwartungen nachkommen, kein Übungsprogramm absolvieren oder aktiv nach einer Lösung suchen. Eine Zeit, in der wir uns unserem eigenen Rhythmus überlassen und die verborgene Weisheit einladen, die in der Stille zu finden ist. Wir können unseren Partner in seinem Alleinsein unterstützen. Eine Zeit der Stille, eine Zeit ohne sexuellen Austausch kann heilsam für uns sein. Oft folgen wir einem aufgesetzten Soll-Programm, wenn wir meinen, die ständige körperliche Nähe sei der einzige Beweis unserer Liebe füreinander. In der Stille unseres Alleinseins können wir neue Kraft finden. Wir können den Wunsch unseres Partners, allein sein zu wollen, auch als Botschaft an uns selbst verstehen, unseren eigenen Raum der Stille aufzusuchen. In diesem Augenblick heben sich Gegensätze auf. Wir erfahren beide die positive Kraft des Alleinseins und fühlen uns dadurch mit unserem Partner neu verbunden. Unterstützen wir unseren Geliebten in seinem eigenen Rhythmus, schaffen wir damit den besten Nährboden für das »All-Eins-Sein«, für das Alleinsein in der Beziehung. Begegnen die Partner sich vom Herzen her, dann werden sie sich gegenseitig respektieren. Und diese Achtung des anderen ist Voraussetzung für eine wirkliche Begegnung. Alleinsein und Zusammensein ergänzen sich in einer Beziehung. Ihr Zusammenspiel kann die tiefergehende sexuelle Verbindung zwischen den Geliebten fördern.

»Ich erinnere mich genau daran, als mir mein Geliebter mitteilte, er wolle jetzt einmal allein sein. Es tat mir weh – gerade jetzt sollte ich ihn gehen lassen? Gedanken schossen mir durch den Kopf:

»Vielleicht will er mich loswerden.«, »Vielleicht ist jetzt alles zu Ende.« Dann fiel mir plötzlich ein Satz wieder ein: »Zusammensein heißt, allein sein zu können.« Ich entspannte mich. Ich schloß meine Augen und richtete meine Aufmerksamkeit nach innen. Nach und nach verloren die dunklen Gedanken ihre Kraft. Ich beobachtete meine Gefühle einfach, sah ihnen zu, als würde ich einen Film betrachten, und langsam, fast unmerklich lösten sich meine Angst und mein Schmerz auf. Statt dessen durchflutete mich ein Glücksgefühl: Ich war frei – ebenso frei wie er! Dann lösten Glück und Schmerz einander ab, bis sich plötzlich ein weiter Raum vor mir auftat – ein Raum voller Liebe, für ihn, für mich selbst, für alles.« »Die Kunst des Liebens beginnt mit Meditation. Und unter Meditation verstehe ich die Stille des Verstandes, die Stille des Herzens, die das eigentliche Zentrum deines Wesens erreicht und die den Schatz entdeckt, der deine Realität ist.«[42]

Das Isolationsritual

Nach anstrengenden Reisen und intensiv verlaufenden Seminaren haben wir beide oft das Bedürfnis, allein zu sein. So war es auch dieses Mal, und wir vereinbarten ein Experiment: wir würden abwechselnd in Isolation gehen. Während einer von uns sich allein zurückzieht, würde der andere ihn mit allem versorgen, was er brauchte, um sich ganz dem Alleinsein widmen zu können. Da wir nicht in den Himalaya reisen konnten, um uns wie die Yogis in die Einsamkeit der Bergwelt zurückzuziehen, schufen wir uns unsere »Einöde« im Haus: einen stillen Raum mit Matratze, einer Augenbinde und Ohrstöpseln.

Er berichtet:

»Als das Ritual begann und ich mit Augenbinde und Ohrstöpseln auf meinem Bett saß, fühlte ich mich sehr allein. Viele Gedanken jagten durch meinen Kopf: ›Was mache ich hier eigentlich? Drau-

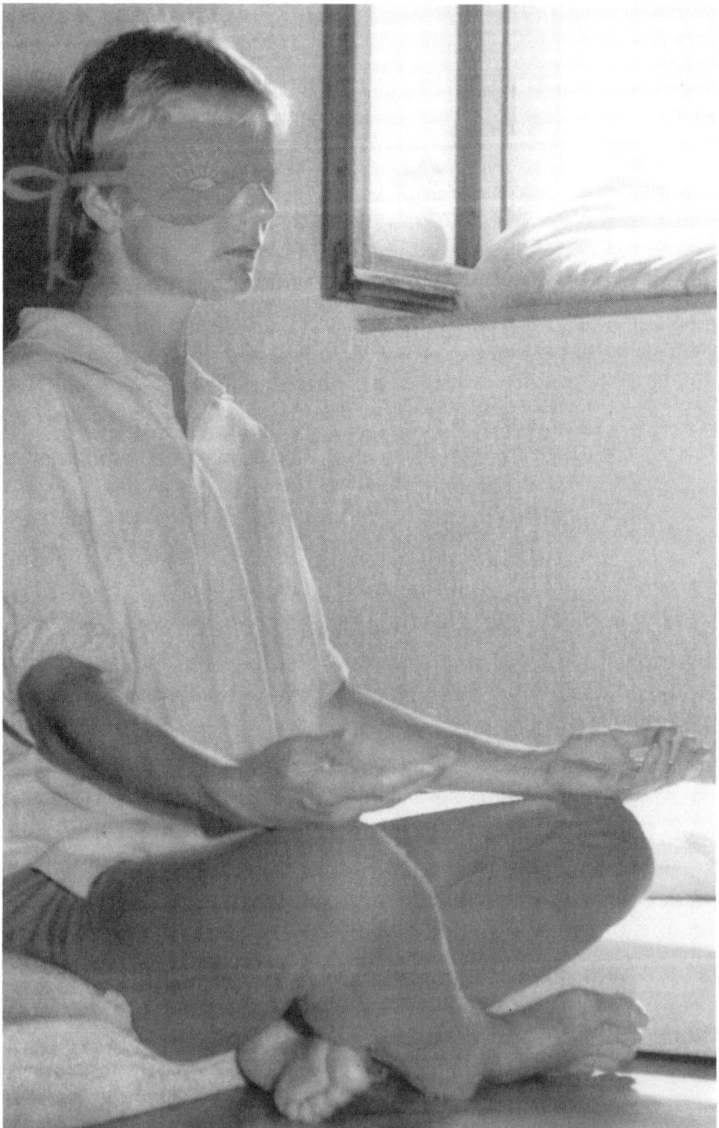

ßen ist das schönste Sommerwetter, und ich sitze hier wie im Gefängnis, bin ich eigentlich noch zu retten?‹ Es dauerte einige Zeit, bis ich etwas Abstand zu dieser Flut von skeptischen Gedanken gewann. Nach ein paar Stunden ließ der Druck nach, und etwas in mir kam zur Ruhe. Ich ließ mich nach hinten auf die Matratze sinken und hörte auf einmal mein Herz schlagen. Ich spürte meinen Atemzügen nach und wußte plötzlich: Ich brauche gar nichts zu tun! Alles ist gut, wie es ist. Ich war erleichtert und dankbar: Ich konnte einfach so sein, wie ich war. Mein Körper vibrierte, endlich einmal wieder spürte ich mich selbst. Es war wie ein Nach-Hause-Kommen, ein immer tieferes Hineinsinken in mich selbst. Dann kam meine Partnerin und wies mich an, die Ohrstöpsel zu entfernen. Ich hörte Musik von einer solch überirdischen Zartheit, daß mir wieder die Tränen kamen. Eine tiefe Sehnsucht erfaßte mich und zugleich ein Gefühl von großer Dankbarkeit. Es war, als würde ich mir selbst geschenkt. Dann schien die Zeit wieder stillzustehen, bis ich plötzlich einen Lufthauch an meinen Füßen spürte. Meine Liebste war gekommen und massierte mir jetzt ganz zart und liebevoll die Füße. Was für eine Wohltat! Ich fühlte mich umsorgt und geborgen und konnte das Geschenk einfach annehmen. Durch ihre Hand und meinen Fuß waren wir auf das engste miteinander verbunden. Ich hörte und sah nichts, und dadurch konnte ich jede ihrer Berührungen noch intensiver auskosten als sonst. Dann ging sie – und ich war wieder allein. Stunden vergingen. Doch jetzt war das Alleinsein anders: Ich fühlte mich innerlich reich und erfüllt. Als sie wiederkam, führte sie mich in das andere Zimmer. Mein Lieblingsduft durchzog den Raum, japanisches Sandelholz. Ein Gongschlag ertönte. Viel deutlicher als je zuvor hörte ich die feinschwingenden Wellen des Tons. Es war, als ob der Ton mich erfaßte und sich in mir fortsetzte. Dann lauschte ich dem Plätschern des Tees, dem Klirren von Tasse und Untertasse wie einem Lautgedicht ohne Worte. Wie gut mir der wohlschmeckende Tee tat! Mir war ganz festlich zumute. Nach diesen Stunden des Alleinseins fühlte ich mich schutzlos und zugleich viel weicher und offener.

Die alte Automatik, immer auf dem Sprung zu sein, zu machen und zu tun und mich dabei zu verkrampfen, war weggefallen. Etwas in mir war ins Fließen gekommen, und ich spürte in mir eine ruhige, gelassene Kraft.«

Sie berichtet:

»... und als ich ihm dann die Augenbinde abnahm, sah er aus wie neugeboren. Ein bißchen verschmitzt, faltige Abdrücke um die Augen von der Augenbinde, blinzelte er ganz vorsichtig, um sich an das Licht zu gewöhnen. Er blickte mich an und lächelte. Seine Augen waren ruhig und klar. Lange sahen wir uns an, bis ich mich so stark zu ihm hingezogen fühlte, daß ich wie von selbst in seinen Armen landete. So saßen wir beieinander und hielten uns zärtlich, ohne ein Wort zu reden. Auf sein Zeichen folgte ich ihm zu unserem Bett. Ich wurde etwas aufgeregt und dachte: ›Ob er jetzt mit mir schlafen will? Mir ist gar nicht danach.‹ Da flüsterte er mir ins Ohr: »Du, ich möchte dir etwas sagen: Wir brauchen gar nichts zu tun.« Ja, dazu war ich bereit nach diesen Tagen der Stille. Wir zogen uns aus, legten uns hintereinander Rücken an Bauch aufs Bett und hielten uns eng umschlungen. Es war so neu, so aufregend für mich, ihn nach diesen Tagen der Isolation wieder dicht bei mir zu spüren. Es war inniger als je zuvor. Er streichelte mich ganz leicht, ohne zu fordern. Und dann war ich bereit für ihn und wollte ihn in mir spüren. Sein Lingam berührte zart mein inneres Tor. Ja, ich war bereit. Wir bewegten uns langsam und sanft. Seine Wärme und seine Stille durchströmten mich. Es gab nichts zu tun in dieser stillen Verbundenheit, nur zu spüren und geschehen zu lassen. Die Hitze stieg in sanften Wellen vom Ort des Feuers, dort, wo Yoni und Lingam sich vereinten, in unserem Körper auf bis in unsere Herzen. Mein Herz weitete sich: Wir waren zwei funkelnde Sterne in der unendlichen Stille des Weltenraumes.

Diese Reise war eine tiefergehende Erfahrung als wenn, wie sonst üblich, einfach nur jeder von uns für sich blieb. Wir unterstützten uns im Alleinsein, begleiteten uns, und dadurch entstand zwischen uns ein feines Band. Manchmal fühlten wir uns wie Kinder zu Weihnachten, erinnerten uns an Augenblicke, in denen uns ein sehnsüchtiger Wunsch erfüllt wurde; nur waren die Gefühle jetzt stiller und zarter. Wir waren dankbar dafür, daß jeder von uns seinen Raum der Stille gefunden hatte. Schon immer hatten wir gern still zusammen Tee getrunken. Und so wurde das gemeinsame Teetrinken zum festlichen Abschluß unserer Reise ins Alleinsein.«

In der japanischen Zen-Tradition ist die Teezeremonie eine hohe Kunst, die bis in feinste Einzelheiten festgelegten Regeln und Bewegungsabläufen folgt. Die Teezeremonie ist ein Fest der Stille, in der alle Geräusche und Bewegungen, Formen und Farben deutlicher hervortreten. Das Plätschern und Glucksen, wenn der Tee in die Schalen fließt. Die Wärme der schön geformten Teeschale, die wir mit unseren Händen umschlossen halten. Die Farbe und der Duft des Tees. All das lädt uns ein, den Augenblick zu feiern. Ohne den zeremoniellen Anweisungen der japanischen Teetradition zu folgen, können auch wir am Ende unseres Isolationsrituals dieses natürliche Wechselspiel von Stille, Geräuschen, Duft und Berührung erleben – und das ganz einfach, indem wir zusammen Tee trinken.

Sie berichtet weiter:

»Als wir uns schließlich anschauten, war da etwas ganz Neues, Frisches zwischen uns. Vorsichtig und liebevoll kamen wir uns näher. Wir nahmen unser Zusammensein nicht mehr so selbstverständlich hin. Es war uns kostbarer geworden. Und das Crescendo dieser Reise war der Tanz des »Wu-Wei«-Zusammenseins, ohne etwas zu tun. Mehrere Stunden lang lagen wir in inniger Umarmung zusammen und bewegten uns kaum. Jetzt trafen wir uns im gemeinsamen Raum der Stille. Das Isolationsritual wurde so für uns zum Wegbegleiter. Diese Oase der Stille wurde nach und nach zu einem

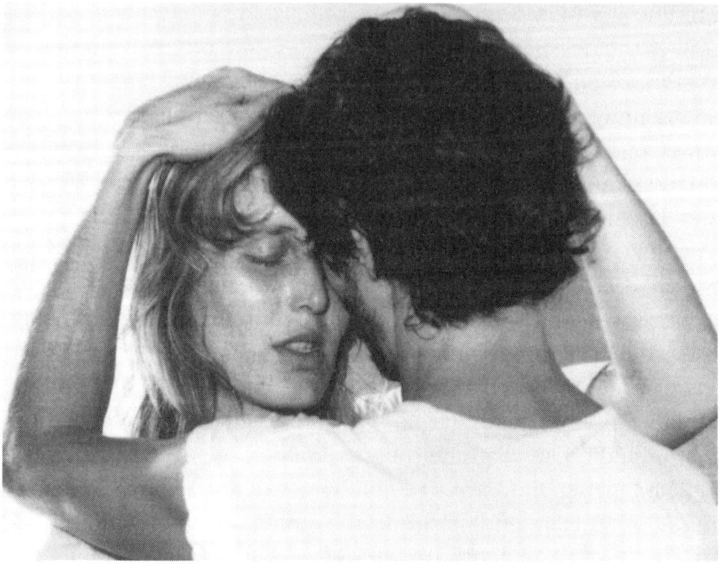

Begegnung nach dem Isolationsritual

unsichtbaren Zentrum unseres Zusammenseins. Als wir eine Zeitlang in einer Gruppe zusammenlebten, ging jeden Tag abwechselnd einer von uns in Isolation. Die ganze Atmosphäre im Haus veränderte sich. Der oft überflüssige Lärm vieler belangloser Gespräche nahm ab, und Tag für Tag wurde es stiller.«

Anleitung zum Isolationsritual

Vorbereitung:
Mit dem Isolationsritual schaffen wir uns einen Raum, in dem wir unserem eigenen inneren Rhythmus folgen können. Der Zeitablauf wird lediglich durch drei Mahlzeiten, Zeit zum Musik hören und eine tägliche Meditation strukturiert. Du kannst zu dir kommen und zum Beobachter werden. Deine Sinne werden feiner. Wenn äußere Reize weitgehend ausgeschaltet sind, erfolgen die wenigen Hand-

griffe und Bewegungen beim morgendlichen Waschen und während den Mahlzeiten mit größerer Aufmerksamkeit, und genau das ist Tantra: unser Leben in all seinen Dimensionen mit wach geöffneten Sinnen zu erfahren. Es ist wichtig, den Ablauf und die Dauer der Isolation gemeinsam festzulegen. Wenn ihr beide abwechselnd die Reise antretet und euch gegenseitig begleiten wollt, nehmt ihr euch am besten vier Tage Zeit. Aber auch ein Wochenende oder ein einziger Tag kann euch einen Geschmack vom Alleinsein in Stille vermitteln.

Wichtig ist auch, daß ihr alle Außenaktivitäten absagt, eure Kinder eventuell bei Verwandten oder Freunden unterbringt und dringende Aufgaben vorher erledigt. Gibt es Spannungen zwischen euch, könnt ihr vorher ein klärendes Gespräch oder den Dämonendialog führen (siehe Kapitel 4).

Duscht ausgiebig, bevor ihr anfangt, oder nehmt ein warmes Bad. Zu den Vorbereitungen gehört auch die Gestaltung des Raumes. Ihr solltet einen möglichst ruhigen Raum für die Isolationszeit wählen, der einen Platz zum Liegen bietet. Weiterhin benötigt ihr Ohrstöpsel und eine Augenbinde. Nimm auch deinen Lieblingskristall mit auf die Reise oder einen sonstigen Gegenstand, der dir lieb ist. Soll das Isolationsritual am Morgen beginnen, ist es zweckmäßig, die Vorbereitungen am Abend zuvor abzuschließen.

Ablauf:
Beide Partner sollten während der ganzen Zeit keinen Kontakt zur Außenwelt haben: kein Fernsehen, keine Lektüre, keine Besucher, keine Berührungen, möglichst nicht rauchen, keine Gespräche. Wenn unbedingt notwendig, können wichtige Mitteilungen aufgeschrieben werden. Bei einem kurzen Isolationsritual von ein bis zwei Tagen kann die Körperpflege auf das Notwendigste beschränkt werden.

Der Partner in Isolation verbringt die ganze Zeit mit verschlossenen Ohren (Ohrstöpsel) und geschlossenen Augen (Augenbinde). Nur wenn dein begleitender Partner dich an der Hand berührt, kannst du die Ohrstöpsel entfernen (um Musik zu hören z. B.). Die Augen bleiben die ganze Zeit über verbunden. Entspanne dich mit dem Gefühl, daß du mit allem versorgt wirst. Du brauchst nichts zu tun und kannst deine ganze Aufmerksamkeit nach innen richten. Beobachte alles, was in dir vorgeht.

Der begleitende Partner mischt sich nicht in das stille Erleben des Partners in Isolation ein, es sei denn, dieser verlangt ausdrücklich danach. Du bist nicht verantwortlich für die Gefühle, Gedanken und körperlichen Empfindungen deines Partners. Du bist sein Gastgeber und sorgst für die äußeren Notwendigkeiten. Du gestaltest den Rahmen für das Ritual und überläßt dann deinen Partner seinen eigenen Erfahrungen.

Den Tagesablauf gestaltest du wie folgt:

morgens:
- Frühstück servieren
- eigene Stillephase

mittags:
- Essen servieren
- Musik für den Partner auswählen
- eigene Stillephase

nachmittags:
- Tee servieren
- Musik vorspielen oder dem Partner eine Fußmassage geben

abends:
- Abendessen servieren
- eigene Stillephase
- Meditation

Teezeremonie:
Zum Abschluß des Rituals kannst du deinen Partner mit einer Teezeremonie verwöhnen. Du bereitest einen besonders köstlichen Tee zu, zündest Kerzen und Räucherstäbchen an. Mit einem Gong, Klangschalen oder Gläsern kannst du später den Beginn der Teezeremonie einläuten. Jetzt holst du deinen Partner. Du berührst ihn an der Hand zum Zeichen, daß er die Ohrstöpsel herausnehmen

kann und führst ihn in den Raum für die Teezeremonie. (Seine Augen bleiben weiterhin verbunden.)

Ihr beginnt das Fest mit einem OM. Dann schlage den Gong und laß deinem Partner Zeit, den feinen Schwingungen des Tones nachzulauschen. Wenn du magst, kannst du deinem Partner jetzt einleitend folgenden Text vorlesen. Lies mit sanfter und deutlicher Stimme und laß dir beim Vorlesen viel Zeit. Damit gibst du auch deinem Partner Zeit, sich auf das Teeritual einzustimmen und es dann bewußter wahrnehmen und genießen zu können. Laß beim Vorlesen immer wieder Pausen entstehen, in denen ihr beide die Resonanz der Stille wahrnehmen könnt.

»Das Leben sollte ein fortdauerndes Fest sein, ein Festival der Lichter das ganze Jahr über. Nur dann kannst du erwachsen werden, nur dann kannst du aufblühen. Transformiere kleine Dinge zu einem Fest. In Japan haben sie zum Beispiel die Teezeremonie. In jedem Zenkloster und im Haus eines jeden, der es sich leisten kann, gibt es einen kleinen Tempel zum Teetrinken. Tee ist nun keine gewöhnliche und profane Sache mehr; sie haben ein Fest daraus gemacht. Der Tempel, in dem sie Tee trinken, ist auf bestimmte Art und Weise angelegt, in einem Garten mit einem wunderschönen Teich ... Schwäne auf dem Teich, überall Blumen – Gäste kommen, und sie müssen ihre Schuhe draußen lassen. Es ist ein Tempel. Wenn du den Tempel betrittst, darfst du nicht sprechen, du sollst dein Denken und deine Gedanken bei deinen Schuhen lassen. Du nimmst in einer meditativen Haltung Platz.

Die Bewegungen der Gastgeberin, die den Tee für dich bereitet, sind so anmutig, als würde sie tanzen, wenn sie umhergeht, den Tee zubereitet, die Tassen vor dich hinstellt. Sie wird sich mit Respekt verneigen, und du wirst es mit demselben Respekt entgegennehmen. Der Tee wird in einem besonderen Samowar zubereitet, der eine ganz eigene Melodie erzeugt. Und es ist Teil der Teezeremonie, daß jeder der Musik des Tees zuhört. So ist jeder still, hört zu. Vielleicht zwitschern Vögel draußen im Garten. Friede ist ringsum.«[43]

Das Öffnen der Sinne durch Stille

Jetzt gieße den Tee langsam und hörbar in die Schalen und reiche ihn deinem Partner. Du legst Musik auf und schenkst dir selbst Tee ein. Ihr genießt den Duft des Tees, die Wärme der Schale, die ihr mit euren Händen umschlossen haltet, bevor ihr ihn in kleinen Schlucken trinkt. Beim Trinken kostet ihr sein Aroma, seinen Geschmack. Wenn die Musik zu Ende ist, schlägst du wieder den Gong. Jetzt nimmst du deinem Partner vorsichtig die Augenbinde ab. Die Reise ist zu Ende. Ihr könnt euch neu begegnen.

Es gibt viele verschiedene Möglichkeiten, dieses Ritual zu gestalten. Unser Isolationsritual ist so angelegt, daß die Kanäle, durch die unsere Energie normalerweise nach außen fließt, verschlossen werden. Wir können uns tief entspannen und uns selbst ohne Ablenkungen begegnen. Wenn wir am Ende des Rituals wieder Kontakt mit der Außenwelt aufnehmen, haben unsere Sinne sich verfeinert.

Mit neuer Frische können wir sehen, hören, riechen, sprechen und uns bewegen.

Durch die Ausschaltung jeder äußeren Ablenkung steigt unsere Energie, und viele Gefühle können auftauchen, die wir normalerweise mit Aktivität überdecken. Tantra sagt ja zu allem – es gibt weder gut noch schlecht, weder richtig noch falsch. Alles ist nur ein Tanz verschiedener Erscheinungsformen, die ihre Kraft aus einer Quelle schöpfen. Wenn also Gefühle und Ängste auftauchen, erlaube sie. Begrüße sie mit einem entspannten »Ja«, ohne zu bewerten, was du erlebst. Für manche Menschen mag es gut sein, Wut, Schmerz und Traurigkeit auszudrücken; andere wiederum bleiben stille Beobachter. Es gibt kein Patentrezept. Sei besonders wachsam mit den »Dämonen«. Bleibe auch hier Zuschauer, und du wirst wissen, daß auch diese dunklen Gestalten in dir selber nur Teile eines Traumes sind. Komme zurück in die Gegenwart. Wenn du unbedingt Unterstützung brauchst, dann rufe deinen Partner und

teile ihm deine Erfahrungen mit. Ihr benötigt für dieses Ritual keinen Experten. Ihr habt alles, was ihr braucht in euch selbst. Ihr könnt geben und nehmen, euch mitteilen, still zuhören und zwischen euch ein Gleichgewicht herstellen.

»Wir brauchen nichts zu arbeiten, um Energie aufzubauen, wir brauchen nur die Dinge zulassen, durch die wir Energie verschwenden, uns nur zu öffnen für die Liebe, die da ist.«[44] Dieses Ritual öffnet euch füreinander. Grenzen lösen sich auf, und etwas Neues kann geschehen, denn der Weg führt uns noch weiter. Er fordert uns auf, den Partner innerlich und äußerlich loszulassen und führt zum wirklichen Alleinsein mit uns selbst. Die Reise wird so zur Rückkehr zu den Quellen unseres eigenen Seins – zur Meditation, dem Still-Sein in uns selbst und in Resonanz mit dem Universum. Wenn wir so unser Alleinsein wiederfinden, dann werden wir fähig zu einer Liebe, die geben statt nehmen möchte: Nur das, was wir in unserem Inneren gefunden haben und lieben, können wir mit einem Geliebten teilen. Und so schließt sich der Kreis: Liebe führt uns zur Meditation, und aus dem Raum der Meditation kann Liebe in neuer Schönheit erblühen.

Nachwort

Gelebte Kooperation – Das Verweben von Energien Das *Orgoville*-Netzwerk

Orgoville International ist ein zukunftsweisendes Netzwerk von Fortbildungsinstituten, die sich aus der Arbeit von Michael Plesse und Gabrielle St. Clair entwickeln.

Um die Alchimie des Tantra in eine transformatorische Methode der Arbeit mit Menschen umsetzen zu können, entwickelten sie die Methode der *Orgodynamik (Orgon* = Begriff von Wilhelm Reich für Lebensenergie; *Dynamik* = die Bewegung der menschlichen Bewußtseinsentfaltung). *Orgodynamik* ist ein tantrisch orientierter Ansatz in der Arbeit mit Menschen.

Die Vision von *Orgoville International* wird getragen von einer zukunftsorientierten Gemeinschaft von Menschen, deren tiefstes Anliegen es ist, unser inneres Potential als Liebende, Energietherapeuten, Lehrer und kreative Initiatoren zurückzuerobern. Es sind fünf Kräfte, die sich in diesem inneren Prozeß entfalten und sich im Außen ausdrücken:

- Bewußtheit (Consciousness)
- Mitgefühl (Compassion)
- Kreativität (Creativity)
- Gemeinsame Evolution (Co-Creation)
- das Lebensanliegen (Consecration).

Der sichtbare Ausdruck des Abenteuers der Transformation ist die Erschaffung neuer Lebensräume und Lebensformen. In diesem Sinne verstehen sich die mehrjährigen Trainings und Ausbildungen als erster Schritt in eine neue Lebensvision, deren Geschmack jetzt schon spürbar ist.

Schwerpunkte der Orgodynamik sind:

- Loslassen von lebensfeindlichen Selbstbildern und Programmen
- Wege, ein umfassendes »Ja« zu uns selbst und zum Leben zurückzugewinnen
- Wiederfinden der Heilkraft des Eros
- Erforschung von verschiedenen Bewußtseinsebenen
- Meditative Sexualität als Weg zur Heilung
- Die transformative Kraft von Ritualen
- Die Erfahrungsdynamik von gemeinsamer Evolution (Co-Creation) im Kräftespiel zwischen Männlichem und Weiblichem
- Der goldene Schlüssel: die Erforschung des inneren Beobachters
- Vom Tun zum Nicht-Tun: Wandlung im Wesenskern durch Meditation
- Ausgedehntes Selbst und einfaches Selbst: transformative Energien im Alltag.

Die Ausbildungen und Trainings sind eingebettet in ein Klima von Präsenz, Achtsamkeit, gegenseitigem Respekt und Bereitschaft zur Transformation. In den Seminaren gibt es keine körperliche und psychische Gewalt. Direkte sexuelle Interaktion findet in den Seminaren nicht statt.

Die Seminare und Ausbildungen im *Orgoville-Netzwerk* leiten einen tiefgreifenden Wandlungsprozeß des einzelnen ein, in dem alle vier Energiekörper (siehe Vorwort) gereinigt und ausbalanciert werden. Der Raum der Mitte, der jenseits von Konzepten ist, wird erfahrbar und die Wandlung im Wesenskern möglich.

Wir verstehen uns dabei nicht als Behandler, die etwas reparieren oder in Ordnung bringen wollen. Wir sind vielmehr Liebende und Energiebegleiter, die mit dem Hintergrund eigener Erfahrungen jeden zur Reise zum inneren Kern einladen. Die Atmosphäre, in der dies geschieht, ist getragen von tiefer Bereitschaft, sich selbst zu sehen – in Lachen, Liebe zur Stille und Humor.

Die Seminare des *Orgoville-International-Netzwerks* sind viel mehr als gründliche Ausbildungen. Sie sind eine Lebensschule, in der es um neue Werte und Paradigmen geht und um eine neue Art des Seins. Es geht um die Lust, sich gegenseitig auf der Reise der Transformation zu begleiten und zu unterstützen. Im Energiefeld der Ausbildungen und Seminare geht es um die Heilung des Herzens, um dadurch aktiv zur Heilung unseres Planeten beizutragen. Ein besonderes Anliegen ist dabei die Integration neuer Erfahrungen in den Alltag. Dazu gibt es das Angebot von Regionalgruppen als soziale Unterstützungspunkte, in denen die Integration einer neuen Lebensqualität in das Alltagsleben stattfinden kann.

»Wir sind nicht nur tantrische Liebende, Freunde, Lehrende und Lernende, sondern Mit-Schöpfer (Co-Creators) eines neuen Mythos – einer neuen Seinsform des Menschseins.«

Jenseits von herkömmlichen Ideologien oder Glaubenssystemen geht es uns um die Kunst, dem zu dienen, was erwachen will – im einzelnen, im anderen, in der Gemeinschaft. Dies drückt sich in folgenden Themenschwerpunkten aus:

Vorträge

- Eros und Heilung
- Tantrische Sterbebegleitung
- Schlüssel zur Zukunft: Energie und Meditation
- Das Abenteuer der Transformation

Seminare

- Wochenend-Einführungsgruppen in Tantra, *Orgodynamik* und transpersonaler Energiearbeit
- 7-Tage-Intensiv-Workshops
- Männer/Frauen-Seminare

Trainings
- Energie und Eros (tantrisches Jahrestraining)
- Training für transpersonale Energiearbeit

Ausbildungen
- dreijährige *Orgodynamik*-Ausbildung

Adresse für Informationen
ORGOVILLE INTERNATIONAL
c/o B. Schudt
Hoheneggstraße 102
7750 Konstanz
Telefon 0 75 31 / 3 19 88

Anmerkungen

1 Graf Dürckheim ist ein bekannter Vertreter des Zenweges im Westen. Seine Lehre ist eine initiatrische Form der Therapie.

2 Gerda Boyesen, *Über den Körper die Seele heilen,* München 1987, S. 27 ff.

3 Shunryu Suzüki, *Zen Geist – Anfänger Geist,* Zürich 1975

4 Alice Kahn Ladas, *The G-Spot,* London 1982

5 Claudia Müller-Ebeling/Christian Rätsch, *Isoldens Liebestrank,* München 1986

6 Martin Henglein, *Die heilende Kraft der Wohlgerüche und Essenzen,* München 1985

7 Bernd Küchenhoff, *Aromatherapie.* In: Connection Sonderheft: Therapie und Heilkunst, München 1987

8 I Ging Yü, *Die Begeisterung.* In: Phönix, Basel 1987, Heft 3

9 Cousto, *Die kosmische Oktave,* Essen 1984

10 Angarika Govinda, *Der Weg der weißen Wolke,* München 1988

11 Nick Douglas/Penny Slinger, *Sexual Secrets,* London 1982

12 Ralph Metzner, *Opening to inner Light,* Los Angeles 1986

13 Wilhelm Reich, *The Murder of Christ,* London 1975

14 Carl Gustav Jung. In: Will Grossmann, Prema, London 1977, S.. 4

15 M. L. Moeller. In: Michael Heuer/Klaus Pacharzlna (Hrsg.), Sexualität heute, München 1986, S. 141

16 M. L. Moeller, a.a.O.

17 Lonnie Barbach, *For Yourself,* Frankfurt 1982, S.. 79 ff.

18 Bhagwan Shree Rajneesh, *Sexualität und Aids,* Köln 1986, S.. 29

19 Bhagwan Shree Rajneesh, a. a. O., S.. 42

20 Margo Anand Naslednikov, *Tantra – Weg der Ekstase,* Wolfsbrunn 1982, S. 40 ff.

21 Lonnie Barbach, *Füreinander,* Hamburg 1985, S. 100
22 Wilhelm Reich, *Die Funktion des Orgasmus,* Köln 1973
23 Wilhelm Reich, *The Murder of Christ,* London 1975
24 John Pierrakos, *Core Engergetik,* Essen 1987, S. 249 f.
25 G. Powell, *Engergy and Eros,* San Francisco 1983, S. 178
26 Nick Douglas/Penny Slinger, *Das große Buch des Tantra,* Basel 1985, S. 251
27 Douglas/Slinger, a.a.O., S. 252
28 Douglas/Slinger, a.a.O., S. 180–211
29 Powell, a.a.O., S. 162
30 Powell, a.a.O., S. 162 ff.
31 Ashley Thirleby, *Das Tantra der Liebe,* Frankfurt 1986
32 Boyesen, a.a.O., S. 122
33 Boyesen, a.a.O., S. 105
34 Carl Gustav Jung. In: D. Tansley, *Energiekörper,* München 1985, S. 39
35 D. Tansley, *Energiekörper,* München 1985, S. 34
36 Die Zuordnung erfolgt nach Dr. Bernd Küchenhoff.
37 Bhagwan Shree Rajneesh, *Das Buch der Geheimnisse, München* 1981
38 Khalil Gibran, Ausgewählte Texte, München 1983, S. 138
39 Douglas/Slinger, a.a.O., S. 29
40 Margo Anand Naslednikov, a.a.O., S. 40 ff.
41 Bhagwan Shree Rajneesh, *The Book of the Books,* Vol. 3. In: Rajneesh Times, Köln 1987, Nr. 42
42 Bhagwan Shree Rajneesh, *The Razor's Edge* (Diskurs Nr. 23), Bombay 1987
43 Bhagwan Shree Rajneesh, Beyond Enlightenment. In: Rajneesh Times, Köln 31.10.1986
44 Dhyanananda. In: Connection, München 1987, Nr. 4, S. 13

Fotonachweis

P. Anurodh: S. 24, 29, 39, 41, 43, 45, 46, 47, 53, 55, 57, 58, 60, 93, 94, 103, 105, 126, 150, 167, 173, 181, 197, 198, 204/205, 207, 214, 240

Rolf Jankowsky: S. 83, 90, 225, 229, 232, 236

Antonio Maniscallo: S. 71, 73, 97, 183, 191, 217

Neo-Sannyas International: S. 241

Sigurd Oliver (mit freundlicher Genehmigung aus dem Buch *Touch Love,* Pöcking, entnommen): S. 127, 141, 143, 154

Margo Anand

Tantra
oder
Die Kunst der sexuellen Ekstase

Margo Anand, die sich weltweit als einzige weibliche Autorität auf dem Gebiet des Tantra-Sex etabliert hat, legt das Standardwerk zur Tantra-Liebeskunst vor. Sie beschreibt die Liebeserfahrungen und -künste des Tantra und die von ihr in langen Jahren entwickelten Methoden, um östliche und westliche Erotik dem abendländischen Leser zu erschließen. Entstanden ist ein psychologisch fundiertes Handbuch, das zum großen Teil völlig neue, bisher geheimgehaltene Erkenntnisse und Übungen zur Verbesserung der Liebesfähigkeit offenlegt, das als erotische Liebesschule dient und das eine höhere spirituelle Erlebnisdimension für Sexualität und Erotik öffnet.

Zu dem von ihr entworfenen systematischen Training in der Kunst der sexuellen Ekstase gehören Meditation, Visualisation, Atemtechniken, Massage, Bewegungsübungen, Liebestechniken und die Erweiterung der erotischen Phantasie. Ziel ist die Steigerung des Lustempfindens, das Entdecken verschiedenartigster Orgasmen und die Erweiterung des Orgasmus zu einer »Ganzkörpererfahrung«, das Heilen eingeschränkter sexueller Empfindungsfähigkeit, die Befreiung von Ängsten und Hemmungen, die Überwindung sexueller Probleme, das Erlangen von Selbstsicherheit und schließlich die Transformation von Sexualität in eine tiefe, spirituelle Erfahrung.

Ein Paperback im Goldmann Verlag
Band 30551

Helmut G. Sieczka

Bodywork

Körper- und Atemübungen

»Bodywork« vermittelt ganz konkret ein neues Körper- und Atemverständnis. »Bodywork« bedeutet Arbeit mit dem Körper und am Körper. Die hier beschriebenen Übungen trainieren auf sanfte Weise alle Muskeln, dehnen Bänder und Sehnen und erhalten die Gelenke beweglich.

Außer der Freude an der Bewegung selbst schenkt regelmäßiges Üben mehr Energie und Ausdauer, eine verbesserte Körperhaltung und eine Geschmeidigkeit des ganzen Körpers, es löst Verspannungen und bringt uns in ein körperlich-seelisches Gleichgewicht. Vor allem liegt H. G. Sieczka aber am Herzen, daß wir über eine bewußtere Körperwahrnehmung unsere Mitte finden, indem wir Körper, Geist und Seele in Harmonie bringen, zur Einheit formen.

Ein Ratgeber im Goldmann Verlag
Band 13523

Ina Odira Koosaka

Sanfte Massagen zu zweit

Für das Gelingen einer Partnermassage ist die richtige äußere und innere Einstimmung von ausschlaggebender Bedeutung. Zum einen muß die Atmosphäre in sich stimmig sein: die Gestaltung des Raums und des Lichts und die Auswahl der Musik, der Öle und der Düfte. Zum anderen spielt die Einstellung beider Partner eine wichtige Rolle: Das Erfühlen und Be-greifen eines anderen Körpers erfordert die Bereitschaft zur Hingabe bei beiden Beteiligten. Nur dann kann eine Massage zum harmonischen Erlebnis werden und eine tiefe erotische Beziehung herstellen.

Neben der großen Massage, die den gesamten Körper einbezieht, werden ausführlich erotische Übungen und Massagen beschrieben. Kleine Massageformen (z. B. Selbst-, Reflexzonen-, Roll- und Wirbelsäulenkristallmassage) sowie Atem- und Rebirthing-Übungen beschließen dieses herrliche Fremd- und Selbsterfahrungsbuch.

Ein Ratgeber im Goldmann Verlag
Band 10473

Marietta Till

Die Heilkraft des Atems

50 Atemübungen für Körper, Geist und Seele

Der uralte Weg des Atems verschafft uns Ruhe, Gelassenheit, gesteigerte Sensibilität, Spüren unserer selbst als lebendige Einheit von Körper, Geist und Seele. Die Kraft des Atems reicht aber viel weiter. Wie zur ganzheitlichen Gesunderhaltung so kann er zur Heilung von körperlichen Beschwerden und seelischen Störungen eingesetzt werden – als einfaches, aber sehr wirkungsvolles Heilmittel.

In diesem praktischen Übungsbuch werden sowohl Atemübungen gegen die verschiedensten Körperbeschwerden und Krankheiten als auch solche gegen Angstzustände, Depressionen und andere seelische Probleme beschrieben. Auf diesem Weg wird die Kraft des Atems zur Quelle für den Einklang von Geist und Körper.

Marietta Till, Schülerin Thorwald Dethlefsens, hat aus ihrer jahrzehntelangen Praxis als Yogalehrerin die wichtigsten Atemübungen in diesem Buch systematisch zusammengefaßt. Dabei verstärkt sie die heilende Kraft des Atems durch die Mithilfe unserer Imaginationskraft.

Ein Ratgeber im Goldmann Verlag
Band 10432

Wilfried Rappenecker

Yu Sen – Der sprudelnde Quell
Shiatsu für Anfänger

Shiatsu ist gleichzeitig eine sehr alte und eine sehr junge Kunst. Im Verlauf der letzten hundert Jahre in Japan entstanden, verbindet es die jahrtausendealten Techniken der traditionellen Akupressur mit modernen, auch westlichen Massagetechniken.

Shiatsu ist eine heilende Massagetechnik, die den gesamten (bekleideten) Körper umfaßt. Doch auch Elemente der Akupressur sind im Shiatsu enthalten, da es sich um eine spezielle Druckpunkttechnik handelt. Eine wirksame Synthese dieser beiden Konzepte – denn »massiert« werden eher spezifische Punkte, weniger größere Flächen.

Doch damit ist Shiatsu längst nicht ausreichend beschrieben. Was es an innerer Ruhe, Gelassenheit, menschlicher Mitteilung bewirkt, wird beim Studium dieses Buches und der Illustrationen deutlich. Sein Inhalt orientiert sich an den Ausbildungsprogrammen namhafter Shiatsu-Schulen in Europa und den USA und macht es somit zu einem unentbehrlichen Begleiter bei der Shiatsu-Ausbildung wie auch beim privaten Erlernen.

Ein Ratgeber im Goldmann Verlag
Band 13596